D1664780

Michael Schrauth

Case Management meets Pierre Bourdieu

Eine kritische Untersuchung

Diplomica® Verlag GmbH

Schrauth, Michael: Case Management meets Pierre Bourdieu: Eine kritische Untersuchung. Hamburg, Diplomica Verlag GmbH 2012

ISBN: 978-3-8428-7998-0
Druck: Diplomica® Verlag GmbH, Hamburg, 2012

Bibliografische Information der Deutschen Nationalbibliothek:
Die Deutsche Nationalbibliothek verzeichnet diese Publikation in der Deutschen Nationalbibliografie; detaillierte bibliografische Daten sind im Internet über http://dnb.d-nb.de abrufbar.

Die digitale Ausgabe (eBook-Ausgabe) dieses Titels trägt die ISBN 978-3-8428-2998-5 und kann über den Handel oder den Verlag bezogen werden.

© Diplomica Verlag GmbH
http://www.diplomica-verlag.de, Hamburg 2012
Printed in Germany

„Wo man bisher eine Algebra sah, müsste man in meinen Augen Tanz oder Gymnastik erkennen.“

PIERRE BOURDIEU, Rede und Antwort

„Als er wieder in seiner Küche war, wurde ihm klar, dass der Glaube an eine vernunftgesteuerte freie Entscheidung in bezug auf das menschliche Handeln – eine der natürlichen Grundlagen der Demokratie – und insbesondere der Glaube an eine vernunftgesteuerte freie Entscheidung im Bereich der individuellen politischen Parteinahme vermutlich das Ergebnis einer Verwechslung zwischen Freiheit und Unvorhersehbarkeit war. Die Turbulenzen einer strömenden Flüssigkeit in der Nähe eines Brückenpfeilers sind strukturell unvorhersehbar, niemand würde aber deshalb auf den Gedanken kommen, sie als frei zu bezeichnen.“

MICHEL HOUELLEBECQ, Elementarteilchen

„Sollen wir die Vernunft unter Anklage stellen? Nichts wäre meiner Ansicht nach unfruchtbarer als das.“

MICHEL FOUCAULT, Omnes et singulatim

EINLEITUNG, ODER: ANMERKUNGEN ZU EINER IMPORTIERTEN METHODE

„Ich schreibe nur, weil ich noch nicht genau weiß, was ich von dem halten soll, was mich so sehr beschäftigt."
MICHEL FOUCAULT

Der Begriff Case Management ist derzeit allgegenwärtig und bestimmt in gleichem Maße die sozialpolitische Rhetorik vom Umbau des Sozialstaats, wie auch die wissenschaftlichen Diskurse innerhalb der Sozialen Arbeit bzw. Sozialpädagogik.[1] Dabei hält die bereits in den 1970er Jahren in den USA entwickelte Methode des Case Management zwar bereits seit einigen Jahren auch in Deutschland zunehmend Einzug in die Interventionsstrategien der Sozialen Arbeit und im Gesundheitswesen, die Diskussion um Einführung, Finanzierung und Wirkung des Ansatzes aber ist bei weitem noch nicht abgeschlossen. Insbesondere im Rahmen der aktuellen Diskussion um die Neu- bzw. Umstrukturierung des Sozial- und Gesundheitssystems wird der Ansatz als eine Art Allheilmittel zur Lösung system-immanenter Probleme propagiert. Angesichts der stetig steigenden Kosten sollen die sozialen Sicherungssysteme durch den gezielt gesteuerten Einsatz der vorhandenen materiellen, finanziellen und persönlichen Ressourcen bei gleich bleibender Qualität für die betroffen Bevölkerungsgruppen effizienter und kostengünstiger arbeiten. Diese Ressourcensteuerung kann und soll zukünftig verstärkt durch so genannte Case Manager erfolgen, die beispielsweise für öffentliche Institutionen, Wohlfahrtsverbände bzw. im sozialen Bereich angesiedelte Non-Profit-Organisationen arbeiten. Ihre Aufgabe besteht darin, die Ansprüche und Bedürfnisse der Adressaten gesundheitlicher oder sozialer Dienstleistungen einerseits und die Vorgaben und Erwartungen von Politik und Gesellschaft in Bezug auf die damit verbundenen Kosten andererseits in Deckung zu bringen. Dabei soll anhand der strukturierten Arbeitsweise des Case Management zunächst der Hilfebedarf anhand eines umfassenden Assessments festgestellt, in einem

---

[1] Als Beleg für die wissenschaftliche Relevanz und Aktualität der Thematik können zahlreiche Diskursbeiträge vor allem in den Zeitschriften ‚Neue Praxis – Zeitschrift für Sozialarbeit, Sozialpädagogik und Sozialpolitik', ‚Sozialmagazin' und ‚Widersprüche – Zeitschrift für sozialistische Politik im Bildungs-, Gesundheits- und Sozialbereich', aber auch zahlreiche einschlägige Monographien zu diesem Thema angeführt werden. Vgl. als Auswahl: Bothmer, 2005, Buestrich/Wohlfahrt, 2005, Ewers, 2000a und 2000b, Ewers/Schaeffer, 2000, Freyberg, 2003, Hansen, 2005 und 2006, Heite, 2006, Hansen u.a., 2006, Wendt/Löcherbach, 2006, Klug, 2003, 2004 und 2005, Löcherbach, 2002, 2005 und 2006, Meinhold, 2002 und 2006, Mennemann, 2006a und 2006b, Neuffer, 2005 und 2006, Riet/Wouters, 2002, Sambale, 2005, Schneider, 2004, Trube, 2005, Wendt, 2004, 2005a und 2005b, 2006a und 2006b.

Vertrag die Zielvereinbarungen festgehalten, die Einhaltung überprüft und abschließend das gesamte Verfahren evaluiert werden. Auf diese Weise sollen die Handlungsabfolgen und Hilfeprozesse überprüfbar und vergleichbar werden und sich somit nach den Kriterien von Effizienz und Effektivität beurteilen lassen.

Die vorliegende Studie versucht dabei, den Case Management-Ansatz nicht auf ein bestimmtes Anwendungsfeld einzugrenzen oder auf einen bestimmten Aspekt einzuengen. Vielmehr wird versucht, das Konzept ‚im Ganzen' zu besprechen. Dabei soll insbesondere der sehr abstrakt und theoretisch gehaltenen Hypothese nachgegangen werden, inwieweit dieser vor allem auch zur Kostensenkung im Sozialbereich eingeführte Ansatz einer ‚manageriellen Vernunft' zum Durchbruch verhilft, beziehungsweise als Ausdruck einer Durchsetzung ebendieser angesehen werden kann. Der Begriff der manageriellen Vernunft wird dabei im Zuge der Arbeit entwickelt und dient als Wortschöpfung vor allem dazu, eine zunehmende Etablierung managerieller Wirksamkeitsvorstellungen innerhalb der Denk- und Handlungsansätze der Sozialen Arbeit zu beschreiben. Schließlich soll der Erfolg und die zunehmende Präsenz des Ansatzes daraufhin befragt werden, ob dieser nicht auch in eine großflächigere Verschiebung hin zu einem ökonomisch-neoliberalen Verständnis der sozialen Welt eingeordnet werden kann. Dieser Hypothese zufolge wäre die Importierung der Methode somit nicht nur geographisch[2] – durch eine Übertragung vom US-amerikanischen Sozial- und Gesundheitswesen auf das bundesrepublikanische – kritisch zu betrachten, sondern vor allem auch philosophisch, indem der Ansatz einem dem sozialen Sektor fremden Feld- und Rationalitätsverständnis entspringt.

Die Ausgangsfrage schließlich, ob die Karriere des Case Management-Konzeptes auch auf Wünschen und Vorstellungen einer verbesserten sozialtechnischen Planbarkeit und Gestaltbarkeit der sozialen Welt beruht, wird aufgrund ihres hohen Abstraktionsgrades am Ende der Ausführungen keineswegs mit einer klaren Antwort abgerundet werden können. Vielmehr soll es darum gehen, den geheimen Lehrplan des Ansatzes, der im Sinne einer *„stillen Pädagogik"[3]* die beschriebenen sozialtechnokratischen Erwartungsmuster gleichsam unter der Hand mitliefert, zu beobachten und signifikante Erscheinungen und Entwicklungen auszumachen. Diese kritische Lesart soll mit

---

[2] Vgl. Hansen, 2005.
[3] Bourdieu, 1993b, S. 128.

Hilfe der Theorieansätze und Modelle des französischen Soziologen Pierre Bourdieus erfolgen und somit insgesamt die Theorietradition der französischen Poststrukturalisten als Ausgangsbasis nehmen. Dieser Theoriestrang erweist sich für dieses Vorhaben vor allem deshalb als fruchtbar, weil der Fokus hier insbesondere auch auf verinnerlichte Denk-, Wahrnehmungs- und Handlungsschemata gerichtet wird, und somit neben den objektiv sichtbaren Veränderungen der sozialen Welt insbesondere auch die sich oftmals vor- oder unbewusst ablaufenden Entwicklungen sichtbar gemacht werden können.

Nachdem zunächst in einem eigenständigen Kapitel sowohl das Wissenschaftsverständnis im Allgemeinen wie die wissenschaftliche Vorgehensweise im Speziellen ausführlich dargelegt und entfaltet wird, sollen in einem nachfolgenden Kapitel die Theoriebausteine Bourdieus – insbesondere die Feld-, Habitus- und Kapitaltheorie – diskutiert werden. Dass diese Modelle relativ detailliert besprochen werden, bedingt sich dabei zum einen der Tatsache, dass die Theorie Bourdieus als Grundlage für die weiteren Kapitel angesehen werden muss und zum anderen auch den zahlreichen Neuerscheinungen[4], insbesondere im Bereich Pädagogik/Sozialpädagogik, die somit eine erneute Erörterung rechtfertigen. Bevor der Ansatz schließlich auf den drei verschiedenen Ebenen – der politischen, der institutionellen und der individuellen Ebene – bezüglich der Ausgangshypothese kritisch beobachtet werden kann, muss schließlich noch in einem vorgeschobenen Kapitel die Entstehung, Definition und die Rahmenbedingungen des Case Management-Ansatzes in Theorie und Praxis erläutert werden. Schließlich wird derjenige[5], der mit der Methode nicht vertraut ist, auch deren Missbrauch nicht erkennen können.[6]

Um der von Bourdieu entworfenen und geforderten praxeologischen Wissenschaftsauffassung gerecht zu werden, sollen die theoretischen Erörterungen auf der jeweiligen Ebene mit dem Abdruck nicht-standardisierter Interviews abgerundet werden. Auf diese Weise kommen neben Akteuren aus dem sozialpolitischen Umfeld und Case Managern auch Klienten zu Wort, so dass

---

[4] Vgl. als Auswahl: Audehm, 2001, Alkemeyer, 2006, Brumlik, 2006, Großmaß, 2000, Friebertshäuser, 2006, Jurt, 2003, Liebau, 2006, Nassehi, 2004b, Neumann/Honig, 2006, Papilloud, 2003, Rehbein, 2006, Rieger-Ladich, 2002a und 2002b, 2004a und 2004b, 2005, 2006, Wigger, 2006.

[5] Obgleich es in der Tradition der (Sozial-) Pädagogik üblich ist, im Rahmen der Gleichberechtigung sowohl die männliche wie die weibliche Anrede auszuschreiben und gerade Bourdieu als eine Art Gallionsfigur der ‚Gender Studies' angesehen werden kann, wird aus Gründen des Textflusses hier wie im Folgenden nur die männliche Form ausgeschrieben werden. Die Gleichstellung von Mann und Frau wird dadurch nicht in Frage gestellt.

[6] Vgl. Hansen, 2005, 122.

sich die Arbeit explizit von der gängigen Case Management-Forschung abgrenzt, die sich – auf der Basis quantitativer Methoden – vorwiegend auf Status-quo-Beschreibungen und Kosten-Nutzen-Rechnungen reduziert und sich insbesondere darauf konzentriert, die im Rahmen des Benchmarking geforderten Best-practice-Modelle zu eruieren[7], aber schlicht nicht *die* Menschen befragt, die davon betroffen sind.

Gemäß der Ausgangshypothese wird dabei der Fokus auf die kritischen Momente des Case Management-Ansatzes gerichtet werden. Allerdings darf die Arbeit weder als Hagiographie Bourdieus, noch als Versuch einer Verteufelung von Case Management missverstanden werden. Vielmehr versuchen sich die Ausführungen in das Forschungsfeld einer ‚Kritischen Sozialpädagogik'[8] bzw. einer ‚Reflexiven Erziehungswissenschaft'[9] einzuschreiben und in diesem Rahmen die oftmals als alternativlos dargestellten Perspektiven, die sich aus einem Konglomerat aus Finanzierungsfragen des Systems und einer normativ-ideologischen Neuprogrammierung des Hilfesystems speisen, ihrer Alternativlosigkeit zu entreißen. Hierbei wird sich insbesondere die Theorie Pierre Bourdieus als fruchtbar erweisen, um durch eine kritische Auseinandersetzung mit der Methode des Case Management zu verhindern, dass *„an die Stelle eines inhaltlich fundierten ‚Kapierens' ein vorschnelles ‚Kopieren' anglo-amerikanischer Case Management-Konzepte tritt"*[10].

---

[7] Vgl. Schedler/Proeller, 2003, S. 170 und Klug, 2005, S. 65
[8] Vgl. vor allem die Ansätze von Hans-Uwe Otto, Fabian Kessl oder Holger Ziegler.
[9] Vgl. vor allem die Ansätze von Barbara Friebertshäuser, Markus Rieger-Ladich oder Lothar Wigger.
[10] Ewers, 2000a, S. 47.

ÜBERLEGUNGEN ZUR WISSENSCHAFTLICHEN ARBEITSWEISE, ODER: ETABLIERUNG EINER PROPÄDEUTIK DES ZWISCHEN

> „Ideal wäre es, könnte man beides verbinden: den
> Überblick des Generals und die einzelne
> Wahrnehmung des gemeinen Soldaten im Getümmel."
> ***PIERRE BOURDIEU***

Die Frage, mit welcher Met-hode (griechisch: μετα < nach, hinter und οδος < der Weg) sich eine wissenschaftliche Studie ‚auf den Weg' macht, um ihre Fragestellung bzw. Hypothese darzulegen, zu entfalten und gegebenenfalls zu beweisen, erweist sich als so grundlegend, dass hierzu ein eigenständiges Kapitel vorausgeschickt werden soll. Zudem wird die gewählte Methodik stets einen Ausdruck des der jeweiligen Abhandlung zugrunde liegenden Wissenschaftsverständnisses darstellen, also sowohl der Idee von Wahrheit als auch der Auffassung, wie sich dieser mit wissenschaftlichen Mitteln angenähert werden kann und soll. Aus diesem Grund wird im Folgenden zunächst auf relativ abstrakte wissenschaftstheoretische Überlegungen und Konstrukte eingegangen werden, die allerdings – wie zu zeigen sein wird – äußerst konkrete Auswirkungen auf den weiteren Verlauf der Arbeit haben werden.

Obgleich die Studie zwar grundlegend multi- bzw. transdisziplinär[11] angelegt ist und so vor allem zwischen den verschiedenen Fachbereichen Philosophie, (allgemeine) Pädagogik, Sozialpädagogik, Soziologie und Sozialpolitik oszilliert, so werden doch als Fundament und Ausgangsplattform die Grundannahmen und Ideen der allgemeinen Pädagogik dienen. Doch gerade die Tradition der allgemeinen Pädagogik ist dabei durchweg geprägt von dichotomen Deutungsmustern und (di-) polaren Sichtweisen: Kann es *auf der einen Seite* dem Menschen gelingen, sich mit Hilfe von Erziehung und Bildung in den Zustand der Mündigkeit emporzuheben, so verbleiben *auf der anderen Seite* die Ungebildeten im Zustand der Unmündigkeit[12]. Wird der Mensch *einmal* als freies und

---

[11] Zur Thematik und Bewertung von Transdisziplinarität vgl. Mittelstrass, 1998, S.7: *„Doch Interdisziplinarität ist nicht genug. In interdisziplinären Forschungskontexten rücken die Disziplinen lediglich auf Zeit zusammen; sie bleiben, wie sie sind, zumal es auch keine interdisziplinären Kompetenzen gibt, die disziplinäre Kompetenzen ersetzen könnten. Anders im Falle der Transdisziplinarität. Mit ihr bezeichne ich Forschung, die sich aus ihren disziplinären Grenzen löst, die ihre Probleme disziplinenunabhängig definiert und disziplinenunabhängig löst."* Durch das Konzept der Transdisziplinarität soll allerdings auch an dieser Stelle bereits an Bourdieu angeschlossen werden, der sich ausdrücklich für ein Fächer übergreifendes Forschen aussprach: *„Es gibt objektive Trennungen (die in Lehrfächer etwa), die, zu mentalen Trennungen geworden, in der Weise funktionieren, dass sie bestimmte Gedanken verunmöglichen."* (Bourdieu, 1993c, S. 52).

[12] Zu einer grundlegenden Kritik dieses polaren (Un-) Mündigkeitsverständnisses, sowie Vorschlägen zu dessen Überwindung vgl. Rieger-Ladich, 2002a und ebd., 2002b.

autonomes Wesen beschrieben, so erscheint er ein *andermal* als durchweg gesellschaftlich präformiert und determiniert. Letztlich hält sich dieses dichotome Denken bis in die Forschungslandschaft der Erziehungswissenschaften selbst durch: Stehen *auf der einen Seite* die sich einer geisteswissenschaftlichen Tradition verpflichtet fühlenden Forscher, die die Erziehungswirklichkeit mittels hermeneutischer Methoden zu verstehen suchen, um so dem subjektiv gemeinten Sinn der sozialen Akteure nachzuspüren, so versuchen *auf der anderen Seite* die empirisch verfahrenden Wissenschaftler, die Abläufe in Erziehung und Unterricht mit empirischen Methoden abzubilden und auf diese Weise mess- oder zumindest vergleichbar zu machen[13].

Wirft man allerdings – entgegen den *„eigentümlichen Rezeptionssperren"*[14] der deutschen Pädagogik – den wissenschaftlichen Blick sowohl über die geographischen Grenzen Deutschlands als auch über die internen Grenzen des pädagogischen Fachgebietes hinaus, so wird man bald feststellen, dass sich vor allem im Nachbarland Frankreich zahlreiche Diskurse im Bereich der Philosophie und der Soziologie etabliert haben, *„die weitgehend frei sind von den Zwängen des dichotomen Denkens"*[15] und die so mit ihren Modellen und Theorien nicht nur einen bedeutenden Beitrag zur Überwindung der Freiheits- oder Mündigkeitsproblematik leisten können. Vielmehr erweisen sich diese Ansätze vor allem fruchtbar, um die zwischen subjektivistischen und objektivistischen Positionen polarisierende Wissenschaftslandschaft durch eine synthetisierende Beschreibung der sozialen Welt weiterzuführen. Vor allem das Werk Pierre Bourdieus[16] stellt sich ausdrücklich die Aufgabe, die beiden Paradigmen des Subjektivismus und des Objektivismus zu überwinden und eine neue wissenschaftliche Erkenntnisweise zu etablieren.

Tatsächlich schreibt Bourdieu in seinem bereits 1980 in Frankreich unter dem Titel *„Le sens pratique"* erschienen Werk *„Sozialer Sinn – Kritik der theoretischen Vernunft"*, in dem er seine grundlegenden Modelle und

---

[13] Dass sich diese beiden Traditionslinien nicht bis heute unvermittelt gegenüberstehen, dass zahlreiche Überwindungs- bzw. Vermittlungsversuche unternommen wurden, wird an dieser Stelle keineswegs bestritten. Die Aufspaltung dient vor allem zur Klärung der nun zu entwickelnden „neuen" Forschungsrichtung.

[14] Rieger-Ladich, 2002, S. 268.

[15] Rieger-Ladich, 2002, S. 268f.

[16] Neben Pierre Bourdieu muss hier ausdrücklich auf das Werk Michel Foucaults hingewiesen werden, der durch seine wissenschaftliche Methode der Diskursanalyse bereits eine Überwindung von subjektiven und objektiven Deutungsmustern zu erreichen suchte. Die Traditionslinien dieses Versuchs lassen sich schließlich weiterverfolgen über den späten Ludwig Wittgenstein, Gaston Bachelard und Ernst Cassirer bis hin zu Friedrich Nietzsche.

Theoriebausteine sowie sein Wissenschaftsverständnis ausführlich entwirft, bereits als ersten und einführenden Satz: *„Von allen Gegensätzen, die die Sozialwissenschaften künstlich spalten, ist der grundlegendste und verderblichste der zwischen Subjektivismus und Objektivismus.* "[17] Und er fährt fort: *„Schon dass diese Spaltung immer wieder in kaum veränderten Formen aufbricht, dürfte zur Genüge belegen, dass die beiden Erkenntnisweisen, zwischen denen sie unterscheidet, für eine Wissenschaft der Sozialwelt, die weder auf eine Sozialphänomenologie noch auf eine Sozialphysik reduziert werden kann, gleichermaßen unentbehrlich sind.* "[18]

Die grundlegende Intention Bourdieus liegt folglich darin, die soziale Welt zu beschreiben und mit wissenschaftlichen Methoden zu analysieren, *ohne* sich dabei für entweder das subjektivistische oder das objektivistische Paradigma entscheiden zu müssen. Wie er diese beiden wissenschaftlichen Erkenntnisweisen schließlich gegenübergestellt und dabei einen neuen Typus von Wissenschaftsverständnis kreiert, der zwischen den beiden Extremen des Subjektivismus und des Objektivismus zu vermitteln und ihre relativen Wahrheiten systematisch zusammenzuführen vermag, ist verständlicherweise der Struktur des französischen Wissenschaftsfeldes geschuldet. Die Ergebnisse werden sich allerdings nahtlos in die zuvor angeführten Überlegungen zur Problematik der erziehungswissenschaftlichen Forschung einbauen lassen[19].

Obgleich es Bourdieu in seiner Kritik der subjektivistischen wie der objektivistischen Erkenntnisweise weniger um eine Aburteilung einzelner Personen oder soziologischer Schulen ging, so entwickelte er doch die spezifischen Vereinseitigungen und Schwächen der jeweiligen Tradition an den entsprechenden Theorien. Schon die Wissenschaftsgeschichte der französischen Soziologie stellte für Bourdieu einen fortwährenden ‚Kampf‘ zwischen den beiden Erkenntnisweisen dar: Dominierte Anfang des 20. Jahrhunderts bis zum 2.

---

[17] Bourdieu, 1993b, S. 49.

[18] Bourdieu, 1993b, S. 49.

[19] Dass diese Ergebnisse bis dato so wenig Anklang in der deutschsprachigen Erziehungswissenschaft gefunden haben, mag neben den angesprochenen Rezeptionssperren auch in den späten Erscheinungsjahren bzw. Übersetzungen einiger seiner wichtigsten Werke [Reflexive Anthropologie 1996, Das Elend der Welt 1997, Praktische Vernunft 1998, Vom Gebrauch der Wissenschaft 1998, Meditationen 2001, Wie die Kultur zum Bauern kommt 2001, Ein soziologischer Selbstversuch 2002, sowie zahlreichen Aufsätzen], sowie der Tatsache begründet liegen, dass Bourdieus Werke als genuin soziologische Arbeiten schlichtweg einfacher *„unter gesellschafts- oder kulturtheoretischen Vorzeichen zu lesen [..] und für diese Kontexte fruchtbar zu machen"* (Liebau, 1987, S. 52.) scheinen. Dennoch können gerade in jüngster Zeit einige erfreuliche Rezeptionsversuche und –vorschläge verzeichnet werden. Siehe hierzu vor allem: Friebertshäuser u.a., 2006 und Rieger-Ladich, 2002a, S. 285-358.

Weltkrieg die Schule Durkheims mit ihrer Lehre vom Zwang der sozialen Tatsachen, denen gegenüber das Subjekt buchstäblich als das gesetzmäßig ‚Unterworfene' (sub-jectum) erscheint und folglich erkenntnistheoretisch von lediglich sekundärem Interesse ist, so avancierte nach 1945 angesichts der Erfahrung von Kriegszerstörung, Besatzung und Kollaboration mit den Nationalsozialisten, aber auch in Anbetracht der stalinistischen Schreckensherrschaft, der Mensch in seiner existenziellen Grundbefindlichkeit zum Zentralthema[20]. Nach dem Verblühen des existentialistischen Humanismus in den 1960er Jahren erweckte schließlich der Strukturalismus das Durkheimsche Postulat vom Zwangscharakter der sozialen Tatsachen abermals zum Leben.

Die polaren Schwankungen vom Objektivismus zum Subjektivismus und umgekehrt stellten somit *„keine Auseinandersetzung*[en] *um bloß methodologische Fragen"*[21] dar, sondern es handelte sich jeweils um die Gültigkeit einer bestimmten Tradition der Beschreibung des Menschen. Wird der Mensch einmal – in der objektivistischen Tradition – als Getriebener der sozialen Zusammenhänge, als ein Element einer übergeordneten Struktur beschrieben, so gilt er in der subjektivistischen Perspektive als weitestgehend autonomes, souveränes und selbsttransparentes Wesen.

Unter das subjektivistische Paradigma fasst Bourdieu dabei so unterschiedliche wissenschaftliche Strömungen wie die phänomenologische Soziologie (A. Schütz), die Ethnomethodologie (H. Garfinkel), die interaktionistische Soziologie (E. Goffman), aber auch die voluntaristische Philosophie Jean-Paul Sartres und die Rational-Choice-Theorie (J. Elster). Dabei handelt es sich um Theorien aus mikrosoziologischer Perspektive, die die Praktiken, Wahrnehmungen und Intentionen der sozialen Akteure vom Akteur selbst aus zu verstehen suchen. Als Gemeinsamkeit unterstellt Bourdieu all diesen Theorien, dass sie die soziale Welt als eine natürliche und selbstverständlich vorgegebene Welt begreifen. Sie beschäftigen sich ausschließlich mit der Art von Erscheinungen, *„die der – alltäglichen oder wissenschaftlichen – Erkenntnis direkt zugänglich ist"*[22], und brauchen im Prinzip diese Primärerfahrungen sozialer Akteure nur explizit zu registrieren und gegebenenfalls zu systematisieren, um zu den von ihr angestrebten soziologischen Erkenntnissen zu

---

[20] Vgl für eine ausführlichere Darstellung der gegensätzlichen Erkenntnismodi im Frankreich des 20. Jahrhunderts: Krauss, 2005.
[21] Rieger-Ladich, S. 2002, S. 300.
[22] Schwingel, 2003, S. 45.

gelangen. In dieser mangelnden Distanz zur vorwissenschaftlichen Primärerfahrung sieht Bourdieu schließlich auch den Hauptkritikpunkt dieser Erkenntnisweise: *„Weil die Handelnden nie ganz genau wissen, was sie tun, hat ihr Handeln mehr Sinn, als sie selber wissen."*[23] Das subjektivistische Paradigma reduziert die soziale Welt, indem sie die *„objektiven Beziehungen, die die verschiedenen Praxisformen und deren Repräsentationen [...] strukturieren"*[24] schlichtweg negiert, folglich auf eine Welt von gleichsam autonomen Subjekten, die ihre Beziehungen und Lebensverhältnisse allein auf der Grundlage freier Entscheidungen regeln.

Demgegenüber stellt Bourdieu die objektivistische Wissenschaftsauffassung, die vor allem durch den klassischen Strukturalismus (Linguistik von F. de Saussure, Anthropologie von C. Lèvi-Strauss), den Funktionalismus (T. Parsons) und diverse marxistische Theorien (v.a. L. Althusser) vertreten wird. Diese Theorien versuchen nun aus makrosoziologischer Perspektive die Handlungslogik der einzelnen sozialen Akteure aus den objektiven gesellschaftlichen Strukturen und Funktionen abzuleiten und somit zu erklären. Durch den vollkommenen Bruch mit den Primärerfahrungen der sozialen Akteure laufen diese objektivistischen Theorien, indem sie Modelle konstruieren, die vom Willen und Bewusstsein der Akteure völlig unabhängig sind, allerdings Gefahr, *„die Primärerfahrungen der Subjekte wo nicht völlig zu ignorieren, so doch als bloß sekundäre, abgeleitete und daher tendenziell vernachlässigbare Rationalisierungen oder Ideologien zu begreifen"*[25]. Auf diese Weise reduziert die objektivistische Erkenntnisweise die soziale Welt auf eine Welt von objektiven Strukturen und Gesetzen, in denen den denkenden und handelnden Subjekten nur mehr die Rolle von *„Ausführungsorganen gesellschaftlicher Strukturgesetzlichkeiten"*[26] zukommt.

Um diese polare Logik von Subjektivismus und Objektivismus zu umgehen, entwickelt Bourdieu schließlich eine dritte, gleichsam als Synthese konstruierte praxeologische Erkenntnisweise[27], die die beiden komplementären Einseitigkeiten zu vermeiden sucht: *„Gegenstand der Erkenntnisweise*

---

[23] Bourdieu, 1993b, S. 127.
[24] Bourdieu, 1976, S. 147.
[25] Schwingel, 2003, S. 48.
[26] Liebau, 1993, S. 253.
[27] Dass Bourdieu freilich sein Plädoyer für ein relationales Denken, für ein Denken jenseits von Dichotomien, erst aus der Gegenüberstellung dieser beiden Erkenntnisweisen entwickelt, und folglich den Dualismus, den zu bekämpfen er vorgibt, zunächst selbst aufbaut, erweist sich für einige seiner Kritiker als durchaus problematisch.

schließlich, die wir praxeologische nennen wollen, ist nicht allein das von der objektivistischen Erkenntnisweise entworfene System der objektiven Relationen, sondern des weiteren die dialektischen Beziehungen zwischen diesen objektiven Strukturen und den strukturierten Dispositionen, die diese zu aktualisieren und zu reproduzieren trachten. "[28] Es müssen folglich neben den objektiven Strukturfaktoren auch die sozialen Akteure – *„als konstitutiver Bestandteil der sozialen Welt"*[29] – mit ihren praktischen Erfahrungen und Alltagserkenntnissen von der soziologischen Analyse berücksichtigt werden. Die von Bourdieu geforderte *„totale Wissenschaft von der Gesellschaft"*[30] muss sich so einerseits von den Annahmen des mechanischen Strukturalismus lossagen, der die einzelnen Individuen oder Gruppen nur als die passiven Träger gesellschaftlicher Kräfte zu beschreiben in der Lage ist, andererseits aber auch von jeglicher Art von Sozialphänomenologie, in deren Augen die Gesellschaft als das Produkt der freien Entscheidungen und Handlungen von bewussten Individuen erscheint. Bourdieu selbst beschreibt den von ihm verfolgten Ansatz, um diese Zwischenstellung zwischen den beiden Lagern auszudrücken, als *„strukturalistischer Konstruktivismus und konstruktivistischer Strukturalismus"*[31].

Allerdings versucht Bourdieu mit Hilfe seines praxeologischen Ansatzes nicht nur, die Überwindung des Antagonismus von Subjektivismus und Objektivismus zu erreichen, sondern im gleichen Zuge auch die gemeinsamen Grundannahmen herauszuarbeiten, die beide wissenschaftliche Erkenntnisweisen im Gegensatz zur praktischen Erkenntnisweise als der Grundlage der ‚normalen' Erfahrung der Sozialwelt charakterisieren. Hierdurch eröffnet sich für ihn der große Problembereich von Theorie und Praxis, den er praxistheoretisch neu formuliert als Grundgegensatz zwischen theoretischer (wissenschaftlicher) Praxis und praktischer (alltäglicher) Praxis, die jeweils auf verschiedenen Erkenntnisweisen beruhen.

Auf diese Weise gelingt es Bourdieu, das Theorie-Praxis-Problem, d.h. inwiefern sich Theorie und Praxis wechselseitig beeinflussen, mit Hilfe neuer und

---

[28] Bourdieu, 1976, S. 147.
[29] Schwingel, 2003, S. 49.
[30] Wacquant, 1996, S. 28.
[31] Wacquant, 1996, S. 29. Hierbei darf der Begriff des Konstruktivismus allerdings nicht fälschlicherweise auf die Annahmen des radikalen Konstruktivismus (nach Maturana und Varela) bezogen werden. Der Begriff des Konstruktivismus ist vielmehr wörtlich zu verstehen, im Sinne des Konstruierens, da die gesellschaftlichen Strukturen – im Gegensatz zum klassischen Strukturalismus – nicht mehr statisch und den sozialen Akteuren vorgesetzt, sondern als im weitesten Sinne dynamisch vorgestellt werden. Daher ist statt von konstruktivistischem zuweilen auch von *„genetischem Strukturalismus"* (Schwingel, 1993, S. 33) die Rede.

weiterführender Überlegungen anzugehen. Indem er Wissenschaft und Praxis zwei unterschiedliche Erkenntnisweisen und Logiken unterstellt, überwindet er so auch diese Dichotomie von Theorie und Praxis, ohne sie dabei unvermittelt gegenüberzustellen oder aber auf die aristotelische Trias von Theorie, Praxis und Poiesis herunterzubrechen[32]. Dabei stellt Bourdieu dem Erkenntnisinteresse der Wissenschaft den praktischen Sinn ('sens pratique') gegenüber, einen praktisch-lebensweltlichen Sinn, in dem sich der kognitive nicht vom motivationalen Aspekt, *„das Wissen nicht vom Willen"*[33] trennen lässt.

Während für die theoretische Erkenntnispraxis aufgrund ihrer Handlungsentlastetheit und ihrer (theoretischen) Losgelöstheit von ökonomischen und sozialen Zwängen das Paradigma der formalen Logik gilt, funktioniert die Alltagspraxis nach einer ihr impliziten Eigenlogik. Die Menschen werden immer nur so viel Logik aufwenden, wie für die Bedürfnisse der Praxis erforderlich ist. Bourdieu schreibt hierzu in seinem „Entwurf einer Theorie der Praxis": *„Der Praxis muss demzufolge eine Logik zugeschrieben werden, die keine der Logik ist, um damit zu vermeiden, ihr mehr Logik abzuverlangen, als sie zu geben in der Lage ist, und sich auf diese Weise dazu zu verurteilen, entweder Inkohärenzen in ihr aufdecken oder ihr eine Kohärenz aufzwingen zu wollen."*[34]

Die Ursache für die Ausbildung dieser grundlegend verschiedenen Logiken besteht für Bourdieu dabei in den jeweils unterschiedlichen Wirkungsweisen von Zeit. *„Es gibt eine Zeit der Wissenschaft, die nicht die der Praxis ist."*[35] Im Unterschied zur diskontinuierlichen, weil von den Zwängen der Praxis losgelösten, d.h. zeitlosen Zeit der Wissenschaft bildet die Zeit der Praxis ein Kontinuum, das auch von den Handelnden implizit als solches erlebt wird. Für den zeitlichen Verlauf der Praxis ist vor allem ihre Ausrichtung und Irreversibilität, ihr Rhythmus und schließlich ihre Dringlichkeit charakteristisch. Eine Handlung in der Praxis ist stets vom zeitlichen Vorher und Nachher der Praktiken abhängig, in deren unmittelbarem Zusammenhang sie stattfindet. Wissenschaft hingegen weist sich gerade durch ein unpraktisches Verhältnis zur

---

[32] Vgl. als Lösungsvorschlag dieser Art: Böhm, 1995. Inwieweit dieser Lösungsvorschlag, der die Position der Praxis mit der der Poiesis ersetzt und die Praxis im Sinne der christlichen Handlungsethik aufwertet, wirklich zu einer Weiterentwicklung des Wissenschaftsverständnisses beiträgt, bleibt allerdings fraglich. Im Bereich der allgemeinen Pädagogik geht Benner (2001) noch einen Schritt weiter auf das praxeologische Lager zu. Allerdings bleibt auch dieser noch zu stark normativ behaftet, so dass Tenorth diesen Ansatz als „kryptonormative Praxeologie" (Tenorth, 1998) beschreibt.
[33] Pfeffer, 1985, S. 293.
[34] Bourdieu, 1976, S. 248.
[35] Bourdieu, 1976, S. 217.

Praxis aus, durch eine Losgelöstheit von den Dringlichkeiten der Zeit. Oder anders formuliert: *„Im Unterschied zur sozialen Praxis, die einem Zeit- und Handlungsdruck unterliegt, findet Wissenschaft unter Bedingungen einer Handlungsentlastetheit statt. "*[36]

Dass nun Theorie und Praxis nach eigenständigen Logiken funktionieren, veranlasst Bourdieu allerdings nicht zu einer resignativen Haltung gegenüber der Erkenntniskraft von Wissenschaft. Vielmehr scheint es für ihn so, dass im Gegenteil das klare Erkennen der Grenzen der theoretischen Erkenntnis es erst erlaubt, den so genannten scholastischen Fehlschluss – *„scholastic fallacy"*[37] – zu vermeiden. Dieser Fehlschluss besteht genau darin, die genuin praktische und weitgehend implizit bleibende Erkenntnisweise, die für die sozialen Akteure im Vollzug der Praxis charakteristisch ist, stillschweigend gleichzusetzen mit den unter den völlig anderen Bedingungen der Zeit- und Handlungsentlastetheit stehenden (theoretischen) Erkenntnisweisen der Wissenschaftler und Intellektuellen. Somit bewirkt Bourdieus Analyse weniger eine Kritik am System der Wissenschaft *(„Die wissenschaftliche Erkenntnis verdankt eine ganze Reihe ihrer wesentlichsten Merkmale der Tatsache, dass die Bedingungen ihrer Produktion nicht die Bedingungen der Praxis sind. "*[38]), sondern vielmehr an der Neigung der Wissenschaftler, die von ihnen untersuchten Handlungsakteure nach ihrem eigenen und folglich theoretischen Bild zu denken, und somit dem *„Epistemozentrismus"*[39] zu huldigen. Die Aufgabe des Wissenschaftlers müsste so vor allem darin bestehen, die Grenzen des wissenschaftlichen Feldes genau zu kennen und bestenfalls *„jedem wissenschaftlichen Bericht einen Bericht über die Grenzen von wissenschaftlichen Berichten bei*[zu]*geben"*[40].

Zur praktischen Umsetzung dieses Wissenschaftsverständnisses erweisen sich vor allem die so genannten qualitativen[41] Methoden der Sozialforschung als

---

[36] Schwingel, 1993, S. 50.

[37] Bourdieu, 1993a, S. 372.

[38] Bourdieu/Wacquant, 1996, S. 101.

[39] Bourdieu, 1993a, S. 370.

[40] Bourdieu/Wacquant, 1996, S. 101. An anderer Stelle spricht Bourdieu davon, dass ein bedeutender wissenschaftlicher Fortschritt darin bestünde, stellte man jeder wissenschaftlichen Abhandlung über die Sozialwelt eine Präambel mit dem Wortlaut: „alles spielt sich so ab, als ob…" voran (vgl. Bourdieu, 1993b, S. 56.).

[41] Wenngleich nach Bohnsack auch die begriffliche Leitdifferenz von quantitativen und qualitativen Methoden zugunsten der Differenz von standardisierten und rekonstruktiven Methoden zu ersetzen sei: *„Die Unterscheidung in ‚quantitative' und ‚qualitative' Methoden erweist sich unter diesem Gesichtspunkt als eine unzulängliche – wenngleich für die schnelle alltägliche Verständigung inzwischen unvermeidbare – begriffliche Leitdifferenz. Wenn es darum geht, die besonderen Ansprüche, Kriterien und Standards dessen zu bestimmen, was unter dem*

geeignet. Aufgrund ihres komplexen Zugangs zu ihrem Gegenstand vermögen diese einen Beitrag zu leisten zur Überwindung der Kluft zwischen einer ‚empirielosen Theorie' einerseits und einer ‚theorielosen Empirie' andererseits. Bourdieu selbst trat nicht nur für eine engere Verbindung von theoretischer und empirischer Arbeit ein, ihm ging es vielmehr um ihre *„völlige wechselseitige Durchdringung"*[42]. Um diese Durchdringung zu erreichen, werden die wissenschaftlichen Standards im Sinne eines *„methodologischen Pragmatismus"*[43] nicht – wie dies der konventionellen epistemologischen Sichtweise entspricht – aus erkenntnistheoretischen Prinzipien (deduktiv) abgeleitet, deren Geltung von den Ergebnissen empirischer Forschung völlig unabhängig zu sein hat. Vielmehr werden, um den Eigenlogiken von Theorie und Praxis gerecht zu werden, die methodologischen Standards selbst Gegenstand und zum Teil auch Ergebnis empirischer Rekonstruktion und werden in jedem Fall in der Auseinandersetzung mit den Erfahrungen empirischer Forschung ausgearbeitet. Rekonstruktive Verfahren grenzen sich so zum einen gegen eine standardisierte und hypothesenprüfende Vorgehensweise im konventionellen Sinne ab, zum anderen aber auch gegen völlig offene Verfahren, die sich weder an den natürlichen Standards noch an einer metatheoretischen Fundierung orientieren.

Für eine wissenschaftliche Vorgehensweise, die neben dem subjektiv gemeinten Sinn der sozialen Akteure ebenso die Struktur der Praxis zu erforschen sucht, und sich somit jenseits von Subjektivismus und Objektivismus bewegt, erweist sich so vor allem die dokumentarische Methode wie auch die Methodologie des narrativen Interviews[44] als grundlegend. Im Sinne des Relationismus, d.h. entscheidend sind die Verhältnisse (Relationen) zwischen den gesellschaftlichen Strukturen und den einzelnen sozialen Akteuren, gehen die Interpreten des Forschungsmaterials also nicht davon aus, dass sie mehr wissen als die Akteure im Forschungsfeld und somit über einen privilegierten Zugang zur Realität verfügen, sondern davon, dass letztere selbst nicht wissen, was sie da eigentlich alles wissen, somit über ein implizites Wissen verfügen, welches ihnen

---

Begriff ‚qualitative' Forschung in der Praxis geschieht, so erscheint die Leitdifferenz standardisierte/rekonstruktive Methoden weitaus geeigneter." (Bohnsack, 2005, S. 65)
[42] Wacquant, 1996, S. 60.
[43] Luhmann, 1990, S. 509.
[44] Vgl. Bohnsack, 2005, S. 72.

reflexiv nicht so ohne weiteres zugänglich ist[45]. Die Explikation dieses Wissens durch den Interpreten vollzieht sich in komparativer Analyse vor dem Gegenhorizont anderer Fälle, d.h. in Relation zu diesen und deren implizitem Wissen. Ausgehend von diesen Grundannahmen kann das Ziel wissenschaftlicher Forschung schließlich nicht mehr darin bestehen, einen auf der Basis von Repräsentativität gebildeten Durchschittstypus (d.h. des durchschnittlich gemeinten Sinns) zu ermitteln, sondern vielmehr eine Art Idealtypus[46] zu konstruieren, der auf die Repräsentanz tiefer liegender Sinnstrukturen zielt.

Um die nachfolgende Studie diesem sehr ausführlich entworfenen Wissenschaftsverständnis gerecht werden zu lassen, sollen als Abschluss der theoretischen Analyse der jeweiligen Ebene (Makro-, Meso- und Mikroebene) jeweils narrative Interviews durchgeführt werden. Der Aufbau und die Durchführung dieser Interviews ist der Methodik der Interviews in Pierre Bourdieus großer Sozialstudie „Das Elend der Welt"[47] nachempfunden. Um das implizite Wissen der Befragten im Gespräch zu erfahren, muss es während des Interviews vor allem darum gehen, eine Beziehung des aktiven und methodischen Zuhörens zu schaffen. Der Interviewer muss versuchen, einen Standpunkt zu übernehmen, *„der dem der befragten Person so nahe wie möglich ist, ohne sich dabei ungerechterweise in jenes Alter ego […] hineinzuprojizieren"*[48]. Diese persönliche Anteilnahme, mit der man sich in das Gespräch einbringt und damit auch seinen Gesprächspartner dazu bewegt, sich einzubringen, ist das, was Bourdieus Interviewtechnik von einem herkömmlichen Interview, *„in dem der Interviewer in seinem Bemühen um Neutralität jedes persönliche Sich-Einbringen vermeidet"*[49], am deutlichsten unterscheidet. Dabei kann es allerdings nicht um die *„magische Aufhebung"*[50] der Distanz von Interviewer und Befragtem gehen,

---

[45] In Bourdieus Worten: *„[…]weil die Subjekte im eigentlichen Sinne nicht wissen, was sie tun, weil das, was sie tun, mehr Sinn aufweist, als sie wissen"* (Bourdieu, 1976, S. 179).

[46] Vgl. hierzu Weber, 1991 (Einleitung von Michael Sukale): *„Idealtypen sind also Idealbilder der Wirklichkeit, die dadurch zustande kommen, dass einzelne konkrete, also tatsächlich vorliegende Elemente der Wirklichkeit gedanklich gesteigert werden, die zwar nicht so in der Wirklichkeit zu finden sind, aber ein als konkret gedachtes Modell von Teilen der Wirklichkeit vorstellen, mit dem die Wirklichkeit verglichen und so gemessen werden kann."*

[47] Bourdieu u.a., 1997. In diesem soziologischen Werk berichten Menschen, die sonst weder zu Wort kommen noch gehört werden, über ihr alltägliches Leben, ihre Hoffnungen und Frustrationen, Verletzungen und Leiden. In ihrer Zusammenschau ergeben diese Lebens- und Gesellschaftsbilder ein schonungsloses Röntgenbild der gegenwärtigen Gesellschaft, geprägt von zunehmendem Konkurrenzdruck, struktureller Massenarbeitslosigkeit, Sozialabbau, gesellschaftlicher Marginalisierung immer breiterer Bevölkerungsgruppen.

[48] Bourdieu u.a., 1997, S. 14.

[49] Bourdieu u.a., 1997, S. 794.

[50] Wacquant, 1996, S. 70.

sondern vielmehr um die Objektivierung dieser objektivierenden Distanz und der sozialen Bedingungen, die sie möglich machen.

Aus diesem Grund wird den transkribierten[51] Interviews jeweils ein kurzer Text vorangestellt, in dem an die sozialen Bedingungen und Konditionierungen erinnert wird, deren Produkt der Verfasser der Rede ist: *„seine Laufbahn, seine Ausbildung, seine Berufserfahrungen, alles das, was in der transkribierten Rede sowohl verborgen wie offengelegt wird"*[52]. Hierdurch wird gleichsam der praxeologischen Wissenschaftsauffassung entsprochen, nach der der subjektiv gemeinte Sinn der jeweiligen Interviewpartner stets in Abhängigkeit (Relation) zu den gesellschaftlichen Verhältnissen und Strukturen zu verstehen ist, denen dieser Akteur ausgesetzt ist und war. Das Interview wird auf diese Weise zu einem wirksamen Instrument der Aufklärung und der Befreiung, das den Befragten dabei unterstützt, seine Wahrheit zu veräußern, bzw. besser: sich von ihr zu befreien.[53]

Dass Bourdieus Wissenschaftsverständnis dabei einer kritischen Wissenschaftstradition zugeordnet werden kann, erscheint nicht weiter fraglich.[54] Nach der von Habermas[55] eröffneten Unterscheidung von technischem, praktischem und emanzipatorischem Erkenntnisinteresse ist die von Bourdieu verfolgte Wissenschaftsauffassung eindeutig dem emanzipatorischen zuzurechnen.[56] Vor allem indem die Veränderbarkeit und Quasi-Natürlichkeit von gesellschaftlichen Strukturen und Zwängen aufgezeigt werden, sollen die sozialen Akteure in einen Reflexionsprozess versetzt werden, um sich so von den gesellschaftlichen Zwängen zu befreien. Demgemäß sieht Bourdieu auch die Rolle des Soziologen als desjenigen, *„der anderen hilft, etwas ans Licht zu bringen, das sie wissen, ohne es zu wissen"*[57], bzw. dem daran gelegen ist, *„implizite Sachverhalte explizit zu machen"*[58]. Dieses kritische Wissenschaftsverständnis, dem sich schließlich auch der Autor selbst verschreibt, wird im Nachfolgenden so keineswegs dazu führen, das Konzept des Case Management ausschließlich aus verschiedenen Richtungen zu kritisieren und

---

[51] Allein schon durch die Transkription an sich werden so viele Nuancen des Interviews verwischt, dass Bourdieu selbst dazu schreibt: *„Transkribieren heißt also immer auch schreiben im Sinne von neu schreiben."* (Bourdieu u.a., 1997, S. 798)

[52] Bourdieu u.a., 1997, S. 14.

[53] Vgl. Rieger-Ladich, 2002a, S. 346.

[54] Als ausführliche Studie zum Verhältnis von Pierre Bourdieu und Kritischer Theorie vgl. Schwingel, 1993, insbesondere S. 168ff.

[55] Vgl. Habermas, 1969, S. 155ff.

[56] Vgl. stellvertretend für zahlreiche Aussagen: *„Dabei denke ich allen Ernstes, dass die Intention der Aufdeckung gesellschaftlicher Zwänge emanzipatorisch ist."* Bourdieu, 2005b.

[57] Bourdieu, 2001d, S. 164.

[58] Bourdieu, 2001d, S. 164.

anderen Modellen entgegenzusetzen. Vielmehr besteht die Kritik im Wesentlichen darin, die Gestaltungsmöglichkeiten und die Veränderbarkeit der sozialen Welt aufzuzeigen und die bestehenden gesellschaftlichen Verhältnisse so ihrer ‚Quasi-Natürlichkeit' zu berauben. *„Indem sie also die grundsätzliche Historizität, Kontingenz und Veränderbarkeit dieser (von sozialen Akteuren produzierten und reproduzierten) Ordnung (wieder) vor Augen führt, wird Soziologie kritisch, wird Wissenschaft Kritik.“*[59]

---

[59] Schwingel, 1993, S. 183.

FELD, HABITUS UND KAPITAL, ODER: ZUR DIALEKTIK VON MENTALEN UND SOZIALEN STRUKTUREN

> „Le monde me comprende,
> mais je le comprends."
> **BLAISE PASCAL**

Ehe nun das Konzept des Case Management – in seiner Entstehung, seiner Verortung wie seiner Folgen – auf den verschiedenen gesellschaftlichen Ebenen aufgezeigt wird, sind zunächst Bourdieus Modelle und Theoriebausteine zu erörtern, mit deren Hilfe der Blick vor allem auf die impliziten Wirkungen und Folgen von Case Management geschärft werden soll. Dies stellt sich vor allem deshalb als keineswegs leichtes Unterfangen dar, da Bourdieu – wie oben bereits aufgezeigt – die eigenen Theorieansätze im Sinne eines „*methodologischen Pragmatismus*"[60] durch seine Forschungsergebnisse immer wieder modifizierte und weiterentwickelte. Seine begrifflich-theoretischen Konzepte bilden somit keine homogene Theorie, die der Realität übergestülpt wird, sondern sie sind Werkzeuge[61], um die permanent stattfindenden sozialen Auseinandersetzungen des Alltags analysieren und (wieder) sichtbar machen zu können. Folglich erscheint es angemessener in Bezug auf Bourdieus Werk nicht von einer ausgearbeiteten Theorie, sondern vielmehr von mehreren nebeneinander stehenden, aber auch aufeinander aufbauenden Theoriebausteinen zu sprechen.

Wie bereits mehrfach angesprochen, ist Bourdieu bei all seinen Modellen daran gelegen, eine Verschmelzung von Subjektivismus und Objektivismus, von Mikro- und Makroebene zu erreichen. Dabei erweisen sich die Feld-, die Habitus-, sowie die Kapitaltheorie als die wichtigsten Modelle. Im Sinne von Idealtypen liegt die Aufgabe dieser Modelle weniger darin, die Wirklichkeit möglichst genau nachzubilden, vielmehr handelt es sich um gedankliche Sinnbilder, die zwar nicht so in der Wirklichkeit vorzufinden sind, mittels derer sich aber nun die Wirklichkeit daraufhin untersuchen lässt, „*inwieweit sie sich einem solchen Modell annähert oder nicht*"[62]. Die Modelle gewinnen ihre Erklärungskraft vor allem durch ihren wechselseitigen Bezug aufeinander, der die Verschmelzung der verschiedenen Ebenen noch einmal hervorhebt.

---

[60] Luhmann, 1990, S. 509.
[61] Wie pragmatisch Bourdieu dabei den Gebrauch seiner Begriffe einsetzt, beschreibt beispielsweise auch Wacquant: „*Sein eigenes Verhältnis zu den Begriffen ist pragmatisch: Er behandelt sie als ‚Werkzeugkästen' (Wittgenstein), die dazu da sind, ihm bei der Lösung von Problemen zu helfen.*" (Wacquant, 1996, S. 55).
[62] Weber, 1991, S. 17.

Grundlegend stellt sich für Bourdieu der soziale Raum als aufgeteilt in drei Strukturebenen dar. Auf der einen Seite wirken die Kräfte der objektiv-materialen Bedingungen, die im Sinne von Lebensbedingungen die einzelnen sozialen Akteure beeinflussen. Auf der anderen Seite bildet sich der Raum der Lebensstile heraus, die Ebene der Praxis, in der die sozialen Akteure miteinander auf spezifische Weise interagieren. Diese polare Aufteilung – beruhend auf dem Antagonismus von Subjektivismus und Objektivismus – unterläuft Bourdieu nun durch die Einführung einer dritten Strukturebene: des Habitus.

Da er vor allem aufgrund seiner ethnologischen Studien an der kabylischen Gesellschaft[63] davon ausging, dass soziales Handeln eben nicht nach expliziten (logischen) Regeln arrangiert ist, wie es der Strukturalismus annahm, stellte er sich die Frage: *„Wie können Verhaltensweisen geregelt sein, ohne dass ihnen eine Befolgung von Regeln zugrunde liegt?“*[64] Der Mensch handelt zwar nicht nach expliziten gesellschaftlichen Gesetzen und Zwängen, und doch erweisen sich die gesellschaftlichen Strukturen als überaus stabil und träge.

Dieses Scharnier zwischen den objektiven gesellschaftlichen Strukturen und der sozialen Praxis bildet für Bourdieu der Habitus. Er selbst beschreibt den Habitus in einer für seine Schreibweise typischen Formulierung als *„Systeme dauerhafter Dispositionen, strukturierte Strukturen, die geeignet sind, als strukturierende Strukturen zu wirken“*[65]. Die gesellschaftlichen Strukturen bilden sich nach Bourdieu folglich im sozialen Akteur ab, entwickeln eine Art Dispositionssystem, das im Folgenden nun das Handeln dieses sozialen Akteurs beeinflusst. Auf diese Weise werden die gesellschaftlichen Strukturen und Verhältnisse durch die Praxis der sozialen Akteure ständig reproduziert.

Der Begriff des Habitus ermöglicht es Bourdieu, auf der einen Seite die handelnden sozialen Akteure nicht mehr nur als strukturalistische Träger der Struktur zu erfassen, auf der anderen Seite gelingt es ihm somit aber auch, nicht wieder dem Individualismus zu verfallen. Die gesellschaftlichen Strukturen schreiben sich in den einzelnen sozialen Akteur ein, so dass dieser in den spezifischen Situationen genau weiß, wie er sich zu verhalten hat, oder genauer: weiß, ‚was sich gehört'. Indem auf diese Weise in der Praxis die vom Habitus vermittelten objektiven Strukturen durch die Handelnden repräsentiert und

---

[63] Diese algerischen Schriften müssen ohnedies als Kristallisationskern der gesamten Theorie Bourdieus angesehen werden, um den sich die Theorie spiralförmig entwickelte. Vgl. Rehbein, 2006, S. 19.
[64] Bourdieu, 1992, S. 86.
[65] Bourdieu, 1976, S. 165.

zugleich reproduziert werden, gelingt es Bourdieu nach dem doppelten Prinzip *„der Interiorisierung der Exteriorität und der Exteriorisierung der Interiorität"*[66] die Gesellschaftsstrukturen in das Individuum selbst hineinzuholen sowie dadurch die Gesellschaftsstrukturen an die sozialen Akteure rückzubinden.

Die gesellschaftlichen Strukturen finden so Eingang in die Lebenswelt der sozialen Akteure. Als *„eine Art psychosomatisches Gedächtnis"*[67] werden im Habitus die gesellschaftlichen Strukturen abgespeichert, und somit internalisiert. Der Mensch ist somit von Geburt an gesellschaftlich geprägt. Im Sinne einer *„Sozialtopologie"*[68] schreiben sich schließlich gerade diejenigen sozialen Strukturen in den Habitus des sozialen Akteurs ein, die den sozialen Raum strukturieren, in dem dieser sich befindet, d.h. vor allem die Strukturen, in denen er lebt, die Lebensbedingungen, sowie seine Position innerhalb dieser Strukturen. Der Habitus kann so als *„Resultat eines standortspezifischen nichtintentionalen Sozialisationsprozesses"*[69] beschrieben werden, bei dem neben den allgemeinen Lebensbedingungen auch Sozialisation, Bildung und Erziehung eine entscheidende Rolle spielen. Dabei kann die Genese des Habitus auf drei Wegen erfolgen[70]: Zum einen durch das unmerkliche Vertrautwerden mit einer Kultur, das sich durch bloße Beobachtung von und allmähliche Beteiligung an kulturellen Praktiken unbewusst einstellt, zum anderen durch Praktiken der Unterweisung und Überlieferung, die auf eine direkte Weitergabe kulturellen Wissens abzielen und schließlich durch so genannte strukturale Übungen, bei denen – häufig unentdeckt – eine Verleiblichung der symbolischen Ordnung betrieben wird.

Indem Bourdieu den Habitus nicht auf mentale Schemata reduziert, sondern – und dies ausdrücklich – auch körperliche und ästhetische Muster integriert, verwirft er auch den cartesianischen Dualismus von Körper und Geist.[71] Vor allem diese im Sinne einer *„stillen Pädagogik"*[72] vermittelten körperlichen und ästhetischen Grundstrukturen, wie Körperhaltung (Hexis), Mimik, Sprachgewohnheiten, Geschmack etc. tragen entscheidend zu einer Reproduktion der sozialen Strukturen (und damit auch der Herrschaftsverhältnisse) bei.

---

[66] Bourdieu, 1976, S. 147.
[67] Rehbein, 2006, S. 90.
[68] Bourdieu, 1985a, S. 9.
[69] Krauss, 2005, S. 9.
[70] Vgl. als ausführliche Darstellung zur Genese des Habitus: Rieger-Ladich, 2002a, S. 322ff.
[71] Vgl. Wacquant, 1996, S. 41.
[72] Bourdieu, 1993b, S. 128.

Dass gerade der Geschmack als Ausdruck der sozialen Verhältnisse betrachtet werden kann, belegte Bourdieu durch seine wohl einflussreichste Studie „Die feinen Unterschiede"[73], in der er durch zahlreiche empirische Befunde die Schicht- und Klassenabhängigkeit von Geschmacksurteilen nachwies. Indem der Habitus durch die aktive Präsenz früherer Erfahrungen im Organismus je spezifische Wahrnehmungs-, Denk- und Handlungsschemata[74] ausbildet, ist er ausschlaggebend dafür, dass die einzelnen Individuen[75] die Welt unter einer bestimmten Perspektive wahrnehmen, dieses Wahrgenommene auf spezifische Weise deuten und daraus ihre Handlungen ableiten. Die sozialen Akteure werden so einen bestimmten Lebensstil an den Tag legen, bestimmte Geschmackskriterien bemühen, die allerdings ihrer Position im sozialen Raum entsprechen.

Aufgrund der Tatsache dass sich der Habitus als Abbild eines spezifischen Ortes innerhalb der Sozialstruktur entwickelt, wird sich dieser vor allem in ihm bekannten Regionen wohl fühlen und so die Reproduktion der sozialen Welt bewirken. „[U]nd wenn der Habitus ein Verhältnis zu einer sozialen Welt eingeht, deren Produkt er ist, dann bewegt er sich wie ein Fisch im Wasser und die Welt erscheint ihm selbstverständlich."[76] Diese Verknüpfung der sozialen und der mentalen Strukturen kann so als Geheimnis der Stabilität der sozialen Ordnung angesehen werden. Die einzelnen sozialen Akteure entscheiden sich folglich nicht bewusst und nach Abwägung rationaler[77] Gründe für die Reproduktion der gesellschaftlichen Strukturen, sondern diese drückt sich vielmehr auf einer „präreflexiven Ebene der Leiblichkeit"[78] aus, als praktischer Sinn, der oftmals mit der Sicherheit eines sozialen Instinkts[79] operiert.

Doch eben dieses präreflexive und unbewusste Moment in Bourdieus Habitusmodell brachte ihm des Öfteren Vorwürfe des Determinismus[80] ein, bekräftigt vor allem durch die wiederholte Zitation des bekannten Leibniz-Zitats,

---

[73] Bourdieu, 2000.
[74] Vgl. Bourdieu, 1993b, S. 62. Dass es Bourdieu hierbei vor allem auch darum geht, Kants Verstandeskategorien an ‚das Soziale' bzw. ‚die Gesellschaft' rückzubinden, kann hier nur am Rande erwähnt werden.
[75] Bourdieu vermeidet es, von Individuen oder Subjekten zu sprechen. Vielmehr werden die Individuen, indem sie die sozialen Strukturen internalisieren, zu sozialen ‚Akteuren', deren Gedanken, Aussagen und Handlungen primär von ihrer Position im Sozialraum abhängen.
[76] Bourdieu/Wacquant, 1996, S. 161.
[77] Vgl. dazu Wacquant, 1996, S. 39: „Der Habitus ist eine Instanz zur Vermittlung von Rationalität, aber eben von einer praktischen Rationalität, die einem historischen System von sozialen Verhältnissen immanent ist und damit dem Individuum transzendent."
[78] Schwingel, 1993, S. 67.
[79] Vgl. Schwingel, 1993, S. 67.
[80] Beispielhaft dürften die Beiträge Axel Honneths, in dessen Gespräch mit Pierre Bourdieu gelten. Abgedruckt in: Bourdieu, 1992, S. 15-49.

die Menschen seien zu Dreivierteln ihrer Handlungen Automaten[81]. Dabei wurde das Habitus-Konzept gerade gegen die deterministischen Vorstellungen des Strukturalismus entwickelt. Bourdieu zufolge ist der Habitus vielmehr als ein *„System von Grenzen"*[82] anzusehen, das – entsprechend Chomskys System der generativen Grammatik – aus einigen begrenzten Strukturen doch unendlich viele, (und vor allem) nicht vorhersehbare Handlungen zu generieren in der Lage ist. Somit bedeutet der Habitus gerade keine völlige Determination des Handlungsspielraums[83]. In den Grenzen seiner Strukturen ist der Habitus geradezu *„schöpferisch und erfinderisch"*[84], dort haben die sozialen Akteure einen *„beachtlichen Improvisationsspielraum"*[85]. Auf der Basis des Habitus ist Handeln also weder spontan noch determiniert, sondern Ergebnis einer notwendigen Verbindung von Disposition und objektivem Ereignis. Somit vermag das Konzept des Habitus nicht nur zwischen den *„Lieblingsunterscheidungen"*[86] des soziologischen Faches – zwischen Individuum und Gesellschaft – zu vermitteln, sondern auch zwischen Freiheit und Determination, die als grundlegende Dichotomie die Diskurse des pädagogischen Faches bestimmen.

Im Sinne einer *„Soziologie als Sozialtopologie"*[87] ist das Handeln der Akteure aber immer auch bedingt vom jeweiligen Standpunkt innerhalb des sozialen Raumes. Für Bourdieu stellt sich folglich das menschliche Handeln nicht nur von innen – durch die Grenzen des Habitus – als eingeschränkt dar, sondern auch von außen durch die Grenzen des sozialen Feldes, in dem sich der soziale Akteur bewegt. Die soziale Welt lässt sich in Form eines mehrdimensionalen Raums darstellen, dem bestimmte Unterscheidungs- bzw. Verteilungsprinzipien zugrunde liegen. Dieser soziale Raum bildet nun nach Bourdieu diverse gesellschaftliche Sub-Räume aus, so genannte soziale Felder, in denen je spezifische Prinzipien und Regeln gelten. Im Zuge der Arbeitsteilung differenzieren sich (entsprechend der Durkheimschen These zur gesellschaftlichen Differenzierung durch Arbeitsteilung) diese sozialen Felder zunehmend aus,

---

[81] Vgl. Bourdieu, 2000, S. 740.
[82] Bourdieu, 2005b, S. 33.
[83] Zur Verteidigung Bourdieus Theorie gegen Determinismusvorwürfe, sowie „das fehlende Positive" in seiner Theorie vgl. Pfeffer, 1985, sowie für die jüngeren Diskussionsbeiträge: Rieger-Ladich, 2005.
[84] Wacquant, 1996, S. 40.
[85] Bourdieu, 2001d, S. 165.
[86] Nassehi, 2004a, S. 8.
[87] Bourdieu, 1985a, S. 9.

spezialisieren sich und etablieren so eigene ‚Spielregeln'[88], so dass in modernen, ausdifferenzierten Gesellschaften weitgehend unabhängige soziale Felder innerhalb des sozialen Raumes bestehen. Da Bourdieu – gemäß seiner Wissenschaftsauffassung – auch das Feldkonzept aus der empirischen Forschung entwickelte und immer wieder modifizierte, (*„der Begriff des Feldes trat immer häufiger auf, die Anzahl der Felder wurde ständig vermehrt"*[89]), bleibt auch die Frage unklar, ob Bourdieu überhaupt noch ein übergeordnetes Feld, ein Feld der Gesellschaft oder einen umfassenden sozialen Raum annahm. Schwingel schlägt deshalb vor, den systematischen Unterschied zwischen den beiden Konzepten Raum und Feld dahingehend zu machen, dass der Schwerpunkt bei der Analyse des Feldes in der diachronen Perspektive liegt, also in der Entwicklung der Kräfteverhältnisse, wogegen das Raum-Modell einen synchronen Zustand zum Ausdruck bringt[90].

Da sich die Feldtheorie ständig im Forschungsalltag bewähren muss, erscheint es für Bourdieu niemals möglich, sämtliche sozialen Teilfelder zu bestimmen[91]. Charakteristische und von ihm untersuchte soziale Felder aber wären das politische, das literarische oder das religiöse Feld[92]. Weiterhin spricht Bourdieu aber beispielsweise auch vom Feld der Wissenschaft, vom Feld der Mathematik, sowie vom universitären Feld. Jedes dieser Felder weist eine individuelle Entstehungsgeschichte auf, es herrschen je spezifische Spielregeln vor, und doch weisen sie eine homologe Struktur auf. *„Es gibt allgemeine Gesetze von Feldern."*[93] Analytisch gesprochen, könnte man ein Feld als *„ein Netz oder eine Konfiguration von objektiven Relationen zwischen Positionen* [..] *definieren"*[94]. Soziale Felder sind also objektive, d.h. vom Willen und

---

[88] Die auf den ersten Blick fraglos erscheinende Homologie zwischen Bourdieus ‚Feldtheorie' und Luhmanns ‚Systemtheorie' darf aber nicht über die inhaltlichen Differenzen hinwegtäuschen. Auch in dem von Armin Nassehi herausgegebenen Sammelband „Bourdieu und Luhmann – ein Theorienvergleich" (2004), in dem die Werke der beiden Soziologen allerdings weitgehend aus systemtheoretischer Perspektive verglichen werden, bestehen die Hauptgemeinsamkeiten vorwiegend in einzelnen Aspekten der Theorieästhetik. Aufgrund der diametral entgegengesetzten Wissenschaftsauffassung führen aber doch die ähnlich wirkenden Theoriemodelle zu völlig unterschiedlichen Ergebnissen.

[89] Rehbein, 2006, S. 110.

[90] Vgl. Schwingel, 1993, S. 61.

[91] Vgl. Kneer, 2004, S. 40.

[92] Siehe Bourdieu, 2001a, 1999 und 2000a.

[93] Bourdieu, 1993c, S. 107.

[94] Bourdieu/Wacquant, 1996, S. 127. Erinnert sei noch einmal daran, dass sich Begriffe wie Habitus, Feld und Kapital zwar durchaus definieren lassen, *„aber eben nur innerhalb des theoretischen Systems, das sie bilden, und niemals für sich allein"* (Bourdieu/Wacquant, 1996, S. 125). Sie gewinnen ihre analytische Kraft nicht durch möglichste Widerspruchsfreiheit und Passung innerhalb der Theorie, sondern müssen sich jeweils in der Praxis (Empirie) bestätigen.

Bewusstsein der einzelnen sozialen Akteure relativ unabhängige Strukturen, die obgleich sie nur durch die Praktiken der sozialen Akteure existieren, dennoch ein gewisses Eigenleben führen. In diesen ‚autonomen Sphären' gelten je feldspezifische Gesetze oder Regeln, an die sich die sozialen Akteure halten müssen, um nicht aus dem Feld auszuscheiden. Die sozialen Felder konstituieren so einen Rahmen möglicher und unmöglicher ‚Spiel-Praktiken', dem sich die Akteure nicht entziehen können, ohne das Spiel zu verlassen.

Innerhalb dieser sozialen Felder versuchen nun die sozialen Akteure durch den Einsatz von Ressourcen, den eigenen Standpunkt zu optimieren, die eigenen Ressourcen zu vermehren oder aber die Regeln des Feldes selbst zu verändern. Dabei entspricht jedem Feld eine spezifische Ressource – Bourdieu spricht von Kapital –, die es anzusammeln gilt bzw. der der höchste Tauschwert zugesprochen wird. Die Kapitalarten lassen sich dabei untergliedern in ökonomisches, kulturelles, soziales und symbolisches Kapital.[95] Bourdieu rekonstruiert den sozialen Raum und die sich in ihm abbildenden sozialen Positionen somit aus einer ökonomischen Perspektive, *„die den Warentausch lediglich als speziellen Fall unter mehreren möglichen Formen von sozialem Austausch behandelt"*[96], und versucht hieraus eine allgemeine Wissenschaft von der Ökonomie der Praxis zu entwickeln.

In ruhigen Phasen der Auseinandersetzung, wenn die Struktur der Positionen und die Regeln des Interagierens nicht in Frage stehen, gleichen die sozialen Felder somit einem Spielfeld. Auf diesem wird nach etablierten Regeln und tradierten Konditionen mit individuellen bzw. Gruppen-Einsätzen um Vorteil und Gewinn gerungen. Das jeweilige Kapital stellt dabei den Einsatz dar, der auf dem Spiel steht und um den sich die Akteure folglich streiten. Bourdieu vergleicht diese Phase häufig mit dem Ansammeln von Spieleinsätzen: *„Vor sich haben die Spieler verschiedenartige Chips aufgestapelt, Ausbeute aus vorangegangenen Runden. Die unterschiedlich gefärbten Chips stellen unterschiedliche Arten von Kapital dar."*[97]

Soziale Felder können aber auch als Kampffelder bezeichnet werden, auf denen um die Wahrung und Veränderung der jeweiligen Kräfteverhältnisse, d.h. vor allem der Verteilung und der Legitimation der Kapitalarten, unter den sozialen

---

[95] Vgl. Bourdieu, 1983. Zu einer ausführlichen Darstellung von Bourdieus Kapitaltheorie siehe das Kapitel zur Mikro-Ebene: Case Management als Beratungsansatz, oder: zur Logik der Inventur.
[96] Bourdieu, 1983, S. 184.
[97] Bourdieu, 2005b, S. 38.

Akteuren gekämpft wird. Im Gegensatz zum Habitus, in dem sich die Geschichte verleiblicht, können die sozialen Felder so als *„Ding gewordene Geschichte"*[98] beschrieben werden. Die Struktur eines sozialen Feldes gibt stets den Stand der Machtverhältnisse zwischen den am Kampf beteiligten Akteuren wieder, bzw. *„den Stand der Verteilung des spezifischen Kapitals, das im Verlauf früherer Kämpfe akkumuliert wurde und den Verlauf späterer Kämpfe bestimmt"*[99]. Es können so sowohl die Wertigkeit der Kapitalarten als auch die Grenzen der Felder[100] zu Gegenständen von feldinternen Kämpfen werden. Dass Bourdieu die Logik des Wettbewerbs, der Ökonomie und des Kampfes dabei schlicht als gegeben voraussetzen muss, und dass er diese auf alle(!) Bereiche menschlichen Zusammenlebens ausweitete, wurde ihm von seinen Kritikern wiederholt vorgeworfen[101].

Indem sich Feld und Habitus wechselseitig bedingen und sich auseinander entwickeln, tragen sie zur Ausbildung einer doxa bei, einer aus der Übereinstimmung von Feld und Habitus[102] resultierenden Unterwerfung unter die Alltagswelt, die nicht in Frage gestellt wird. Die in einem speziellen Feld sozialisierten Akteure sind somit geprägt durch einen unbedingten Glauben an den Einsatz und die Kämpfe – die illusio – in diesem Feld und verfügen über einen Habitus, der die verschiedenen Einsätze und Regeln kennt. Dadurch dass jedes Feld seine eigene illusio und seine eigenen Einsätze aufweist, die zwar von außen als unsinnig erscheinen, aber in den Habitus der im Feld beteiligten Akteure integriert sind, können sich die einzelnen sozialen Akteure auf die vorbewussten und impliziten Strategien des praktischen Sinns verlassen. Ausschließlich im Krisenfall, wenn der Habitus keine dem Feld angemessenen Praktiken mehr hervorbringen kann, besteht der Zwang, auf bewusste Überlegungen zurückzugreifen, beispielsweise dann, wenn sich die sozialen Bedingungen des Feldes ändern, wenn der Akteur in ein neues, ihm bisher unbekanntes Feld eintritt oder wenn sich seine Stellung in einem Feld ändert.[103]

---

[98] Schwingel, 2003, S. 82.
[99] Bourdieu, 1993c, S. 108. Vgl. zum Verhältnis von Feld und Kapital auch Bourdieu, 1985a, S. 27.
[100] Auf die Frage, wo sich die Grenzen der sozialen Felder befinden, bietet Bourdieu nach Kneer zwei Varianten an: einmal befinden sich die Grenzen dort, wo die Feldeffekte aufhören, ein anderes Mal werden die Grenzen in fortgesetzten Definitionskämpfen ständig neu festgelegt.
[101] Vgl. Nassehi, 2004b, S. 183 und Rehbein, 2006, S. 110.
[102] Zum Verhältnis von Feld und Habitus vgl. ausführlicher: Bourdieu/Wacquant, 1996, S. 160.
[103] Vgl. Audehm, 2001, S. 107.

Aus diesem „*Verhältnis* [...] *der Konditionierung*"[104] zwischen Habitus und Feld leitet Bourdieu auch sein Verständnis sozialer Klassen ab. Indem Akteure aus einem ähnlichen sozialen Umfeld auch einen ähnlichen Habitus ausbilden – Bourdieu spricht vom Klassenhabitus –, reproduzieren sich auch die gesellschaftlichen Herrschaftsstrukturen. Auch hinsichtlich des Klassenverständnisses gelingt es ihm mithilfe seiner Modelle, nicht beim statischen (objektivistischen) Klassenbegriff à la Marx stehen zu bleiben, sondern diesen mit dem (subjektivistischen) System sozialer Schichtung von Max Weber zu verbinden, indem er dem Raum der sozialen Positionen (Volks-, Mittel- und herrschende Klasse) den Raum der Lebensstile gegenüberstellt. Bourdieu geht von einem homologen Verhältnis dieser beiden sozialen Räume aus, das dazu führt, dass einer jeweiligen sozialen Position bestimmte typische Praktiken und Objekte der symbolischen Lebensführung zugeordnet werden können[105]. Diese Vermittlung der beiden Räume bewirkt nun wiederum der Habitus. Als „*inkorporiertes Schema systematischer Lebensführung*"[106] ist der Habitus mit den in ihm angelegten ästhetischen Beurteilungs- und Wahlschemata dafür verantwortlich, dass auf der symbolischen Ebene kultureller Praktiken genau derjenige Lebensstil realisiert wird, der mit den gesellschaftlichen Existenzbedingungen objektiv und subjektiv vereinbar ist. Diese Abstimmung von objektiven und subjektiven Strukturen, von institutionalisierten und inkorporierten Formen führt gleichsam automatisch und wie selbst gesteuert dazu, dass die soziale Welt als selbstverständlich und fraglos hingenommen wird.

Diese konservative, heißt bewahrende Wirkung, die von „*der Ordnung der Dinge*"[107] ausgeübt wird und von der herrschenden Klasse bewusst oder unbewusst zu deren ‚Standortsicherung' betrieben wird, nennt Bourdieu nun symbolische Gewalt. Die Besonderheit dieser Art von Gewalt liegt darin begründet, dass sie „*über einen sozialen Akteur unter Mittäterschaft dieses Akteurs ausgeübt wird*"[108]. Das heißt, aufgrund der Verflechtung von Habitus und Feld kommt es auf Seiten der Beherrschten zu einer Beteiligung an dem eigenen Ausschluss, ohne dass dieser von ihnen bewusst angestrebt würde. Eben jene Kräfte und Mechanismen, die die fortgesetzte Unterwerfung des Menschen

---

[104] Bourdieu/Wacquant, 1996, S. 160.
[105] Diese Zuordnung darf wiederum nicht determistisch missverstanden werden. Bourdieu geht bei seinen Modellen vielmehr mit Bachelard von einer ‚Kausalität des Wahrscheinlichen' aus.
[106] Schwingel, 2003, S. 114.
[107] Bourdieu/Wacquant, 1996, S. 205.
[108] Bourdieu/Wacquant, 1996, S. 204.

betreiben und somit dessen Selbstbestimmung verhindern, versucht Bourdieu in seinen eigenen wissenschaftlichen Arbeiten zu untersuchen. Dabei erschien ihm die befreiende Kraft der Sozialwissenschaften umso größer, je mehr an Notwendigkeit sie wahrnimmt und je besser sie die Gesetzmäßigkeiten der sozialen Welt erkennt.

CASE MANAGEMENT IM SOZIAL- UND GESUNDHEITSBEREICH, ODER: ZWISCHEN VERNETZUNG UND BERATUNG

„Case Management may be perceived as a service, but it is also a symptom of broader issues within the health and human services delivery system."
F. ELLEN NETTING

Anschließend an die nun ausführlich dargestellte Wissenschaftsauffassung und die theoretischen Modelle Pierre Bourdieus soll nun in den folgenden Kapiteln das Konzept des Case Management in seiner Entstehung, Verortung wie seiner Folgen zunächst auf der Ebene der Sozialpolitik, anschließend im Feld der Sozialpädagogik und deren Institutionen und schließlich auf der Ebene der individuellen Beratungssituation kritisch beobachtet werden. Die Trennung in Makro-, Meso- und Mikroebene wird dabei lediglich aus heuristischen Gründen eingeführt. Durch die Modelle Bourdieus, die sich – wie oben bereits erläutert – gerade durch das Aufheben der Differenz von Individuum und Gesellschaft, von Mikro- und Makroebene auszeichnen, werden diese zwar immer wieder verwischt und auf ihren konstruierten Charakter zurück verwiesen, dadurch aber keineswegs ihrer analytischen Kraft beraubt.

Um das Konzept des Case Management auf den verschiedenen Ebenen verorten zu können, soll in diesem Kapitel zunächst das Handlungskonzept im allgemeinen, seine Inhalte, Strukturen und Ziele erörtert werden. Hierzu erscheint es sinnvoll, eine erste Annäherung an ebenjenes Konzept zu erreichen, indem einige grundlegende in der Literatur aufgefundene Definitionen von Case Management gegenübergestellt und anschließend diskutiert werden. Die Auswahl der im Folgenden abgedruckten Definitionen bezieht sich dabei insbesondere auf den Anwendungsbereich im Sozialwesen. Obgleich sich die Methode des Case Management zwar auch dadurch auszeichnet, dass sie aufgrund ihres hohen Abstraktionsgrades sehr leicht auf verschiedene Arbeitsbereiche anzuwenden ist, erfährt sie doch bei der Implementierung und Fortentwicklung im spezifischen Feld diverse Nuancierungen.[109] Insbesondere der weite Bereich des Nursing Case Management, das auf die speziellen Bedürfnisse von Krankenhäusern, Alten- und Pflegeheimen zugeschnittene Konzept des Case Management, muss hier wie im Folgenden unberücksichtigt bleiben.

---

[109] Vgl. Sambale, 2005, S. 85: *„Das Konzept selbst bleibt von der Spezifik der Felder, in denen es eingesetzt wird, unberührt und verhält sich neutral zu seinen Anwendungen. Gleichwohl haben sich Case Management Konzepte, je nach Einsatzgebiet differenziert entwickelt".*

„Case Management ist eine professionelle Verfahrensweise, mit der personenbezogen ein Versorgungszusammenhang (continuum of care) bearbeitet wird. Er verknüpft formelle Dienste mit informeller, ‚häuslicher' Lebensführung einer Person oder Familie in ihren sozialen und gesundheitlichen Belangen. " (Wendt, 1997, S. 30)

„Case management is a collaborative process which assisses, plans, implements, coordinates, monitors and evaluates the options and services to meet an individual's health needs, using communication and available resources to promote quality, cost effective outcomes. " (CCM Certification guide)[110]

„Case Management ist ein Verfahren, das einzelfallorientiertes Vorgehen mit sozialer Netzwerkarbeit verbindet. Durch das Case Management sollen den Klienten differenzierte Hilfestellungen in der richtigen Form zum richtigen Zeitpunkt zukommen. " (Neuffer, 1998, S. 17)

„Case Management ist eine Erweiterung der Einzelfallhilfe im Bereich der sozialen Arbeit. Case Management erweitert diese um:
- *die konsequente Einbeziehung der Klienten zur Erarbeitung ‚passgenauer' Hilfen*
- *Zielfindung und –definition*
- *eine Ablauf- (Entwicklungs-)Planung*
- *Evaluation durch verpflichtende Leistungsdokumentation*
- *die planmäßige und systematische Vernetzung aller an der Problemlage Beteiligten*
- *die Entwicklung eines umfassenden Hilfeplans und die Steuerung des Hilfeprozesses. "* (Remmel-Fassbender 2002)[111]

„Case Management tritt als Fallmanagement und/oder Systemmanagement in Erscheinung. Mit Fallmanagement ist eine konkrete Unterstützungsarbeit zur Verbesserung der persönlichen Netzwerke gemeint. Hier geht es darum, einen hilfebedürftigen Menschen effektiv und effizient zu begleiten, den Hilfeprozess für ihn zu steuern. Systemmanagement bezieht sich auf die Nutzung, Heranziehung und Initiierung von Netzwerken. Hier geht es um ein effizientes und effektives Management der Versorgung im Gebiet der jeweiligen Zuständigkeit und darum, das System der Versorgung zu optimieren. In der Praxis des Case Management fließen die beiden Aspekte meist zusammen. " (Löcherbach, 2002)[112]

„Ergo zeichnet sich Case Management vor allem dadurch aus, dass es entlang des (möglichst gesamten) Krankheits- oder Betreuungsverlaufs eines Patienten oder Klienten (‚over time') und quer zu den Grenzen von Versorgungseinrichtungen und –sektoren sowie Professionen (‚across services') agiert. " (Ewers, 2000b, S. 55)

---

[110] Zitiert nach Wendt 1999, S. 50.
[111] Zitiert nach FG-CM-DGS, 2005.
[112] Zitiert nach FG-CM-DGS, 2005.

„auch: Unterstützungsmanagement: ein aus dem US-Amerikanischen stammender ganzheitlicher Ansatz vor allem im Bereich Gesundheits- und Sozialwesen, bei dem der Patient/der Klient im Mittelpunkt steht. Durch eine Gesamtsicht und Nutzung aller Möglichkeiten aller Institutionen (einschließlich der Hilfen im gesellschaftlichen Bereich) wird angestrebt, Wirksamkeit und Qualität der Betreuung zu steigern und gleichzeitig Kosten zu sparen. Dies soll insbesondere durch schnelle, abgestimmte Reaktion und Berücksichtigung auch längerfristiger Entwicklungen (und Chancen und Risiken) im Rahmen eines Gesamtkonzepts für den einzelnen Fall erreicht werden. " (Beitrag im Online-Verwaltungslexikon)[113]

Die dabei in den verschiedenen Definitionen durchklingenden allgemeinen Kriterien bestehen demnach vor allem im Herstellen eines personenbezogenen Versorgungszusammenhangs, in der Verknüpfung formeller und informeller Hilfen, in der Stabilisierung des Alltagsmanagements des Klienten, sowie in einer umfassenden Hilfe auf der Mikro-, Meso- und Makroebene, die sowohl vertikal (‚over time') als auch horizontal (‚across services') verläuft. Dass dieses umfassende Hilfsangebot dabei in der Lage ist, den individuellen Hilfeprozess nicht nur effektiv, sondern auch effizient zu begleiten, um so sowohl durch die Vermeidung von Mehrfachbearbeitungen auf der Systemebene als auch durch eine ergebnisorientierte Fallbearbeitung auf der individuellen Ebene Kosten einzusparen, erweist sich als ein weiteres definitionsübergreifendes Kriterium zur Charakterisierung des Case Management.

Entstanden ist das Konzept des Case Management im Arbeitsfeld US-amerikanischer Sozialdienste bereits in den 1970er Jahren[114]. Als Rahmenbedingungen für die Entwicklung und Implementierung eines systematischen Case Management werden dabei vor allem die trotz der zahlreichen Wohlfahrtsprogramme nicht sinkende Zahl der Bedürftigen, der verstärkte Druck auf die Sozialdienste, wirksamer zu werden und insbesondere diese Wirksamkeit auch nachzuweisen, sowie die sich verbreitende Meinung angeführt, dass auch auf dem sozialen Gebiet die neoliberale Devise des ‚mehr Markt und weniger Staat' nicht schaden könne.[115] Als ‚Geburtsstunde' des Case

---

[113] Siehe Olev, 2006.
[114] In einigen Ausführungen werden die Wurzeln des Case Managements zwar bereits im Umfeld der US-amerikanischen Siedlungsbewegung im ausgehenden 19. Jahrhundert gesehen. (Vgl. Ewers, 1996, S. 19.) Da diese Frühformen des Case Management allerdings gegen die ‚neue Form' des Case Management ab den 1970er Jahren abgegrenzt wird, kann im Folgenden ausschließlich auf die Entwicklung während dieser zweiten Phase eingegangen werden.
[115] Wendt, 1991, S. 14. Moxley, 1989, nennt sechs Faktoren, die in den 1970er und 80er Jahren Triebkräfte für die Entwicklung des modernen Case Managements waren: Enthospitalisierung, Dezentralisierung der Dienste, Klienten mit sehr komplexen Problemlagen, Zwangslogik der

Management aber kann die für die US-amerikanische Hilfelandschaft typische Spezialisierung und Fragmentierung[116] der einzelnen sozialen Dienste angesehen werden, die sich ohne koordinierenden *„human link"*[117] nicht mehr in der Lage sahen, eine umfassende Hilfe zu gewährleisten, die die Angebote des Hilfenetzes effektiv und effizient (vor allem durch Vermeidung von Mehrfachbearbeitungen) ausnutzt. Dieser permanente Konflikt zwischen Klienten und spezialisierten sozialen Diensten, die ihrer Logik gemäß komplexe Problemlagen von Klienten zunächst unter dem Stichwort der ‚Zuständigkeit'[118] in für sie definierbare Teilprobleme zu zerlegen suchten und somit die Koordination dem völlig überforderten Klienten überließen, führte schließlich zur Einrichtung von Case Management-Systemen, um so den Klienten durch den gesamten Verlauf (vertikal) des Hilfeprozesses, wie auch quer zu und unabhängig von bestehenden Einrichtungen und Angeboten der sozialen Dienstleister durch das Feld der Hilfeanbieter (horizontal) begleiten zu können. Das Case Management wurde folglich entwickelt, um in diesen markt- oder marktähnlichen Strukturen *„effizient wie effektiv Bedarfslagen mit Angeboten in Übereinstimmung zu bringen"*[119]. Nicht zuletzt wegen seiner kostenreduzierenden Wirkung ist Case Management heute in den USA eine sehr weit verbreitete Methode, die in fast allen Feldern der Sozialen Arbeit angewandt wird. Sehr rasch wurde das Konzept schließlich auch von Australien und Großbritannien[120] adaptiert, innerhalb Europas gelten als Vorreiter bei der Einführung von Case Management-Modellen vor allem die Niederlande und die Schweiz.

Obgleich der Begriff und die Methode des Case Management (in Deutschland auch Fall- oder Unterstützungsmanagement) noch Anfang der 1990er Jahre, zur Zeit der ersten wissenschaftlichen und sozialpolitischen Debatten zur

---

sozialen Dienste (von Klienten wird bereits vorab verlangt, über eine ausreichende Problemdefinition zu verfügen, um die richtigen Dienste zu finden), fehlende soziale Netzwerke, Kostenexplosion bei den sozialen Diensten.

[116] Vgl. Hansen, 2005, S. 19: *„Die Soziale Dienstleistungslandschaft der USA zeichnet sich von jeher dadurch aus, dass Hospitäler, stationäre Einrichtungen, kommunale Träger und nichtstaatliche Dienstleistungsorganisationen in relativ hohem Maße unabhängig voneinander und relativ schlecht koordiniert agieren."*

[117] Hansen, 2005, S. 19.

[118] Vgl. Klug, 2003, S. 51.

[119] Hansen, 2005, S. 20.

[120] In Großbritannien wurde die Methode allerdings weniger aufgrund der unmittelbaren Möglichkeiten zur Kostenreduzierung im Sozial- und Gesundheitswesen eingeführt, sondern zunächst im Rahmen einer Verwaltungsreform. Die sozialen Dienstleistungen sollten im Rahmen des New Public Management (NPM) experimentell reorganisiert werden. *„Organisiert und finanziert wurde nur noch das, was sich im Assessment mit den KlientInnen als sinnvoll und erforderlich herausstellte."* (Hansen, 2005, S. 20).

Arbeitsweise des Case Management-Ansatzes[121] in der BRD, *„eher zu Wortspielen und fragenden Blicken"*[122] reizte, so etablierte sich diese methodische Arbeitsform doch auch hier sehr rasch und führte in vielen Arbeitsbereichen des Sozial- und Gesundheitswesens zu einer Neuorientierung der Arbeitsweise. Die Einsatzgebiete von Case Management reichen heute bereits von der Pflege, der Rehabilitation, der Behindertenhilfe, der Familien-, Kinder- und Jugendhilfe, der Straffälligen- und Bewährungshilfe, der Hilfe für Suchtmittelabhängige und Wohnungslose, der Psychiatrie bis hin zur medizinischen Behandlung[123]. Die Methode des Case Management wird folglich an so unterschiedlichen Einsatzorten wie Sozialämtern, Beratungsstellen, Sozialversicherungen, Hausarztpraxen, Krankenhäusern und Reha-Einrichtungen eingesetzt.

In all diesen unterschiedlichen Arbeitsgebieten sollen Fachkräfte durch eine explizit systemische und ökosoziale Betrachtungsweise dazu befähigt werden, unter komplexen Bedingungen Hilfemöglichkeiten abzustimmen und die vorhandenen institutionellen Ressourcen im Gemeinwesen oder im jeweiligen Arbeitsfeld koordinierend heranzuziehen. Aufgabe des Case Managers ist es dabei, ein zielgerichtetes System von Zusammenarbeit zu organisieren, zu kontrollieren und auszuwerten, das am konkreten Unterstützungsbedarf der einzelnen Person ausgerichtet ist und an deren Herstellung die betroffene Person konkret beteiligt wird. Im Rahmen der Klientenorientierung soll der zu Beratende ausdrücklich *„möglichst umfassend in alle Abläufe des CM* [Case Management, M.S.] *einbezogen und in diesem Rahmen zur Verantwortungsübernahme ermutigt* [werden]"[124]. Neben der Klientenorientierung zeichnet sich der Case Management-Prozess des Weiteren vor allem durch die methodischen Grundlagen der Lebensweltnähe, der Ressourcenorientierung und des Empowerment aus. Vom Case Manager selbst werden demnach nicht nur beraterische Qualitäten verlangt, sondern zugleich auch moderierende und vernetzende, um so als *„Lotsendienst im Hilfenetz"*[125] die Bedürfnisse der Klienten einzuschätzen, die Planung und Sicherung der Bereitstellung medizinischer und sozialer Dienstleistungen zu koordinieren, Standards zu erarbeiten und für ihre Einhaltung zu sorgen. Gemäß den von der ‚Fachgruppe Case Management der Deutschen

---

[121] Vgl. vor allem Wendt, 1991.
[122] Remmel-Faßbender, 2005, S. 67.
[123] Vgl. Wendt, 1999, S. 158ff, Wendt, 2005a, S. 25ff, Wendt/Löcherbach, 2006a.
[124] FG-CM-DG, 2005.
[125] BMFSFJ, 2003.

Gesellschaft für Sozialarbeit (DGS)' erarbeiteten Leitprinzipien[126] haben die Case Manager ihr Handeln dabei nach den Kriterien der Interprofessionalität, der Neutralität, der Effektivität, der Effizienz und der Leistungstransparenz auszurichten.

Als grundlegend für die Methodik des Case Managements erweist sich so die Verknüpfung von institutioneller und individueller Ebene. Auf der institutionellen Ebene sorgt das Case Management als Organisations- und Systemkonzept für eine Optimierung der Versorgungsstrukturen, für eine überindividuelle Versorgungssteuerung und Versorgungsgestaltung[127]. Die Arbeit im ‚horizontalen' institutionellen System beläuft sich dabei vor allem auf Bedarfs- und Bestandsaufnahmen, auf die Maßnahmeplanung und –steuerung, die Ergänzung des verfügbaren Dienstleistungsangebots, sowie den Ausbau der Kooperationsnetze. Dieser institutionelle Bereich des Case Management wird allerdings häufig durch den Begriff des ‚Care Management' umschrieben. Remmel-Faßbender trennt diese beiden oftmals unscharf gebrauchten Begriffe, indem sie Case Management als *„fallbezogene[n] Unterstützungsprozess"* und Care Management als *„System- und Versorgungssteuerung"* definiert, *„die fallübergreifend bedarfsgerechte Hilfen im Sozial- und Gesundheitsbereich koordiniert, organisiert und die strukturellen Voraussetzungen dafür im Gemeinwesen schafft"*[128]. So ist zwar im Case Management der institutionelle Aspekt enthalten, aber nur im Hinblick auf und in Abwägung zu dem jeweiligen ‚Fall'. Dennoch sind die Übergänge von Case Management-immanentem Systemmanagement und Care Management fließend. Daher scheint es eher eine Frage der Gewichtung der beiden Ebenen, ob nun von Care oder Case Management gesprochen wird[129].

Auf der individuellen Ebene steht folglich der jeweilige ‚case' im Mittelpunkt, wobei nach Wendt nicht oft genug betont werden kann, *„dass ‚case' hier nicht für den Menschen steht, sondern für seine problematische Situation, die*

---

[126] FG-CM-DG, 2005.
[127] Wendt, 2005a, S. 15.
[128] Remmel-Faßbender, 2005, S. 74.
[129] Insbesondere aufgrund der Tatsache, dass in Großbritannien der Begriff des Case Management gänzlich durch den des Care Managment ersetzt wurde, um dem Missverständnis vorzubeugen, die zu beratenden Klienten würden als ‚Fall' bearbeitet, kommt es bezüglich dieser beiden Begriffe immer wieder zu Fehldeutungen. (Vgl. Hansen, 2005, S. 17).

es – im Ganzen und im Detail – zu bewältigen gilt"[130]. Der spezifische Fall wird in systematisch strukturierten Prozessschritten bearbeitet und auf die vorhandenen institutionellen und individuellen Ressourcen bezogen. Diese aus dem betriebswirtschaftlichen Management abgeleiteten Schritte des Assessment (Einschätzung und Bedarfsklärung), der Zielvereinbarung und Hilfeplanung, der Durchführung und Leistungssteuerung, des Monitoring (Kontrolle und Optimierung) und der Evaluation (Ergebnisbewertung und Dokumentation) bilden gleichsam das Herzstück des gesamten Verfahrens. Diese fünf Prozessschritte verlaufen zirkulär – an jede abgeschlossene Evaluation kann sich ein erneutes Assessmentverfahren anschließen – und werden trotz der unterschiedlichen Anwendungsbereiche in allen gängigen Lehrbüchern[131] in eben dieser Abfolge und Wirkungsweise beschrieben. Die systematische Vorgehensweise soll dabei vor allem zur Optimierung von Prozessen der humandienstlichen Versorgung, zur Förderung von Prozessverantwortung und Fallführung, sowie zur Durchsichtigkeit des Verfahrens für alle Beteiligten beitragen. Somit genügt dieser Ansatz auch modernen Standards der Qualitätssicherung und –entwicklung, die fordern und darauf drängen, sämtliche *„Wege, Ansatzpunkte und Entscheidungen im Einzelfall verfolgen, prüfen und bewerten zu können"*[132].

In der Literatur werden drei voneinander zu unterscheidende Funktionen des Case Managements unterschieden, die zu jeweils unterschiedlichen Rollen führen, die der Case Manager im Hilfeprozess einnimmt: die Gate-Keeper-, die Broker-, sowie die Advocacy-Funktion. Diese können allerdings nur analytisch voneinander getrennt werden, in der Praxis werden sich die beschriebenen Funktionen lediglich durch ihre unterschiedliche Gewichtung kristallisieren. Die Rolle des Gate-Keepers besteht einerseits darin, innerhalb eines Dienstes zu klären, welche Klienten zu welchen Diensten sollen und wo der kostengünstigste Anbieter ist, andererseits obliegt es ihm aber auch festzustellen, welcher Klient am bedürftigsten ist, beziehungsweise bei wem die Erfolgsaussichten am höchsten sind. Die Gate-Keeper-Funktion des Case Management ist damit in erster Linie als Antwort auf die wachsenden Aufgaben moderner Sozial- und

---

[130] Wendt, 2005a, S. 15. Vgl. auch Wendt, 1991, S. 54: *„Zu ,managen' ist nicht eine Person, sondern das soziale Feld und der Haushalt des alltäglichen und des systematisch regulierten Miteinanders unter Beiziehung verschiedener Ressourcen."*
[131] Vgl. als Auswahl: Ewers/Schaeffer, 2000, Löcherbach u.a., 2005, Moxley, 1989, Neuffer, 2005, Raiff/Shore, 1997, Wendt, 1991 und 1999, Wendt/Löcherbach, 2006a. In einigen Lehrbüchern wird zwar auch von bis zu acht Prozessschritten gesprochen, dabei werden allerdings die genannten fünf nur noch einmal in Unterschritte gegliedert.
[132] Wendt, 2005a, S. 14.

Gesundheitssysteme bei gleichzeitig langfristig begrenzten finanziellen Ressourcen zu verstehen[133]. Durch die Broker-Funktion soll der Klient nötigenfalls durch die unübersehbare Hilfelandschaft begleitet werden. Auf Grund der Kenntnis über die aktuellen Marktangebote an Dienstleistungen tritt der Case Manager wie eine Art Makler oder Agent auf, um die spezifischen Versorgungsbedürfnisse eines Konsumenten in einem zuvor definierten Rahmen mit jeweils optimalen Versorgungslösungen zu befriedigen. Schließlich sollen die Klienten im Rahmen der Advocacy-Funktion durch anwaltschaftliche Unterstützung ihre Bedürfnisse und individuellen Bedarfslagen in einem demokratisch legitimierten Aushandlungsprozess mit den politisch-institutionellen Instanzen in einem zufrieden stellenden Umfang realisieren. Damit ist es erklärtes Ziel des Advocacy, einerseits Klienten zu befähigen, sich für ihre eigenen Belange einzusetzen, andererseits aber auch aus professioneller Sicht Lücken im Versorgungssystem aufzudecken und diese Informationen an die Verantwortlichen auf übergeordneten Handlungs- und Entscheidungsebenen weiterzuleiten.

Auf welche Weise der Ansatz des Case Management dabei in die Strukturen der Beratungs- oder Betreuungspraxis implementiert wird, reicht nach Löcherbach[134] von der bloßen ‚eye-catcher-Funktion', über Anleihen zur Ergänzung des eigenen Ansatzes, dem Case Management nur auf der individuellen Ebene bis hin zu einer vollständigen Einrichtung des Ansatzes. Obgleich von den Vertretern des Ansatzes stets darauf gedrängt wird, dass nur eine vollständige Implementierung von Case Management die Effektivitäts- und Effizienzvorteile bewirken würde, finden diese doch vor allem in Modellprojekten Anwendung, während in der Praxis allzu oft nur Anleihen und Versatzstücke der Methode übernommen werden[135]. Des Weiteren wird sich die Anwendung von Case Management auch dahingehend unterscheiden, ob das Verfahren als Zusatz- oder Hauptfunktion, als interne (eingebunden in das Hilfssystem) oder externe (unabhängig vom Hilfssystem) Tätigkeit und schließlich ob mit limitierter oder umfassender Kompetenz ausgestattet eingerichtet wird.[136]

---

[133] Vgl. Ewers, 1996, S. 30.
[134] Vgl. Löcherbach, 2003, S. 2.
[135] Genaue Zahlen und Statistiken über die Anwendung von Case Management in der Praxis liegen dabei noch nicht vor, die Einschätzung beruht auf eigenen Recherchen. Vgl. auch Löcherbach, 2003, S. 1.: *„Allerdings ist die Situation insgesamt noch unübersichtlich, da es keine Untersuchungen über die Verbreitung von Case Management gibt."*
[136] Vgl. Riet/Wouters, 2002, S. 56.

Um diese Vielfalt unterschiedlicher Anwendungsfelder und –formen schließlich nicht dazu führen zu lassen, das Konzept des Case Management vollständig zu verwässern und aufzuweichen, wurde von der Deutschen Gesellschaft für Sozialarbeit (DGS), dem Deutschen Berufsverband für Soziale Arbeit (DBSH), dem Deutschen Berufsverband für Pflegeberufe (DBfK) und der Bundesagentur für Arbeit (BA) die Weiterbildung zum zertifizierten Case Manager eingerichtet.[137] Im Gegensatz zur US-amerikanischen Handhabung soll der Titel ‚Case Manager' allerdings nicht als neu entwickelte, eigenständige Berufsbezeichnung missverstanden werden[138], sondern lediglich den Nachweis über die Kenntnis und Anwendung dieser spezifisch strukturierten Arbeitsweise liefern. Im Juni 2005 wurde schließlich die Deutsche Gesellschaft für Care und Case Management gegründet, die sich zum Ziel setzt, die Verbreitung, Förderung und Weiterentwicklung von Case Management in der Bundesrepublik zu gewährleisten und deren Fachorgan die Zeitschrift ‚Case Management' ist.

---

[137] Vgl. DGS, 2004. Die Zugangsvoraussetzungen für diese mindestens 210 Stunden umfassende Weiterbildung bestehen in einem abgeschlossenen einschlägigen Hochschulstudium und mindestens einjähriger Berufserfahrung oder einer vergleichbaren abgeschlossenen pflegeberuflichen Ausbildung und mindestens zweijähriger Berufserfahrung.
[138] Vgl. Riet, S. 41: „[…]*muss festgehalten werden, dass Case Management keine berufsgebende Funktion ist*".

WANDLUNGEN IM (SOZIAL-) POLITISCHEN FELD, ODER: VERSUCH EINER SYN- UND DIACHRONEN VERORTUNG VON CASE MANAGEMENT

> „Ist nicht die ganze Nation verpflichtet, mit
> ebensoviel Umsicht für die Erhaltung auch
> ihres geringsten Mitgliedes zu sorgen wie für
> den Schutz aller anderen?"
>
> *JEAN-JACQUES ROUSSEAU*

Im Folgenden soll nun zunächst versucht werden, den Blick auf die Makroebene zu richten und so den gesellschaftlichen und politischen Kontext zu analysieren, der die rasche Verbreitung des Case Management-Ansatzes auch in der BRD befördert oder zumindest begünstigt hat. Vor allem die Entwicklung innerhalb Deutschlands zeichnet sich nämlich seit ihren Anfängen in den frühen 1990er Jahren nicht nur dadurch aus, dass Case Management organisatorisch eingerichtet und methodisch ausgeprägt wird, *„wir finden den Handlungsansatz* [auch] *politisch gefordert"*[139]. Vor allem mit der so genannten ‚Hartz-Gesetzgebung' ist die Methode des Case Management innerhalb des bundesdeutschen Sozialrechts insbesondere als Strategie der Beschäftigungsförderung aufgewertet worden. *„Das Case Management wird damit ausdrücklich in einen sozialpolitischen und –wirtschaftlichen Kontext gestellt und als Methode effektiver Eingliederung in den Arbeitsmarkt geadelt. "*[140] Dabei erscheint es auf der politischen Ebene als zweckmäßig, um den andauernden Prozess der Optimierung von sozialer Versorgung zu betreiben, die Methode des Case Management nicht nur für die ‚modernen Dienstleistungen am Arbeitsmarkt' nach SGB III und für die ‚Grundsicherung für Arbeitssuchende' nach SGB II, sondern ebenso als die geeignete Methode für eine integrierte medizinische Versorgung (§140 SGB V), für die Zusammenführung von Leistungen in der Rehabilitation nach SGB IX und für die Begleitung der Einführung des ‚Persönlichen Budgets' (§17, 2-4 SGB IX) zu fordern.

Hierbei scheinen all jene Vorschläge, Forderungen und Beschlüsse der politischen Fraktionen zur Einführung eines Fall- oder Case Managements dem Konzept eines aktivierenden Sozialstaats zu entspringen. Dieses im Koalitionsvertrag von 1998, sowie im so genannten Schröder-Blair-Papier von 1999[141] vorgestellte sozialpolitische Programm fordert, mittels einer ‚Politik des Dritten Weges' (Giddens) zwischen dem neoliberalen Laissez-faire und staatlicher

---

[139] Wendt, 2006b, S. 5.
[140] Buestrich/Wohlfahrt, 2005, S. 307.
[141] Schröder/Blair, 1999.

Intervention und Überregulierung eine neue soziale Gerechtigkeit herzustellen.[142].

„Der Aktivierende Staat wird die Übernahme gesellschaftlicher Verantwortung dort fördern, wo dies möglich ist. So wird sich die Erfüllung öffentlicher Aufgaben nach einer neuen Stufung der Verantwortung zwischen Staat und Gesellschaft richten.“[143] Der überkommene Interventionsstaat soll – vor allem vor dem Hintergrund sozialstaatlicher Expansion bei gleichzeitigen, v.a. demographisch und globalisierungstheoretisch bedingten Problemkonstellationen – zu einem befähigenden und ermöglichenden Sozialstaat weiterentwickelt werden, der durch die Bereitstellung *„rechtlicher, finanzieller und infrastruktureller Rahmenbedingungen nichtstaatliche Aktivitäten mobilisieren und unterstützen will“*[144]. Wurden in der herkömmlichen Sozialpolitik die Individuen eher als passive Leistungsempfänger betrachtet und weniger als handelnde Subjekte mit eigenen Kompetenzen und Ressourcen, so geht es dem aktivierenden Sozialstaat im klassischen Sinne des ‚Förderns und Forderns' darum, die Bürger gezielt und in Anbetracht der jeweils zur Verfugung stehenden Ressourcen zu befahigen (Empowerment) und gleichsam als Gegenleistung Eigenbeiträge der Leistungsempfänger einzufordern. Der aktive Bürger soll zum Koproduzenten öffentlicher Leistungen werden. Um die einzelnen Fälle möglichst individuell auf die jeweilige Problemlage abstimmen, die internen wie externen Ressourcen feststellen, sowie die Eigenbeteiligung der Hilfeempfänger koordinieren zu können, sollen diese schließlich mit Hilfe eines Case Management-Verfahrens durch das unwegsame Gelände des Sozialstaats begleitet werden.

Kritisiert wurde dieser Ansatz des aktivierenden Sozialstaats bislang vor allem aus der Sicht der sich an das Spätwerk Michel Foucaults anschließenden ‚gouvernementality studies'[145]. Die Vertreter dieses Ansatzes, die sich mittels eines sehr breit ausgelegten Regierungsbegriffs darum bemühen, den Nachweis einer gemeinsamen Genealogie moderner Staatlichkeit und Subjektivität, *„einer Ko-Formierung von modernem souveränen Staat und modernem autonomen*

---

[142] Vgl. hierzu Schröder/Blair, 1999: *„Die Ansicht, dass der Staat schädliches Marktversagen korrigieren müsse, führt allzu oft zur überproportionalen Ausweitung von Verwaltung und Bürokratie, im Rahmen sozialdemokratischer Politik. Wir haben Werte, die den Bürgern wichtig sind – wie persönliche Leistung und Erfolg, Unternehmergeist, Eigenverantwortung und Gemeinsinn – zu häufig zurückgestellt hinter universelles Sicherungsstreben."*
[143] Bundesregierung, 1999.
[144] Pilz, 2004, S. 73.
[145] Im deutschsprachigen Raum zählen vor allem Ulrich Bröckling, Thomas Lemke und Susanne Krasmann zu den Hauptvertretern dieses Ansatzes. Für den Bereich der Sozialpolitik bzw. Sozialpädagogik wird er insbesondere durch Stephan Lessenich, Fabian Kessl und Holger Ziegler fruchtbar gemacht.

Subjekt"[146] zu erbringen, reihen die Programme aktivierender Sozialpolitik nahtlos in die Reihe neoliberaler Regierungsweisen ein. Diesen ist weniger daran gelegen, die Bürger durch direkte oder autoritär durchgesetzte Maßnahmen zu sozial erwünschtem Verhalten zu bewegen, sondern vielmehr mittels indirekter und sublimer Subjektivierungspraktiken. Auf diese Weise wird eine Melange aus sozialen und moralischen Erwartungen erzeugt, die bewirkt, dass das nunmehr aktivierte und eigenverantwortliche Subjekt sich in Freiheit wähnt, während gerade seine Subjektivität als Zielscheibe diverser Regierungstechniken und Sicherheitsdispositive erscheint. *"Selbstbestimmung und Eigenverantwortung markieren im neuen Sozialstaat nämlich nicht die Grenze sozialpolitischer Intervention, vielmehr werden sie zu konstitutiven Elementen derselben."*[147] Während sich somit auf der einen Seite die rational und kalkulierend verhaltenden Individuen in Sicherheit und Freiheit wissen, werden auf der anderen Seite die Sanktionen gegen ‚Aktivierungsunwillige' zunehmend verschärft.[148] Mangelnde oder fehlende Eigenverantwortung steht nun nicht mehr nur für die Unfähigkeit des einzelnen, von seiner Freiheit rationalen Gebrauch zu machen, sondern darüber hinaus für die Weigerung, gesellschaftlichen Bedürfnissen gerecht zu werden, *„sozialen Imperativen zu gehorchen"*[149]. Auf diese Weise vollzieht sich die schleichende Individualisierung gesellschaftlicher Probleme. *„Da die Wahl der Handlungsoptionen innerhalb der neoliberalen Rationalität als Ausdruck des freien Willens auf der Basis einer selbstbestimmten Entscheidung erscheint, sind die Folgen des Handelns dem Subjekt allein zuzurechnen und von ihm selbst zu verantworten."*[150] Krankheit, Armut, Arbeitslosigkeit werden so – wie alle anderen individuellen Schicksalsschläge auch – nicht mehr in der Kategorie des subjektiven Unglücks begriffen, sondern vielmehr als *„objektive Zeugen für seine oder ihre (Un-)Fähigkeit, freie und rationale Subjekte zu sein"*[151]. Heißt: Die Betroffenen sind aufgrund ihrer unvernünftigen und nicht vorausschauenden Lebensweise an ihrer misslichen Lage ‚selbst schuld'.

Diesen Aspekt der Gouvernementalitätskritik vor Augen sollen nun zunächst die Sichtweise und die Theoriebausteine Pierre Bourdieus auf das Feld

---

[146] Lemke, 2000b, S. 33.
[147] Lessenich, 2003, S. 90.
[148] Vgl. hierzu v.a. den Aufsatz von Helga Spindler (Spindler, 2003), der unter der Überschrift: *„Überfordern und Überwachen – der restriktive Paradigmenwechsel in der Sozialpolitik"* ebendiese Verschärfung der Restriktionen beschreibt.
[149] Lessenich, 2003, S. 87.
[150] Lemke, 2000b, S. 38.
[151] Lemke, 2000b, S. 39.

der Sozialpolitik angewandt werden. Bourdieu selbst befasste sich erst relativ spät (zu Beginn der 1990er Jahre) explizit mit den Fragen der Politik und des politischen Feldes. Und obwohl diese Beschäftigung sich meist auf Vorträge und kurze Aufsätze beschränkte[152], die sich zudem relativ abstrakt auf das Feld der Politik im allgemeinen beziehen, werden sie doch dazu verhelfen, die Sichtweise auf die Veränderungen innerhalb der Sozialpolitik zu schärfen. Indem so durch die allgemeinen Modelle Bourdieus die inhärente Logik des politischen Feldes erfasst werden kann, erscheint die sich anschließende Analyse der Sozialpolitik, als deren Grundproblem bereits seit Hegel[153] die Ausbalancierung des Verhältnisses von Politischem und Gesellschaftlichem angesehen werden kann, als theoretisch legitimiert.

Für Bourdieu stellt sich das politische Feld als *ein* soziales Feld unter anderen dar, das sich durch feldspezifische (Spiel-)Regeln, durch eine vorherrschende und angesehene Kapitalart, sowie durch soziale Kämpfe um bestimmte Positionen innerhalb dieses Feldes auszeichnet, dadurch gegen die anderen sozialen (Teil-)Felder abgrenzt und somit allererst konstituiert. Mittels des Feldbegriffs versucht Bourdieu auf diese Weise, die Realität des politischen Spiels möglichst genau zu erfassen und vor allem mit den Realitäten anderer sozialer Felder vergleichbar zu machen[154]. Das politische Feld gilt ihm als *„eine kleine, relativ autonome soziale Welt innerhalb der großen sozialen Welt"*[155], in der eigene Bewertungskriterien vorherrschen, in der Eingeweihte von Nicht-Eingeweihten unterschieden werden können und in der eine relativ eigenständige Entwicklung beobachtet werden kann.

Kennzeichnend für Bourdieus Politikverständnis ist dabei vor allem dessen antagonistischer Charakter[156], der in Sinnbildern wie ‚politischer Kampf' oder ‚politischer Arena' zum Ausdruck kommt. Dabei streiten sich die am Kampf beteiligten Akteure vor allem um politische Ideen, d.h. um Sicht- und

---

[152] Diese Aufsätze wurden als Sammelband erstmals 2001 unter dem Titel: „Das politische Feld – zur Kritik der politischen Vernunft" (Bourdieu, 2001a) im Deutschen veröffentlicht. Des Weiteren sind einzelne Aufsätze zur Fragen der Politik auch in Bourdieu 1998a, 2001b und 2005b aufzufinden.
[153] Vgl. Kaufmann, 2003, S. 18.
[154] Vor allem das religiöse Feld dient Bourdieu häufig als Vergleichsinstrument, um die ähnlichen Prozesse und Strukturen innerhalb der Felder aufzuzeigen. (Vgl. Bourdieu, 2001a, S. 44 und 102).
[155] Bourdieu, 2001a, S. 41.
[156] Geht man mit Dolf Sternberger (Sternberger, 1989) davon aus, dass sich grundsätzlich drei verschiedene Richtungen hinsichtlich des Politikverständnisses unterscheiden lassen, nämlich die Politologik im Anschluss an Aristoteles, die Dämonologik im Anschluss an Machiavelli und die Eschatologik im Anschluss an Augustin, so ist Bourdieus Ansatz zweifellos der Dämonologik zuzuordnen, die *„Politik wesentlich als Machtkampf"* (Münkler, 2002, S. 17) begreift.

Teilungsprinzipien der sozialen Welt. Diese Ideen, so genannte *„fundamentale Ideen (idées-forces)"*[157], unterscheiden sich von wissenschaftlichen Ideen grundsätzlich dadurch, dass sie nicht durch andere Ideen widerlegt, sondern nur durch Ideen, die mehr Mobilisierungkraft gewinnen, verdrängt werden können. *„Die Kraft der repräsentierten Idee wird nicht an ihrem Wahrheitswert, sondern an ihrer Mobilisierungskraft gemessen."*[158] Das Ziel dieser feldinternen Kämpfe besteht nach Bourdieu folglich darin, Ideen und Teilungsprinzipien in das politische ,Spiel' einzubringen, die möglichst viel Mobilisierungskraft zu gewinnen in der Lage sind, um so letztendlich Macht über den Staat zu erlangen.

Die Grenze zwischen Professionellen und Laien, zwischen den aktiv am Feld beteiligten und den nicht beteiligten Akteuren, besteht Bourdieu zufolge dabei allerdings keineswegs von Natur aus, sondern ist vielmehr den sozialen Bedingungen des Zugangs zur Politik geschuldet. Um sich aktiv politisch engagieren zu können, muss ein sozialer Akteur sowohl über ein gewisses Maß an ökonomischem Überschuss (und der sich daraus ergebenden freien Zeit), sowie über einen ausreichenden Bildungsgrad verfügen.[159] Indem sich vor allem Angehörige dieser sozialen Positionen im Feld der Politik bewegen, werden vornehmlich auch deren Interessen als ,fundamentale Ideen' vorgebracht und diskutiert.

Im Verlauf seiner Entwicklung versucht sich das politische Feld nun, je mehr es sich konstituiert, immer mehr zu verselbstständigen. Diese Schließung wird vor allem durch den Vorwurf der politischen Inkompetenz gegenüber den nicht direkt am Feld beteiligten Akteuren bewirkt, sowie der Behauptung einer spezifisch politischen Kompetenz, die zum Mitwirken im Feld befähigt. Das so abgeschottete politische Feld entwickelt zunehmend eine eigene Logik und tendiert dazu, nach den dem Feld inhärenten Interessen zu funktionieren. Das heißt, die Teilnehmer des Feldes sagen oder tun Dinge, *„die nicht von ihrer unmittelbaren Beziehung zu den Wählern, sondern von ihrer Beziehung zu den anderen Mitgliedern des Feldes bestimmt werden"*[160]. Auf diese Weise wird der Bruch mit den Laien immer größer.

Dabei besteht die Besonderheit des politischen Feldes gerade darin, dass es sich – anders als andere soziale Felder wie etwa das Feld der Mathematik oder das

---

[157] Bourdieu, 2001a, S. 51.
[158] Bourdieu, 2001a, S. 96.
[159] Vgl. Bourdieu, 2001a, S. 43.
[160] Bourdieu, 2001a, S. 46.

Feld der Avantgarde-Kunst – niemals vollständig schließen kann. Es unterliegt „*trotz seiner Tendenz zur Geschlossenheit dem Verdikt der Laien*"[161]. So ist die Position eines Politikers stets sehr stark davon abhängig, wie dieser in der Öffentlichkeit wirkt. Das politische Kapital, das den Akteuren bei den feldinternen Kämpfen als Einsatz dient, ist dadurch eine Art Prestigekapital oder symbolisches Kapital, das an die Art und Weise gebunden ist, „*wie eine Person wahrgenommen wird*"[162]. Die politischen Akteure befinden sich folglich inmitten eines Doppelspiels. Sie haben im sozialen Feld, durch externe Kämpfe um die Gunst der Wähler zu buhlen, gleichzeitig aber auch innerhalb des Feldes die Ideen der Kontrahenten zu bekämpfen. „*[P]olitische Diskurse [sind] immer zweifach determiniert, weil sie gleichzeitig den esoterischen Zwecken der internen Kämpfe und den exoterischen Zwecken der externen Kämpfe dienen müssen.*"[163] Das Ziel des politischen Spiels, bei dem es „*um die legitime Durchsetzung der Sicht- und Teilungsprinzipien der sozialen Welt geht*"[164], ist es folglich, durch Anhäufung von politischem Kapital politische Kämpfe zu gewinnen, um so seine Sicht- und Teilungsprinzipien der sozialen Welt durchzusetzen.

Aus ökonomischer Sichtweise kann das politische Feld somit als Produktionsort angesehen werden, an dem von den dort befindlichen, miteinander konkurrierenden Akteuren politische Produkte hergestellt werden (Probleme, Programme, Analysen), unter denen die auf den Status von Konsumenten reduzierten gewöhnlichen Bürger wählen sollen.[165] Hierbei wird allerdings das Risiko des Missverständnisses umso größer, je weiter sie vom Produktionsort entfernt sind, das heißt je weiter ihre Klassenlage von den sozialen Orten der aktiv am politischen Feld Beteiligten positioniert ist.[166] Die Probleme und Sichtweisen dieser Bürger passen nicht mehr in die vorgefertigten Analyseschemata der etablierten Politik, sie werden und können nicht mehr ‚gehört' werden.

Problematisch erweist sich dieses politische Spiel nun dadurch, dass es von einem ‚neuen Staatsadel'[167], der speziell für dieses politische Spiel ausgebildet wurde, beherrscht und somit verzerrt wird. Dieser bringt politische

---

[161] Bourdieu, 2001a, S. 49.
[162] Bourdieu, 2001a, S. 53.
[163] Bourdieu, 2001a, S. 87.
[164] Bourdieu, 2001a, S. 54.
[165] Vgl. Bourdieu, 2001a, S. 69.
[166] Vgl. Bourdieu, 2001a, S. 72: „*Die Zwänge des Marktes lasten in erster Linie auf denjenigen, die nur über geringe ökonomische und kulturelle Mittel verfügen und die keine andere Wahl haben, als entweder politisch abzudanken oder sich ganz der Partei anzuvertrauen.*"
[167] Vgl. Bourdieu, 2004a.

‚Produkte' hervor, die dessen Klasseninteressen und somit den Interessen des Kapitals entspringen. Vor allem vor dem Hintergrund der Globalisierung wird ein ökonomisches und neo-liberales Gesellschaftsbild als *„Sicht- und Teilungsprinzip der sozialen Welt"*[168] aufgebaut, durch das bestimmte Maßnahmen wie etwa der Rückbau des Sozialstaats gerechtfertigt werden können. Dabei wird der Globalisierungsbegriff[169] zu einem normativen Wegbereiter zum Abbau sozialer Errungenschaften. Gerade dieser Abbau wird allerdings als Befreiung von staatlicher Gängelung und Bevormundung angepriesen. *„Es gibt ein ganzes Spiel mit den Konnotationen und Assoziationen von Wörtern wie Flexibilität, Anpassungsfähigkeit, Deregulierung, das glauben macht, die neoliberale Botschaft sei eine der allgemeinen Befreiung."*[170] Letztendlich wird diese Flexibilität aber vor allem von den Mitgliedern der unteren Gesellschaftsschichten abverlangt, die sich so vermehrten Einbußen und Unsicherheiten gegenübersehen.[171]

Dass Bourdieu durch diese Sichtweise seinerseits dazu neigt, sämtliche soziale Missstände übermäßig vereinfachend auf den Neoliberalismus und die Strategien der herrschenden Klasse zurückzuführen[172], scheint ersichtlich. Dennoch kommt ihm das Verdienst zu, den ‚Mythos der Globalisierung', mit dem eine Weltsicht transportiert wird, die alle sozialen Phänomene auf ökonomische Gesetze und diese auf Mathematik reduziert, entzaubert und auf konkrete Entscheidungen einzelner sozialer Akteure rückgeführt zu haben. Das neoliberale Projekt, dem nach Meinung der Befürworter nach den *„regulatorische*[n] *und wohlfahrtsstaatliche*[n] *Exzesse*[n]*"*[173] der Nachkriegszeit lediglich an einer Erneuerung der Marktdynamik und an der Stärkung der marktwirtschaftlichen Ordnung gelegen war, kritisierte Bourdieu vor allem vor dem Hintergrund der Verschärfung der sozialen Ungleichheit sehr scharf. Diese Einschätzung teilen indes auch Autoren, die dem neoliberalen Diskurs nicht so feindlich gegenüberstehen. *„Bezüglich der Frage der Ressourcenverteilung zu Beginn des*

---

[168] Bourdieu, 2001a, S. 54.
[169] *„Unter ‚Globalisierung' wird hier eine Wirtschaftspolitik verstanden, die auf eine Vereinheitlichung des ökonomischen Feldes abzielt, und zwar durch eine Bündelung rechtlich-politischer Maßnahmen im Hinblick auf die Beseitigung aller Beschränkungen, aller – hauptsächlich durch die Nationalstaaten errichteten – Hindernisse, die dieser Vereinheitlichung im Wege stehen."* (Bourdieu, 2004a, S. 201).
[170] Bourdieu, 1998a, S. 41.
[171] Vgl. dazu Bourdieu 1996a Bezug nehmend auf ein Interview mit dem Präsidenten der deutschen Bundesbank Hans Tietmeyer: *„Nur Mut, liebe Arbeiter! Vollbringen wir gemeinsam diese Flexibilisierungsanstrengung, die von euch gefordert wird!"* (Bourdieu, 1996a, S. 186).
[172] Vgl. zur Kritik dieser vereinfachten Sichtweise auch: Rehbein, 2006, S. 231.
[173] Willke, 2003, S. 28.

Tauschgeschehens – und a fortiori im zeitlichen Verlauf, wenn Akkumulation und Erbrecht vorhandene Ungleichheiten noch verstärken – sind die Wortführer des ökonomischen Liberalismus eigentümlich wortkarg geblieben."[174] Heißt, was der Markt eigentlich aufheben sollte, nämlich die den Tausch verzerrende Macht, wird durch eine ungleiche Ressourcenverteilung wieder eingeführt.

Dies gilt insbesondere vor dem Hintergrund einer ‚allgemeinen Ökonomie der Praxis', die aufzeigt, dass in allen Lebensbereichen und somit auch in der Politik die sozialen Akteure um Ressourcen (Kapital) streiten, um Positionskämpfe zu gewinnen und somit Macht zu erlangen. Dass in die politische Arena nun vor allem Akteure mit ausreichend kulturellem und ökonomischem Kapital eintreten und dort ihre Sichtweisen der sozialen Welt anbieten, führt schließlich zur Reproduktion der bestehenden Gesellschaftsstrukturen. Indem des Weiteren von den so genannten ‚harten' Wissenschaften wie Ökonomie und Mathematik eine *„‚epistemokratische' Rechtfertigung des Bestehenden"*[175] gefordert wird, erscheinen die Maßnahmen und Analysen der Politik als wissenschaftlich legitimiert[176] und damit unumgänglich. Diese *„Politik der Entpolitisierung"*[177] erscheint für Bourdieu als die unweigerliche Folge einer Politik, die sich auf eine universelle, mathematische Vernunft zu begründen sucht und somit den ‚scholastischen Fehlschluss' begeht, die wissenschaftliche Logik mit der praktischen Logik gleichzusetzen. Die hypothetische Prämisse des autonomen und rational handelnden Wirtschaftssubjekts wird so mit einer Wirklichkeitsaussage verwechselt.[178]

Von dieser allgemeinen Analyse des politischen Feldes zu den konkreten Entwicklungen in der bundesrepublikanischen Sozialpolitik übergehend werden nun ebendiese ursächlich beschriebenen neoliberalen Tendenzen und Grundmuster herausgearbeitet werden können. Dass der neoliberale Umbau des Sozialstaats, der vor allem durch die Einführung von Marktelementen, von wettbewerbsähnlichen Strukturen (‚Quasi-Märkten') und durch die Reduktion von Sozialleistungen forciert wurde[179], kein unproblematisches Unterfangen darstellt, ergibt sich bereits aus der geschichtlichen Entwicklung sozialstaatlicher

---

[174] Willke, 2003, S. 44.
[175] Rehbein, 2006, S. 236.
[176] Vgl. Rehbein, 2006, 236: *„Die Herrschenden stehen der Wissenschaft heute nicht mehr diametral gegenüber, sondern stützen ihre Herrschaft auf sie."*
[177] Bourdieu, 2005.
[178] Vgl. Willke, 2003, S. 100.
[179] Vgl. Butterwegge, 2001, S. 43.

Interventionen. Diese wurden im 19. Jahrhundert als Antwort auf die sich zuspitzende soziale Frage entworfen[180], um so die Bürger gegen die unmenschlichen Auswüchse des kapitalistischen Systems zu schützen. Die Marktfreiheit sollte dort beschränkt werden, wo sie – sozial gesehen – unerwünschte Ergebnisse zeitigen würde und die Ergebnisse marktwirtschaftlicher Prozesse sollten dann korrigiert werden, wenn sie nach den in der Gesellschaft herrschenden Wertvorstellungen im Widerspruch zu sozialen Zielen standen. Der Sozialstaat kann sich folglich nicht schlicht auf die Einführung ökonomischer Prinzipien verständigen, denn gerade gegen diese wurde er eingesetzt. Mit anderen Worten: *„Wenn der Wohlfahrtsstaat die marktwirtschaftlichen Funktionsmechanismen adaptiert, statt sie zu kontrollieren und zu korrigieren, führt er sich [..] im Grunde selbst ad absurdum.“*[181]

Definitorisch gilt als moderner Wohlfahrts- oder Sozialstaat ein Gemeinwesen, das die Benachteiligung größerer Gruppen im ökonomischen Reproduktionsprozess (Alte, Kranke, Behinderte, Erwerbslose usw.) durch Geld-, Sach- und/oder personenbezogene Dienstleistungen des Bildungs-, Gesundheits- und Sozialwesens kompensiert, sei es aus öffentlichen Haushalten oder über beitragsfinanzierte Versicherungssysteme, die soziale Teilhabe aller Bürger gewährleistet und – per Rechtsanspruch – sicherstellt, dass niemand von einer allgemeinen Wohlstandsmehrung ausgeschlossen wird.[182] Angefangen mit den Kerninstitutionen der Sozialversicherungssysteme (Renten-, Kranken- und Unfallversicherung) im letzten Drittel des 19. Jahrhunderts über die gesetzliche Verankerung im Grundgesetz der BRD[183], wurden im Laufe der Zeit immer mehr Risiken und Problemlagen sozialpolitisch bearbeitet und führten so zu einer allgemeinen Expansion des Sozialstaats. Diese wird bereits seit den 1970er Jahren, als erstmals die Grenzen des sozialstaatlichen Projektes zu Bewusstsein kamen, aufgrund steigenden Kostendrucks begrenzt. [184] Spätestens mit dem Beitritt der neuen Bundesländer (1990) beginnt die bis heute anhaltende Phase der Restrukturierung und des Abbaus wohlfahrtsstaatlicher Leistungen. Neben den Problematiken der Wiedervereinigung zählen vor allem Globalisierung,

---

[180] Generell wird die Entwicklung des deutschen Sozialstaats mit dem Erlass des „Preußischen Regulativ über die Beschäftigung jugendlicher Arbeiter in den Fabriken" von 1839 angesetzt. (Vgl. ausführlich: Lampert, 1997, S. 12ff).
[181] Butterwegge, 2001, S. 106.
[182] Vgl. Butterwegge, 2001, S. 15.
[183] *„Die Bundesrepublik Deutschland ist ein demokratischer und sozialer Bundesstaat."* (Art. 20, Absatz 1 GG)
[184] Vgl. Habermas, 1985, S. 147 und Ulrich, 2005, S. 27.

Tertiarisierung, Reifung, Überalterung der Bevölkerung und die Veränderung der Familienstrukturen[185] zu den wichtigsten Problematiken in Bezug auf die Aufrechterhaltung des wohlfahrtsstaatlichen Prinzips.

Zwar unterscheidet die vergleichende Sozialstaatsforschung im Anschluss an Esping-Andersen[186] drei unterschiedliche Sozialstaatsmodelle, wonach der deutsche Sozialstaat als konservatives Modell beschrieben wird und sich so gegen das liberale (USA, Großbritannien) und das sozialdemokratische (Skandinavien) Modell abgrenzen lässt. Und doch erfahren angesichts der geschilderten Problemlagen sowohl der konservative als auch der sozialdemokratische Sozialstaat derzeit *„einen neoliberalen Zug hin zu einer ökonomischen Rationalisierung ihrer Prozesse und Strukturen"*[187]. Dabei wird die neoliberale Rhetorik vom schlanken Staat und dem notwendigen Rückbau des Sozialstaats seit geraumer Zeit von aktivierenden Lösungsansätzen ersetzt, die – wie oben erläutert – als dritter Weg zwischen staatlicher Überregulierung und dem neoliberalen Rückbau des Sozialstaats angepriesen werden.

Gleichwohl verfolgt das Konzept des aktivierenden Staates ähnlich wie neoliberale Modelle des schlanken Staates den Abbau und Umbau des Wohlfahrtsstaates. In Staat und Gesellschaft sollen auf den verschiedensten Ebenen Markt- und Wettbewerbselemente eingebaut werden, um deren Effizienz angesichts der Globalisierung zu steigern. Die Systeme sozialer Sicherung sollen erhalten, aus Wettbewerbsgründen mit anderen Wirtschaftsstandorten[188] müssten aber Leistungstiefe und Finanzierung neu organisiert werden.[189] So soll auf der einen Seite durch angebotsorientierte Politik die Wirtschaft für den globalisierten Wettbewerb gestärkt werden, auf der anderen Seite soll durch präventive und kompensatorische Sozial-, Familien- und Bildungspolitik der Bürger dazu

---

[185] Vgl. Lütz, 2004, S. 13f.
[186] Vgl. Esping-Andersen, 1998.
[187] Wendt, 2004, S. 94.
[188] Hinsichtlich der Gewichtung des Standortfaktors spricht Butterwegge von einem Paradigmenwechsel in der Sozialpolitik: *„Seit geraumer Zeit vollzieht sich ein Paradigmawechsel der Sozialpolitik: Nicht mehr das bedürftige Individuum, sondern der ‚Standort D' bildet ihren zentralen Bezugspunkt."* (Butterwegge, 2001, S. 96)
[189] Wie sehr sich im sozialpolitischen Diskurs normative und analytische Aussagen vermischen (vgl. Kaufmann, 2003, S. 10), wird alleine an der hier behaupteten Negativbeziehung von wirtschaftlicher Performanz und Sozialleistungen ersichtlich. Dabei ist diese Frage überaus komplex und empirisch nur schwer zu überprüfen: *„Eine einfache und eindeutige Antwort auf die Frage, ob der Wohlfahrtsstaat eine Belastung für die Wirtschaft darstellt (wie die liberale Kritik behauptet) oder ob er vielmehr eine funktionale Voraussetzung für kapitalistisches Wirtschaften ist (wie vor allem Modernisierungstheoretiker annehmen), ist daher nicht möglich."* (Ulrich, 2005, S. 192).

befähigt werden, (wieder) aktiv am Marktgeschehen teilzunehmen.[190] Der Staat investiert auf diese Weise in die ‚employability' (Beschäftigungsfähigkeit) seiner Bürger. Sozialtransfers sollen deshalb investiven Charakter haben und weniger konsumtiven Zwecken dienen. Der Ausgleich von Marktdefiziten soll gemäß diesen Konzepten weniger durch direkte staatliche Interventionen und Transferleistungen erfolgen, sondern von den zugleich staatlich angeleiteten und ‚empowerten' Akteuren selbst ausgehen. Es handelt sich folglich weniger um einen quantitativen Rückbau, sondern um einen grundlegenden qualitativen Umbau des Sozialstaats, in dem das Verhältnis von Staat, Markt und ziviler Gesellschaft neu arrangiert wird.

Unter Stichwörtern wie „*Vom Wohlfahrtsstaat zum Wettbewerbsstaat*"[191] oder „*Vom Wohlfahrtsstaat zum manageriellen Staat?*"[192] wird diese Entwicklung des aktivierenden Sozialstaats seit geraumer Zeit systematisch beobachtet und analysiert. Vor allem das von der Kommunalen Gemeinschaftsstelle für Verwaltungsmanagement (KGSt) seit 1990 geforderte und propagierte ‚Neue Steuerungsmodell' – als deutsche Variante des ‚New Public Management' (NPM) – kann hierbei als Schnittstelle von ökonomischem und politischem Feld angesehen werden. Hierbei geht es im Kern um eine Übertragung „*marktförmiger Prinzipien, Techniken, Rechnungsweisen sowie Unternehmensführungsmethoden aus der Betriebswirtschaft in die öffentlichen Institutionen sozialer Dienstleistungen*"[193]. Im Einzelnen sollen ein politisch-strategisches Management, eine ziel- und ergebnisorientierte Steuerungslogik, eine flache, flexible und dezentrale Organisationsstruktur, eine Wettbewerbsstärkung, sowie ein strategisches Personalmanagement in die bürokratischen Strukturen öffentlicher Dienstleistungen eingeführt werden.[194] Auf der Basis klarer Ziel- und Produktbeschreibungen und deren standardisierten Messbarmachung soll eine wesentlich stärker ergebnis- als prozessorientierte Steuerung und Kontrolle des ‚Outputs' nach Kriterien der Effizienz und Effektivität erfolgen. „*Der Staat probt den Übergang von der outcomeorientierten Leistungssteuerung zur outputorientierten Gewährleistungspolitik.*"[195] Der Staat übernimmt zwar die

---

[190] Vgl. Dahme/Wohlfahrt, 2005, S. 10.
[191] Lütz, 2004.
[192] Rüb, 2003.
[193] Ziegler, 2004, S. 183.
[194] Vgl. Reichard, 1998, S. 7ff.
[195] Bode, 2004, S. 75.

Gewährleistungsverantwortung für eine öffentliche Aufgabe, aber nicht unbedingt die Verantwortung für deren Finanzierung oder ihren Vollzug.

Diese angebotsorientierte Sozialpolitik zeichnet sich insbesondere durch die kontraktuelle Regelung von Beziehungen aus. Sowohl auf der institutionellen Ebene soll die Verwaltungsführung mittels managerieller Techniken innerhalb der künstlich geschaffenen Wettbewerbsumwelt (Quasi-Märkte) in die Lage versetzt werden, die fachlich ausführende Ebene dadurch aus der Distanz zu steuern, dass sie verbindlich die Ziele und berechtigten Zielgruppen sowie die Qualität und Quantität der Leistungen vertraglich festlegt, kontrolliert und mit Budgets ausstattet, während sie die Umsetzungsverantwortung verstärkt dezentralisierten ‚autonomen' Einheiten zukommen lässt[196], als auch auf der Ebene der individuellen Hilfeplanung soll die Beziehung zwischen Sozialstaat und Anspruchsbezieher vertraglich geregelt werden. Der hilfeberechtigte Bürger hat nämlich nach dem aktivierungspolitischen Fördern- und Fordern-Prinzip nicht mehr per se einen sozialrechtlich fundierten Anspruch auf Hilfeleistungen, sondern geht einen – jeweils spezifischen – Kooperationsvertrag mit dem Staat ein, in dem er sich verpflichtet, die Lage, in der er Hilfeleistungen beziehen soll, selbstständig und in Kooperation mit dem Staat aufzuheben.[197]

Dieser Kontrakt kann nun im Rahmen eines Case Management-Verfahrens ausgehandelt werden. Nachdem in einem Assessment sorgfältig geprüft wurde, über welche Kompetenzen und Ressourcen der Hilfesuchende verfügt, kann ein individueller Hilfeplan erstellt werden, in den auch ‚fordernde' Bausteine eingebaut werden können, deren Einhaltung schließlich im laufenden Hilfeprozess überwacht und kontrolliert werden. Durch die Dokumentationspflicht können die Hilfeprozesse anschließend evaluiert, auf ihre Effektivität hin überprüft und zu Fall- oder Problemgruppen geclustert werden. Der Case Management-Ansatz erweist sich so als geeignet, sowohl die Denkweise des aktivierenden Sozialstaats in der Praxis umzusetzen, als auch die Anforderungen des Neuen Steuerungsmodells zu erfüllen. Die rasche Verbreitung dieser sozialpädagogischen Methode dürfte sich vor allem ebendieser sozialpolitischen Passgenauigkeit verdanken.

---

[196] Vgl. Ziegler, 2004, S. 183.

[197] Priddat, 2004, S. 92. Dieser Übergang von Anspruchs- zu Vertragsbeziehungen stellt einen grundlegenden Strukturwandel innerhalb der Sozialpolitik dar: *„Der schrittweise Ersatz von Anspruchsbeziehungen durch Vertragsbeziehungen zwischen Staat und gesellschaftlichen Leistungsempfängern markiert einen zentralen Form- und Funktionswandel von Wohlfahrtsstaatlichkeit."* (Lütz, 2004, S. 21).

Die durch die Analyse des (sozial-)politischen Feldes deutlich gewordene Problematik aktivierender Sozialpolitik, die grundsätzlich auf dem Klassenunterschied zwischen den politischen Produzenten und den Konsumenten der politischen Produkte basiert, führt schließlich zu einer schleichenden Individualisierung gesellschaftlicher Probleme. *„Das Modell des paternalistischen Staates, der jedem hilft, transformiert sich in eine Bürgergesellschaft, in der weiter geholfen wird, aber mit der kritischen Nachfrage: ‚was bist du bereit, dafür zu tun?'"*[198] Die Bürger werden nach diesem liberalen Verständnis nicht mehr als Sujet des Staates aufgefasst, sondern als Subjekte mit eigener Verantwortlichkeit, die sie dem Staat im Falle ihrer Bedürftigkeit, gleichsam *„als sozialen business plan ihres self-management"*[199], vorlegen, um sozial kreditiert zu werden. Dabei ist es nur folgerichtig, dass der Staat als Kreditgeber nur noch solche Aktivitäten unterstützt, von denen absehbar ist, dass sie sich à la longue rentieren. Gerade die Angehörigen der unteren Schichten, die sich aufgrund ihres geringen ökonomischen und kulturellen Kapitals diesem Bild des kalkulierenden und sich selbst managenden Bürgers entziehen, werden dadurch verstärkten Restriktionen, sozialer Kontrolle ausgesetzt, sie werden über-fordert und über-wacht[200].

Neben diesen individuellen Auswirkungen auf die sozialen Akteure etabliert sich im gleichen Zug – auf der Ebene der Gesamtgesellschaft – ein grundlegend neues Verständnis von sozialer Gerechtigkeit: „*Soziale Gerechtigkeit muss künftig heißen, eine Politik für diejenigen zu machen, die etwas für die Zukunft unseres Landes tun: die lernen und sich qualifizieren, die arbeiten, die Kinder bekommen und erziehen, die etwas unternehmen und Arbeitsplätze schaffen, kurzum, die Leistung für sich und unsere Gesellschaft erbringen. Um die – und nur um sie – muss sich Politik kümmern.*"[201]

---

[198] Priddat, 2004, S. 94.
[199] Priddat, 2004, S. 95.
[200] Vgl. Spindler, 2003.
[201] Steinbrück, 2003, S. 18.

Ein Psychiatriekoordinator im Gespräch – *„Das war ein Impuls, der kam von der Verwaltung raus"*

Herr A. ist ungefähr 50 Jahre alt und arbeitet als Psychiatriekoordinator in der Bezirksverwaltung eines bayerischen Bezirks. Nach einem universitären Studium der Diplom Pädagogik arbeitete er zunächst elf Jahre für einen Träger der freien Wohlfahrtspflege in einem sozialen Brennpunkt. Anschließend wechselte er in die Geschäftstelle dieses Trägers und war hier zuständig für die sozialpsychiatrische Versorgung und die Angebotspalette des Verbandes. Nach ungefähr zehn Jahren wechselte er schließlich in die Bezirksverwaltung, in der er noch heute als Psychiatriekoordinator tätig ist. Das Aufgabenspektrum besteht vor allem darin, nun für die Seite der Verwaltung bzw. der Politik vor allem die Rahmenbedingungen und die Finanzierung sozialpsychiatrischer Angebote zu beobachten und sicher zu stellen. Insbesondere kümmert er sich um die Versorgungsstrukturen innerhalb des Bezirks und um die Entwicklung neuer und bedarfsgerechter Konzepte.

Während des Interviews befinden wir uns in seinem Arbeitszimmer in der Bezirksverwaltung. Herr A. ist sich zunächst nicht sicher, ob er wirklich der richtige Interviewpartner zum Thema Case Management ist. Im Laufe des Gesprächs erweisen sich seine Kenntnisse des politischen Feldes, vor allem in Bezug auf das Case Management-Konzept, aber als sehr breit gefächert, so dass er im Verlauf des Gesprächs zunehmend an Sicherheit gewinnt.

– In welcher Verbindung und seit wann haben Sie hier in der Bezirksverwaltung mit der Methode des Case Management zu tun?[202]

Herr A.: Also, Case Management habe ich natürlich früher in meiner Arbeit beim Träger auch schon gehört im Zusammenhang mit Behindertenarbeit. Und hier taucht es

auf, vorzugsweise erstmal im Bereich der Altenarbeit. Dass man sagt, gerade im geronto-psychiatrischen Bereich, sprich also bei Menschen, die aufgrund des Alters irgendwelche psychiatrischen Erkrankungen haben, wie Demenz, Alzheimer und so weiter oder Altersdepressionen, was häufig unterschätzt wird, und dem Bemühen, die Leute möglichst lange zu Hause wohnen zu lassen, wird neuerdings, also sagen wir mal seit fünf Jahren der Begriff des Case Managers im Altenhilfebereich ziemlich stark forciert. Ich denke, wenn Sie im Internet nachschauen, werden Sie unendliches Material finden zu dem Stichwort Case Manager und dann vielleicht auch wenn Sie Altenhilfe dazu eingeben, wird entsprechend etwas kommen. Ich weiß zum Beispiel, dass die Arbeitsgemeinschaft der freien

---

[202] Prinzipiell sollten an dieser Stelle Interviews mit Personen geführt werden, die sich ganz dem politischen Feld verschreiben. Aufgrund diverser Zuständigkeitsprobleme und Verantwortungsabwälzungen erschien es allerdings nicht möglich, einen Interviewpartner aus diesem Bereich zu finden. Insbesondere die Verantwortlichen aus dem Bereich des SGB II wiesen sich dabei durch explizite Sprachlosigkeit aus und wünschten ausdrücklich, dass keine Interviews geführt und auch sonst möglichst keine Details an die ‚Öffentlichkeit‘ gelangen sollten. Dies führt dazu, dass dieser Bereich im Rahmen der Interviews leider nicht berücksichtigt werden kann.

Wohlfahrtspflege in Bayern, das ist der Zusammenschluss aller großer Träger, dass die letztes oder vorletztes Jahr ein Papier verabschiedet haben, im November oder so, dass das Prinzip des Case Managements jetzt in der Altenhilfe, vor allem in der ambulanten Altenhilfe verstärkt eingesetzt werden sollte. Was jetzt nach meinem Verständnis bedeutet, dass es eine Person geben muss in diesem Netz der Profis, die für den Herrn Meier oder die Frau Müller zuständig ist und für diese Person alle Hilfen organisiert, die notwendig sind, um die Personengruppe zu versorgen. Vorzugsweise natürlich erst mal, sie zu Hause zu lassen im häuslichen Umfeld. Aber wenn es dann natürlich nicht mehr geht, dann ist der Case Manager auch dafür zuständig, dass diese Person in die stationäre Versorgung kommt. Aber das Ziel des Case Managers ist, dass eine Person sich ganz konsequent um einen Leistungsberechtigten kümmert und nicht mehr durch die Verzettelung verschiedener Institutionen, verschiedener Zuständigkeiten, verschiedener Leistungsträger dadurch auch Energien verpuffen und auch Hilfen nur noch bruchstückhaft zum Beispiel ankommen.

– Neben dem Vernetzungsaspekt auf der Institutionenebene weist sich der Case Management-Ansatz vor allem auch durch die sehr strukturierte Arbeitsweise aus. Der Hilfeprozess wird untergliedert in Assessment, Zielvereinbarung und Hilfeplanung, Durchführung und Leistungssteuerung, Monitoring und Evaluation. Welche Vorteile verspricht man sich Ihrer Ansicht nach auf der politischen Ebene von dieser strukturierten Vorgehensweise?

Herr A.: Ja gut, es ist ja wichtig, dass die Informationen auch konsequent fließen und ausgetauscht werden. Dafür braucht es auch eine ganz gute Struktur, vor allem wenn mehrere beteiligte Institutionen beieinander sind und an diesem Fall beteiligt sind. Da kann es schnell passieren, dass Informationen verloren gehen und dann auch falsche Hilfeverläufe in Gang gesetzt werden, die vielleicht sogar kontraproduktiv sind. Also wir haben jetzt zum Beispiel im Bereich von Menschen mit seelischer Behinderung, haben wir jetzt in Bayern ein Verfahren entwickelt, das nennt sich Gesamtplanverfahren und das hat im Prinzip auch so etwas von Case Management im Hintergrund. Da gibt es dann auch, in einem Formular ist dann hinten im Anschluss: Vorrangiger Ansprechpartner, sprich Case Manager, in Klammern, ist, und dann wird hier der Name eingetragen von der Person, die sich speziell darum kümmert. Also, das Gesamtplanverfahren wäre jetzt im Bereich der Menschen mit psychischer Behinderung in Bayern das Verfahren, in dem eigentlich das Prinzip des Case Managements versucht wird, in die Praxis umzusetzen. Das ist aber jetzt ganz neu. Das gibt es erst seit einem Jahr, während eben im Bereich der Altenhilfe ist es doch schon ein bisschen älter. Case Management im Bereich der Menschen mit seelischer Behinderung bedeutet, dass also die Hilfe auch gezielt, reflektiert, evaluiert gewährt wird und dass vor allem keine Versorgungslücken entstehen, sondern dass die Person kontinuierlich im Hilfeverlauf begleitet wird und dass eben eine Person erstmal zuständig ist. Wobei man sagen muss, wenn jetzt zum Beispiel eine Person aus dem betreuten Wohnen in die Klinik kommt, weil sie eine Krise hat, dann ist es natürlich schwierig, dass die Bezugsperson aus dem betreuten Wohnen auch in der Klinik das Case Management übernimmt, weil das ist auch so nicht leistbar. Deswegen wäre es auch ganz interessant, den Aspekt zu untersuchen, wie man so etwas auch vernünftig organisieren kann, also Case Management. Müsste das eine Stelle, müsste das jemand sein, der nicht in der aktuellen Arbeit mit dem Klienten ist, sondern quasi so als Überflieger, oder ist es jemand, der aktuell in der Arbeit mit drin ist und dann auch gut bescheid weiß, über die Bedürfnisse, über die Bedarfe, die der Überflieger natürlich nicht so genau weiß. Da gibt es sicherlich unterschiedliche Modelle.

– Der Ansatz des Case Management wird als Methode Sozialer Arbeit seit Beginn der 1990er Jahre zunehmend politisch gefördert und sogar ausdrücklich in Gesetzestexten gefordert. Beispielsweise im Rahmen der modernen Dienstleistungen am Arbeitsmarkt nach SGB II und III, aber auch in der integrierten medizinischen Versorgung (§140 SGB V), für die Zusammenführung von Leistungen in der Rehabilitation nach SGB IX und für die Begleitung der Einführung des Persönlichen Budgets (§17, 2-4 SGB IX). Vertreter der Sozialen Arbeit wehren sich insbesondere gegen diese sozialpolitische Festschreibung sozialarbeiterischer Methoden, die sich explizit gegen das Professionsverständnis und die Methodenfreiheit innerhalb der Disziplin stellt. Wie stehen Sie zu dieser Sichtweise?

Herr A.: Also, meines Wissens taucht der Begriff Case Manager nirgends im Gesetz auf, aber es ist natürlich in der Tat so, dass der Gesetzgeber schon bestimmte Vorstellungen hat, wie die sozialen Leistungen möglichst effektiv an den Mann und an die Frau gebracht werden können. Und von daher denke ich, da sitzen ja zum Teil auch Experten in den Ministerien oder sie machen irgendwelche Anhörungen, wo sich Experten zu Wort melden, und ich denke mal, das Konzept des Case Managers hat sich schon, oder spiegelt sich schon auch wieder gerade in dem Persönlichen Budget oder bei der integrierten Versorgung, die Sie angesprochen haben. Das ist zum Beispiel ein sehr gutes Beispiel aus dem SGB V-Bereich, wo natürlich gesagt wird, wenn wir hier etwas bündeln, dann haben wir bessere Effekte. Ob das jetzt schon eine Vorschrift ist über die Methoden der Sozialen Arbeit, das würde ich aber bezweifeln. Weil ich meine, ob ich jetzt verhaltensorientiert arbeite oder tiefenpsychologisch orientiert arbeite, das steht ja in keinem Gesetz drin.

– Dabei kommt es natürlich auch immer darauf an, wie umfangreich der Ansatz eingeführt wird. Bei einer vollständigen Implementierung des Ansatzes und der sehr strukturierten Arbeitsweise verengen sich die Spielräume natürlich schon. Verschiedene Kritiker befürchten durch den Ansatz vor allem auch eine zunehmende Ökonomisierung und Effizienzorientierung im sozialen Bereich. Richtig soll nurmehr das sein, was einen gegebenen Ist-Zustand möglichst effektiv und effizient in einen klar definierten messbaren Soll-Zustand überführt. Vor allem auch die Rede von Kunden, Dienstleistungen und Koproduktion wird insbesondere auf Gebieten, wie der Sozial- oder der Bewährungshilfe als kritisch angesehen...

Herr A.: ...gut, was den Begriff des Kunden anbelangt, finde ich das auch einen Witz im Bereich der

Sozialgesetzgebung und im Bereich von Sozialleistungen von Kunden zu sprechen, weil die Leute in der Regel keine Auswahl haben. Dann ist der Begriff des Kunden ja schon mal ad absurdum geführt. Warum sie das machen, keine Ahnung, das hat irgendwelche, auch ideologischen Gründe. Das andere wichtige Stichwort sind ja auch diese Zielvereinbarungen. Auch da, finde ich, wird ein falscher Eindruck erweckt. Da werden ja dann Unterschriften geleistet sowohl vom Leistungsberechtigten als auch vom Leistungsträger, aber das sind ja auch keine rechtsverbindlichen Unterschriften im Sinne eines Vertrags, ja, sondern das sind Absichtserklärungen, die durch eine Unterschrift noch einmal ein Stück verbindlicher gemacht werden, aber eine Rechtsverbindlichkeit haben die natürlich nicht. Insofern sollte man sich davor hüten, diese Vereinbarungen in irgendeiner Weise rechtlich hoch zu stilisieren, sondern das sind Absichtserklärungen. Wenn die nicht erreicht werden, die Ziele, dann muss man halt darüber reden, warum sie nicht erreicht worden sind und ob man die Hilfe entsprechend anpassen muss. Aber man kann auf jeden Fall aus der Tatsache, dass irgendjemand ein Integrationsziel oder ein Förderziel nicht erreicht hat, natürlich nicht die Hilfe einstellen, ja.

– Genau dieses ‚Regime des Vertrags' wird oftmals dahingehend kritisiert, dass es eben keine Verträge auf Gegenseitigkeit sein können.

Herr A.: Gut, im Hartz IV-Bereich heißt es natürlich ‚Fördern und Fordern', das ist schon klar. Aber auch beim Persönlichen Budget muss man ja Zielvereinbarungen abschließen und da stehen ja auch gewisse Dinge drin, aber letztendlich

hat das alles ja keine rechtliche Wirksamkeit, keine rechtliche Relevanz. Im Übrigen ist dieser Grundsatz, dass der Hilfeempfänger mitwirken muss, der ist uralt, der stand ja schon im BSHG, das ja, glaube ich, 1962 oder 1964 eingeführt wurde. Da war immer von der Mitwirkungspflicht des Hilfesuchenden die Rede. Nur, wie man die dann letztendlich einfordert, wie man sie dann auch sanktioniert, wenn sie nicht erbracht wird, das ist dann noch eine andere Frage.

– In der Literatur wird der Case Management-Ansatz oftmals unter dem Motto: „Alter Wein in neuen Schläuchen" abgehandelt und somit kritisiert, dass durch die Einführung wohlklingender und professionell wirkender Semantiken letztlich nur eine Umbenennung der ohnehin stattfindenden Abläufe erfolgt. Wie stehen Sie zu dieser Kritik?

Herr A.: Wir haben durch das Gesamtplanverfahren bei Menschen mit seelischer Behinderung, versuchen wir, das Ganze schon ein bisschen strukturierter ablaufen zu lassen, auch durch eine Art sanften Zwang der Verwaltung. Das gilt bayernweit, das Verfahren, das gilt in allen Bezirken. Das heißt, es wird dann auch überall einheitlich angewandt. Aber man muss schon sehen, das war ein Impuls, der kam von der Verwaltung raus oder von der Politik, wenn man es so nimmt. Die Träger wurden damit konfrontiert und haben dann letztendlich schon zugestimmt, weil sie auch gesehen haben, das ist ein vernünftiges Verfahren, ein vernünftiges Prinzip, was dahinter steckt. Es ist natürlich immer besser, das in Kooperation zu machen, damit die Akzeptanz dann möglichst hoch ist. Aber das ist schon ein Versuch, die Hilfen, die so geleistet werden, über Jahre oder Jahrzehnte sogar, strukturierter ablaufen zu lassen. Was ich auch noch finde, im Zusammenhang mit diesem Begriff Case Management, er ist ja in Mode gekommen parallel zu dem Qualitätsmanagement, das lief ja relativ parallel. Und auch beim Qualitätsmanagement, da beobachtet man genau das, dass es zwar auf dem Flyer steht, aber in Wirklichkeit nicht so umgesetzt wird und auch das Qualitätsmanagement zeichnet sich ja dadurch aus, dass es sehr strukturiert alles abläuft, sehr rigide, ein Formular für hier, ein Formular für da, ein Zeichen hier, ein Zeichen dort, abgelegt im Ordner x und y. Das hat natürlich schon ziemliche Parallelen, finde ich. Und auch da finde ich bei der Diskussion um das Qualitätsmanagement, für mich war das immer so, je schwieriger die Arbeit, also je finanziell schlechter die Sozialarbeit ausgestattet war, desto stärker kam die Diskussion um das Qualitätsmanagement, weil man

meiner Meinung nach versucht hat, eine Ersatzdiskussion zu führen, also abzulenken, und die Folgen dieser Verknappung dieser finanziellen Ressourcen zu vertuschen. Und man hat gemeint, man kann das durch Qualitätsmanagement kompensieren, aber das geht ja nicht. Ich kann durch Qualitätsmanagement keine Personalressourcen kompensieren. Gut, ich meine, man kann die Arbeit etwas effektiver machen, das stimmt. Man kann, wie beim Case Management, Reibungsverluste verhindern oder Informationsdefizite verhindern und dadurch fehlgeleitete Prozesse verhindern vielleicht, aber die Zeit, die das Qualitätsmanagement bindet, fehlt wieder am Klienten oder am Patienten und ich finde, da ist auch ein gesundes Augenmaß notwendig.

– *Vielen Dank für das ausführliche Gespräch.*

Eine Case Management-Ausbilderin im Gespräch – *„Warum sollte man es eigentlich anders machen?"*

Frau R. arbeitet in einer privaten Betriebsgesellschaft für Senioreneinrichtungen und wurde dort vor circa einem Jahr eingestellt, um das gesamte Unternehmen auf den Case Management-Ansatz umzustellen. Nach einem geisteswissenschaftlichen Studium und einer Dissertationsarbeit im Bereich der Musik machte sie ihre ersten Erfahrungen auf dem Gebiet der Sozialen Arbeit und der Pflege als Projektleiterin eines Forschungsprojektes zum Thema ‚Diagnosegeleitete Maßnahmesteuerung', bei der es prinzipiell darum ging, Instrumente für Case Management, Assessment und Hilfeplanung im Kontext beruflicher Rehabilitation zu entwickeln. Durch diesen ersten Kontakt mit dem Themenbereich des Case Management, der vorwiegend über die klassischen Lehrbücher (Ewers, Wendt) erfolgte, erschien der Ansatz als so einleuchtend und logisch, dass sich für sie die Frage stellte: *„Warum sollte man es eigentlich anders machen?"* Nach einer Ausbildung zur zertifizierten Case Managerin und der weiteren Beschäftigung mit der Thematik im Rahmen weiterer Projekte erhielt sie auch die Anerkennung zur zertifizierten Case Management-Ausbilderin.

In der Gesellschaft für Senioreneinrichtungen sorgt sie schließlich für die Implementierung des Case Management-Ansatzes. Hierzu wurden Pflegefachkräfte in internen Weiterbildungen zu Case Managern (bzw. Überleitungsmanagern) fortgebildet, sie selbst kümmert sich um die Koordination schwierigerer Problemfälle. Ein weiterer Mitarbeiter arbeitet auf der Systemebene an der Verbindlichmachung von Kooperationen. Der Case Management-Ansatz soll somit vollständig und auf allen Ebenen des Unternehmens implementiert werden.

Während des Interviews befinden wir uns in einer kleinen Bibliothek im Seniorenheim. Die langjährige Beschäftigung mit der Thematik bewirkt, dass sich Frau R. auf sicherem Boden bewegt. Sie wirkt weder angespannt noch eingeschüchtert. Sie hat viele der Fragen schon einmal gehört und dazu Stellung bezogen.

– Seit ungefähr einem Jahr wird nun in diesem Unternehmen vornehmlich unter Ihrer Regie der Case Management-Ansatz eingeführt. Was hat Sie dazu bewogen, den Ansatz großflächig in das Unternehmen einführen zu wollen, mit welchen Argumenten konnten Sie die Management-Ebene von den Vorteilen des Ansatzes überzeugen und was haben Sie sich persönlich davon erwartet?

Frau R.: Die Vorgeschichte war so, dass einer aus der Geschäftsleitung erfahren hatte, dass ich Case Management-Ausbilderin bin – durch Zufall – und hat gesagt: „Ich brauch Dich für mein Unternehmen." Gut. Dann habe ich mir das erst einmal angeschaut, weil stationäre Altenhilfe war ein Sektor, da hatte ich eigentlich wenig mit zu tun. Ich war vorher hauptsächlich Beschäftigungsförderung, also berufliche Reha, wobei das im weitesten Sinne auch etwas mit Pflege zu tun hat. Ich hab mir das dann erst mal angeschaut. Im Erstgespräch war überhaupt nicht klar, was ich hier eigentlich machen könnte. Ich habe dann in der Zwischenzeit sehr viel Analyse betrieben und hab mir den Betrieb noch mal genau angeschaut und hab dann ein Konzept gemacht. Und das Überzeugende an dem Konzept, glaube ich, war für die Geschäftsführung zum einen der Vernetzungsaspekt, also wie nutze ich intelligent Ressourcen innerhalb des Unternehmens, indem ich stärker vernetzt arbeite und denke. Und ich wie schaffe ich es auch stärker nach außen, mich zu vernetzen, also über Kooperationen. Und das zweite war diese bedarfsorientierte Vorgehensweise, also wirklich auch zu schauen, wie kann man bedarfsorientiert vorgehen und sich dadurch einfach gegenüber den Mitbewerbern anders positionieren. Ich glaube, das waren die zwei Hauptpunkte. Ich habe dann eine Unternehmensanalyse gemacht und daraufhin ein Detailkonzept gemacht. Was war die Haupterwartung? Ich denke mal, Optimierung von Abläufen, Erkennen von Defizitbereichen, neue Angebote entwickeln, bedarfsorientierter einfach arbeiten.

– Was verstehen Sie – mit wenigen Worten – unter Case Management und inwiefern hat sich seit Beginn der Implementierung dieses Ansatzes aus Ihrer Sicht die Organisation und Kommunikation innerhalb des Unternehmens verändert?

Frau R.: Also Kernbegriff sind für mich multikomplexe Problemlage, dann die Definition ‚over time', also über einen längeren Zeitraum hinweg, und ‚across services', also über mehrere Leistungsbringer oder Leistungsträger hinweg. Also das sind für mich die drei Ebenen. Es muss vom Bedarf her da sein, es muss über einen längeren Zeitraum und über bestimmte Sektorengrenzen hinweg. Das ist natürlich eine sehr anspruchsvolle Definition, es gibt auch sehr minimale Definitionen von Case Management, ich sage mal als Etikett. Im Unternehmen, gut, es ist ein unglaubliches Umdenken, weil, das hätte ich, glaube ich, auch nicht so vermutet, wenn man sehr stark weggeht vom Fürsorgeaspekt, also der professionelle Helfer weiß, was er zu tun hat und hat so einen Impetus des Fürsorgenden, des Ich-weiß-was-für-dich-gut-ist, weg und hin zu dem, erst einmal einen Schritt zurück zu gehen und erst mal zu fragen, was willst Du, lieber Klient, was brauchst Du, und dann erst zu planen. Im Prinzip ein bisschen das Professionelle aus dem Kopf rauskriegen. Und das zweite ist, glaube ich, dass eine Sensibilität mittlerweile entstanden ist, ob die Leute hier auch tatsächlich das kriegen, was sie brauchen. Also, dass man viel stärker schaut, passt er überhaupt hierher, wenn ja, wie kann ich die Übergänge gut gestalten. Wie kann ich letztendlich auch die Dinge im Blick behalten, die ich normalerweise in der Pflege halt ausblende und vor allem, wie kann ich viel besser die Experten im Unternehmen oder die Leute, die mir eigentlich zur Seite stehen können, heranziehen. Und wie kann ich auch mit meinen Partnern effektiver zusammenarbeiten, also Dienstleister in dem Feld. Ich glaube schon, dass da eine Vorstellung davon entstanden ist. In der Umsetzung ist es schwierig, zeitlich und so weiter, aber ich glaube schon, dass bei manchen doch der Klick im Kopf schon da ist.

– In einem Case Management-Prozess sollen also – wie Sie sagten – Problemsituationen sowohl vertikal (over time) als auch horizontal (across services) begleitet werden. Besonderes Charakteristikum ist dabei die Neutralität des Case Managers. Inwieweit können Sie als

unternehmensinterne Case Managerin diese Neutralität wahren?

Frau R.: Also, ich bin ja in dem Sinne nicht interne Case Managerin, das sind eigentlich alle diejenigen, die im Unternehmen, in den Häusern Überleitungen machen. Ich mache das ja eher als Angebot nach außen. Und da habe ich dem Unternehmen, es ist Bestandteil meines Arbeitsvertrages sind die Richtlinien, die Verhaltensrichtlinien der Deutschen Gesellschaft für Care und Case Management. Und da habe ich auch drauf bestanden, dass ich immer bedarfsorientiert berate und nicht am Ende ein Ergebnis stehen muss: irgendeine Leistung wird vom Unternehmen erbracht. Sondern die Effekte sollen eher indirekt sein. Also, da hab ich mich abgesichert, weil ich mir gesagt habe, wenn ich zertifiziert bin und auch Ausbilderin bin, dann muss ich diese Standards einhalten. Und das führt tatsächlich dazu, dass bestimmt in der Hälfte der Fälle die Klienten nicht bei uns im Unternehmen landen, sondern ambulant von auch anderen Dienstleistern versorgt werden.

– Gibt es einige konkrete Punkte, die sich aus Ihrer Sicht seit der Einführung positiv entwickelt haben, Abläufe, die nun reibungsloser verlaufen?

Frau R.: Also, das Image hat sich verbessert. Das Netzwerk ist verbindlicher geworden. Und was sich wirklich verbessert hat, ist, dass wir differenziertere Angebote haben. Also, dass wir abgestufte Angebote einführen, wo wir gemerkt haben, wir haben entweder-oder, aber dazwischen fehlt es einfach. Also im Sinne von Angebotssteuerung.

– An welchen Stellen sehen Sie noch Schwierigkeiten oder Entwicklungs-bedarf?

Frau R.: Also, die größten Schwierigkeiten sind immer noch in der Arbeitsteilung, also die Benennung von Verantwort-lichkeiten, das Schaffen von Zeitkorridoren für diejenigen, die dann Überleitungen im Sinne von Case Management machen sollen. Also, wie kriegen wir die Zeit für freigeschaufelt und das bedeutet auf der anderen Seite immer, dass die Führungsebene, also die Pflege-dienstleitung und Heimleitung etwas abgeben muss, und das ist der größte Konflikt. Also ich sehe im Moment eine ziemliche Schieflage in der Verinnerlichung des Ansatzes auf der Mitarbeiterebene und auf der Geschäftsführungsebene und auf der mittleren Ebene. Da habe ich so das Gefühl, ist es nicht überall schon angekommen. Aber das ist häuser-spezifisch auch ein bisschen. Aber da muss man noch viel tun.

– Eine Frage bezüglich der Sozialpolititk: Der Ansatz des Case Management wird als Methode Sozialer Arbeit seit Beginn der 1990er Jahre zunehmend politisch gefördert und sogar ausdrücklich in Gesetzestexten gefordert. Welche Vorteile können sich Sozialpolitiker Ihrer Ansicht nach von einer flächendeckenden Einführung von Case Management versprechen?

Frau R.: Nun gut, für eine politische Ebene hört es sich gut an. Es heißt ja, effektiv und effizient, das ist immer gut. Also Geld sparen und gleichzeitig besser werden. In der Umsetzung muss man aber sagen, dass die erforderlichen Investitionen einfach nicht stattfinden. Also gerade im Fallmanagement ist es einfach ein völliges, na ja, ich sage mal, ein Etikett. In der Kinder- und

Jugendhilfe ist es ähnlich. Ich habe nur Komm-Strukturen, ich habe keine aufsuchende Arbeit, ich habe kein vernetztes Denken. Im SGB IX ist es noch extremer, da sind ganz viele Elemente drin benannt, aber in der Umsetzung, wenn man in die Landschaft guckt, ist nichts davon da, von den Strukturen. Also insofern ist es oft auch einfach trügerisch, weil es nicht wirklich sektoren-übergreifend ist. Also es ist, wir waren jetzt erst letzte Woche bei der AOK, also einem großen Kostenträger auch. Die fragen halt auch, wo ist denn für uns der Mehrwert. Weil das sektoren-übergreifende halt auch im Endeffekt zu dem Ergebnis führen kann, was für den einen Kostenträger im einen Fall mehr kostet, im nächsten Fall gar nichts kostet. Also insofern ist es nicht fundamental von Case Management her gedacht.

— Vertreter der Sozialen Arbeit wehren sich insbesondere gegen diese sozialpolitische Festschreibung sozialarbeiterischer Methoden, die sich explizit gegen das Professionsverständnis und die Methodenfreiheit innerhalb der Disziplin stellt. Wie stehen Sie zu dieser Sichtweise?

Frau R.: Also Case Management ist aus meiner Sicht überhaupt keine Methode, sondern es ist ein Handlungsansatz, dass ich nach einem bestimmten Regelkreis vorgehe. Also, ich habe eine geregelte Aufnahme, also ich definiere meine Zielgruppe, ich mache ein Assessment. Da geht es schon los. Ich habe eine völlig freie Wahl, was für ein Assessment ich hernehme, ob ich einen standardisierten Bogen nehme, ob ich freie Interviews mache, was auch immer, ich kann meine ganz eigenen Instrumente verwenden. Und dann, dass ich eine bestimmte Form der

Planung mache gemeinsam mit dem Klienten und dass ich dann letztendlich die Durchführung ein Stück weit überwache und am Ende das auswerte. Und gerade die letzten zwei Punkte werden ja letztendlich nicht gemacht. Das ist irgendwie das Hauptproblem, dass es genau da dann hängt. Im Assessment sind sie alle gut, aber oft auch zu übertrieben. Von daher kann ich es nicht verstehen, weil im Prinzip es methodisch jedem weiter offen steht, wie er arbeitet. Es ist halt ein bestimmter Handlungsansatz, dass ich sage, ich halte einen bestimmten Regelkreis ein, das ist ähnlich wie ein Pflegeprozess oder der ist ja jetzt nicht völlig revolutionär.

— Diese Kritiker wenden sich insbesondere auch gegen eine zunehmende Ökonomisierung und Effizienzorientierung im sozialen Bereich. Richtig soll nur noch das sein, was einen gegebenen Ist-Zustand möglichst effektiv und effizient in einen klar definierten und messbaren Soll-Zustand überführt. Sind Sie der Meinung, dass durch die Einführung von Case Management diese ökonomische Sichtweise forciert wird?

Frau R.: Ja, Gott sei Dank, kann ich nur sagen. Ich habe das ja oft genug erlebt, dass auch in der Sozialen Arbeit eine bestimmte Bequem-lichkeit da ist. Dass man nie ein Bewusstsein darüber hat, was es kostet, wenn sich fünf Leute zusammensetzen und endlose Besprechungen durchführen, an deren Ende im Prinzip nichts verbindliches herauskommt, aber wir haben ja darüber gesprochen. Da sage ich auch immer: „Beziffert doch mal bitte die Kosten Euerer Leistungen." Da sitzen jetzt fünf Fachkräfte, die kosten, ich weiß nicht wie viel Euro in der Stunde. Das ist alles Zeit und Geld, das dem

Klienten letztlich abgeht. Also insofern finde ich ökonomische Denkweise nicht schlecht. Außerdem muss man ja auch sagen, dass die Einsparung ja in einer Bestärkung des Klienten oft besteht. Also, das merke ich ja, wir schauen erst mal, was kann der Klient selber und sein Umfeld und das ist ja auch im Endeffekt das Nachhaltigste, wenn der Klient seine Sachen selber in die Hand nimmt, ein Stück weit, statt dass ich ihm eine Pauschalleistung, dass ich ihn abhängig mache von teuren Maßnahmen. Dann habe ich im Prinzip dem Volkswohl etwas eingespart [lacht], aber für den Klienten ist es eine viel nachhaltigere Form der Versorgung. Also, von daher ist es ein Scheinargument.

– Case Management gilt häufig als die geeignete Methode, um die Bedürfnisse von Kunden und die Angebote personenbezogener sozialer Dienstleistungen in Übereinstimmung zu bringen. Auch in diesem Unternehmen wird Case Management explizit als Dienstleistung aufgefasst, die zwischen anderen Dienstleistungen vermittelt, um so einen optimalen Versorgungsprozess zu gewährleisten. Worin besteht für Sie der Vorteil des Verfahrens, der dazu führt, dass Case Management – obwohl es in der aktuellen Situation nicht gegenfinanzierbar ist – dennoch als eine Art kostenloser Zusatzservice implementiert wird?

Frau R.: Der Vorteil hier ist, dass wir uns in einer völlig anderen Rolle präsentieren. Nämlich genau die Rolle: wir verstehen uns als Dienstleister und nicht als jemand, der profitiert, also nicht als Profiteur. Dienstleister heißt für mich auch, dass man diejenigen, die für uns, in unserem Auftrag, Dienstleister sind, dass eine bessere und effektivere Information bekommen. Es ist ja so,

dass sehr viel Zeit verloren geht durch Tür- und Angelgespräche und Informationen mal über den Flur, sondern dass wir sagen: „O.k., wir machen das koordinierter." Und damit ist jedem letztendlich geholfen. Das ist auch die Essenz daraus, die wir rückgemeldet bekommen: Es ist jedem ein Stück weit geholfen. Dass wir in Vorleistung gehen, kostenlos, das müssen wir, weil wir bundesweit einzigartig sind. Es gibt keine Modellförderung. Wenn wir jetzt zur Kasse gehen, dann sagen die, ja, sie haben so viele Ideen auf einmal, das lässt sich rechtlich nicht abbilden. Da sage ich: O.k., na klar lässt es sich rechtlich nicht abbilden, weil es eine Vision ist. Man muss ein Stück weit Sachen ausprobieren, um dann sagen zu können: O.k., und wie finanzieren wir die Leistung.

– Als zertifizierte Case Management-Ausbilderin haben Sie auch Kontakt zu anderen Anwendungsfeldern von Case Management. Würden Sie sagen, dass die Rede von Kunden, Dienstleistungen und Koproduktion beispielsweise in den Gebieten Sozialhilfe oder Bewährungshilfe auch gerechtfertigt ist?

Frau R.: Also, ich meine, ich betreue ja auch viele ARGEn, also Arbeitsgemeinschaften nach SGB II bzw. ich habe früher auch SGB III gemacht und dort ist es wirklich nur Augenwischerei. Das letzte, was zählt, ist der Klient. Es geht ja auch viel um Fordern. Also diese Eigenleistungen werden ja ganz stark betont. Real ist, dass eigentlich keine Zeit bleibt, um sich wirklich um die Leute zu kümmern im Sinne von längere Gespräche führen, um herauszufinden, wo hat denn jemand seine Ressourcen, sondern es wird sehr stark standardisiert vorgegangen mit einem Profilingbogen und was mein großes Problem immer beim

SGB II ist: Es wird immer die Ursache für Arbeitslosigkeit und Hilfsbedürftigkeit im Einzelnen gesehen und nicht im System. Das ist das Hauptproblem.

– Bezüglich darauf würde mich noch folgendes interessieren: In der Case Management-Literatur wird sehr häufig betont, dass es nicht darum geht, einen Menschen, sondern eine problematische Situation, den Fall, zu managen. Gerade diese Sichtweise aber wird dem Ansatz auch als Kritik entgegengehalten. Nämlich dass durch die verengte, fallbezogene Sichtweise zwar der Fall gemanaged wird, sich an den großflächigeren gesellschaftlichen Problemen und Umständen, die die Problematik allererst hervorrufen, nichts ändert und somit gesellschaftliche Problemlagen individualisiert würden. Halten Sie diese Kritik für berechtigt?

Frau R.: Das ist natürlich eine Missinterpretation, wo man sagen muss, da findet eine Instrumentalisierung statt. De facto ist es ja nicht so. Es wird, also, wenn ich mir den Einzelfall betrachte, komme ich immer auf eine Systemebene, wenn ich das gründlich mache. Und da geht es immer darum, welche, natürlich kann ich daraus Rückschlüsse auf die allgemeine politische Situation schließen, aber wenn ich mir den Einzelfall anschaue und schaue, was hat der letztendlich im Umfeld für Angebote, dann merke ich natürlich schon, ich habe ein Stadt-Land-Gefälle. Jemand, der in der Pampa wohnt, hat bestimmte Angebote nicht zur Verfügung, während er sie in der Stadt überdimensioniert hat. Aber letztendlich muss man sagen, ist es vom Ansatz her richtig, den Einzelfall zu betrachten, weil pauschale Angebote eben für den Einen passend sind, für den Anderen

eher nicht passen sind. Es ist natürlich, ja, die Gefahr ist da, das ist ganz klar. Das merkt man auch, dass es dafür instrumentalisiert wird. Auch dieses plötzliche ‚Umswitchen' von der Total-Hängematte, also jeder kriegt alles, also die Totalversorgung, und plötzlich soll man alles selbstständig und aus eigener Kraft lösen. Das geht eben nicht, sondern im Case Management geht es ja zuerst einmal darum, ist jemand überhaupt in der Lage, das zu tun: selbst mitzuwirken, mitzubestimmen und so weiter. Und der Prozess der Herstellung dieser Mitwirkungsmöglichkeiten, das ist ja auch ein Teil von Case Management.

– Worin bestehen für Sie die genauen Vorteile managerieller Techniken wie Assessment, Zielvereinbarung und Hilfeplanung, Durchführung und Leistungssteuerung, Monitoring und Evaluation?

Frau R.: Gut, das ist halt eine Disziplinierung innerhalb derer man sich überlegen muss, wie man vorgeht. Wobei man, ich merke auch, dass man von den Zeitanteilen oder von der Intensität her doch variieren muss je nach Zeitdruck, dass es auch vom Kontext abhängig ist. Aber grundsätzlich finde ich das ganz Entscheidende, dass man den Schwerpunkt eben auch über Durchführungsüberwachung und Auslegung legt. Das ist ja eigentlich entscheidend, um dann zu sagen: Ist das, was wir anbieten, das, was wir tun, eigentlich noch das Richtige. Das zu überprüfen. Also nicht von der Seite her zu gehen, das hört sich theoretisch gut an, sondern ist es praktisch tatsächlich auch eine Unterstützung oder ist es eher ein Hemmnis. Das betrifft zum Beispiel alles, was mit Fördermaßnahmen nach SGB II und III zu tun hat. Da hat sich irgendwann nach 20 Jahren ja keiner mehr Gedanken gemacht, ob das noch das Richtige ist. Das würde ich auch jetzt noch in Frage stellen, ob es einem Arbeitssuchenden hilft, der das dritte Bewerbungstraining hintereinander bekommt. Also, diesen Kreis zu schließen, und immer wieder zu überprüfen: Ist das, was ich tue denn richtig. Ist das, was ich geplant habe denn richtig gewesen. Und dann alles darauf abzustimmen. Dann fängt man nämlich von vorne auch wieder an. Da muss man ja ganz anders Assessment betreiben und muss ganz anders Ziele definieren und Hilfe planen, wenn man sie am Ende überprüfen will. Also da sehe ich schon einen großen Vorteil drin.

– Case Management kann also auch als ein Verfahren oder Instrument zur Qualitätssicherung...

Frau R.: ...ja, zur Professionalisierung und zur Qualitätssicherung, natürlich. Weil wir ja auch Prozesse auswerten, wie gut waren unsere Dienstleister, wo haben wir einfach Lücken, wo müssen wir feststellen, dass wir da einfach in einer Einbahnstraße uns befinden. Das ist einfach so. Das ist natürlich auch schwierig, weil teilweise auch Partner, die uns lieb und teuer sind, plötzlich Leistungen nicht erbringen so wie wir es vereinbart hatten.

– In der Literatur wird der Case Management-Ansatz oftmals unter dem Motto: „Alter Wein in neuen Schläuchen" abgehandelt und somit kritisiert, dass durch die Einführung wohlklingender und professionell wirkender Semantiken letztlich nur eine Umbenennung der ohnehin stattfindenden Abläufe erfolgt. Wie stehen Sie zu dieser Kritik?

Frau R.: Gerade in der Sozialen Arbeit kann ich es überhaupt nicht nachvollziehen, weil man dort eigentlich immer an der einzelnen

Person arbeitet, also ganz stark, also deswegen die Argumentation, die sie vorher gesagt haben, das ist ja eben genau anders herum. Da geht es ja immer um die Beziehung, um den Einzelnen, sein unmittelbares Umfeld. Und wenn ich da im Prinzip Veränderungen herbeiführe, dann verändert sich auch die Gesamtsituation. Und auf der anderen Seite habe ich eine extreme Antihaltung gegenüber der gesamten politischen Ebene, der Strukturebene. So. Jetzt „Alter Wein in neuen Schläuchen": Natürlich gehe ich auf den Einzelnen und seine Situation ein, aber diese Netzwerkebene, die Systemsteuerungsebene, die fehlt in der sozialen Einzelfallarbeit total. Also, ich gehe ja nicht her und sage, ausgehend von meiner Klientensituation kümmere ich mich jetzt darum, dass diese Beratungsstelle jetzt andere Öffnungszeiten hat oder dieser Leistungsträger bestimmte Angebote mit dazu nimmt. Sondern ich bin ja völlig in meiner Eins-zu-Eins-Beziehungsebene gefangen. Also ich gehe auch nicht raus in dem Sinne. Also von daher finde ich es nicht in Ordnung. Außer ich führe es ganz weit zurück, auf was weiß ich, Florence Nightingale oder so etwas. Oder die Streetworker, die würden aus meiner Sicht auch am ehesten da noch reinpassen. Also aufsuchende Sozialarbeit und alles, was da reinfällt.

– In Bezug auf die Einführung hier im Unternehmen. Wie beurteilen Sie die Gefahr der Inflation bzw. der ungenauen Abgrenzung, d.h. dass plötzlich alles das, was zuvor auch schon, zumindest auf ähnliche Weise getan wurde, jetzt Case Management genannt wird?

Frau R.: Die Gefahr ist deshalb relativ gering, also, sie natürlich auf der nominellen Ebene immer da.

Aber dadurch, dass wir es von vornherein sehr sehr klar definiert haben. Die unterschiedlichen Ebenen, also wo man sagt, es gibt ein übergeordnetes Case Management, es gibt ein internes Case Management im Sinne von Überleitungsmanagement und es gibt ansonsten den ganz normalen Unternehmensablauf hier. Und dadurch sind die Ebenen eigentlich klar definiert. Dass es immer noch als Schlagwort benutzt wird, ist klar. Aber ich glaube, die Abgrenzung ist jedem klar.

– Sehen Sie die Gefahr, dass die Implementierung von Case Management auf der Ebene der Fachkräfte, also der internen Case Manager, auch als eine Art von Verantwortungsabwälzung, bloßer Mehrarbeit oder gar Überforderung erlebt werden könnte?

Frau R.: Am Anfang vielleicht. Aber im Endeffekt sind ja die Tätigkeiten, die gemacht werden müssen, einfach nur besser strukturiert. Ich habe die Arbeit anders organisiert und setze an einer anderen Stelle an. Und ich glaube, dass unterm Strich die Fachkräfte davon profitieren, weil sie viele Informationen, die sie sonst mühselig zusammensuchen müssen oder wo sie einfach Folgen von Informationsdefiziten abarbeiten müssen, dass das für sie einfach optimaler ist, wenn natürlich dann auch entsprechende Rahmenbedingungen geschaffen werden, d.h. es kann nicht sein, dass ich es in meiner Freizeit in Form von Überstunden ableiste, sondern es muss integriert sein in meine Stellenbeschreibung. Dann, glaube ich, wird es auch als Mehrwert betrachtet.

– Wie beurteilen Sie die Entwicklungen innerhalb der
Belegschaft? Auf welche Widerstände stoßen Sie durch die Einführung des Ansatzes bzw. inwiefern lässt sich erkennen, dass die Kompetenzen nun klarer verteilt sind und die Abläufe somit effektiver und effizienter ablaufen?

Frau R.: Also Widerstände, wie gesagt, überwiegend auf der mittleren Ebene, also Pflegedienstleitung und Heimleitung. Nicht ganz klar benannt. Aber im Sinne von: Ihr macht mir Kompetenzen streitig oder kann ich das überhaupt meinen Fachkräften zumuten. Es geht also grundsätzlich um den Ansatz: Wer ist Experte? Und da haben aus meiner Sicht die Fachkräfte durchaus auch eine Expertenrolle oder sie sind ja auch am nächsten am Patienten und seinen Angehörigen dran. In Bezug auf Entwicklungen: Woran man es ganz stark merkt, in bestimmten Situationen sofort zu wissen, aha, da muss ich jetzt mal die Case Managerin fragen oder auch zu denken, o.k., da ist jetzt ein Problem, das darf ich jetzt nicht ausblenden, sondern da habe ich vielleicht jemanden, den ich fragen könnte. Und der Blick vielleicht, der sich verändert.

– Würden Sie selbst von sich behaupten, dass sich seit der intensiven Beschäftigung mit dem Thema Case Management Ihre Sicht auf Probleme und schwierige Konstellationen innerhalb der sozialen Welt verändert hat und wie würden Sie diese Veränderung beschreiben?

Frau R.: Also, wo ich den Hauptmehrwert sehe, ist tatsächlich die Stärkung der Klienten und der Angehörigen. Darin, Herr ihres eigenen Hilfeverfahrens zu werden. Also dass ich merke, es geht gar nicht so sehr um medizinische, pflegerische Sachen, ob es nun dieses oder jenes Gerät ist, sondern es geht vielmehr darum, sich klar zu machen, wo geht es lang, wo geht es hin, wo will ich eigentlich hin. Und auch zu merken, es ist nicht irgendetwas, was mit mir geschieht, wo ich passiv bin, sondern was ich mitsteuern und mitgestalten kann. Und dann kommt eine unheimliche, ja, auch eine andere Norm, die dann auch genutzt werden kann. Im Endeffekt ist es ja so, dass wir genau das beobachten. Also, dass es erstmal ganz findige Lösungen gibt jenseits sind von kosten- und arbeits-intensiven Leistungen vom Angebot. Das ist schon gut.

– Noch eine letzte Frage: Insbesondere die zahlreichen Assessmentverfahren verleiten dazu, den Menschen nach Assessment-punkten einzuschätzen und ihn dementsprechend zu behandeln. Sehen Sie die Gefahr, dass die so genannten weichen Faktoren des zwischenmenschlichen Zusammen-lebens durch harte, mathematisch berechenbare und statistisch aufbereitbare Faktoren abgelöst werden?

Frau R.: Also das sehe ich durchaus, weil ich der Meinung bin, dass – also bei uns hier in Deutschland, das ist in anderen Ländern ja ein bisschen anders – viel zu stark auf standardisierte Instrumente gegangen wird. Natürlich hat das auch einen Mehrwert, aber ich muss es immer auch kombinieren mit bestimmten Beratungs- oder Gesprächsmethoden. Also ich muss bei vielen Menschen ja erstmal die Möglichkeit schaffen, einen Bedarf oder ein Bedürfnis zu äußern. Das kann manchmal schon dauern, bis Leute erst mal in der Lage sind, ihre Problemsituation nicht nur als reine Problemsituation zu betrachten, sondern auch mögliche Lösungen erstmal zu suchen oder zu entwickeln. Also,

wenn ich das Ernst nehme, dann muss ich andere Gesprächsformen auch während des Assessments, gerade um herauszufinden, was sind die wirklichen Bedürfnisse, was möchte jemand und so weiter. Grundsätzlich im Assessment-bereich: Es gibt kaum einen Schritt, wo es so wahnsinnig viel Zeug gibt. Also Assessmentverfahren gibt es ja wie Sand am Meer und jeder verwendet so was anderes. Also es ist eine Illusion zu glauben, jeder würde – je nach Segment – nach einem gleichen arbeiten, sondern jedes Jugendamt und wenn es nur zehn Kilometer weiter weg ist, hat eigene Bögen. Und das Problem ist natürlich auch, dass ich das alles nicht nutze. Also, man weiß wahnsinnig viel, ich sage immer, man hat Informations-halden über Menschen und letztendlich macht man damit aber nichts. Ich kann doch nur das abfragen, wo ich dann letztendlich auch selber was damit anfange, also wo ich dann eine Hilfe anbieten kann. Ich muss doch nicht alles wissen über die psychische oder sonstige Verfassung, wenn ich überhaupt keine Leistungen habe, die damit irgendetwas zu tun haben. Und das ist im Kontext SGB II ganz gefährlich, weil man ja genau sagt, indirekt hat ja mehr oder weniger alles mit Arbeitsvermittlung zu tun. Und das ist ein ganz gefährlicher Schritt. Das gab es im SGB III eigentlich nicht. Da hat man ganz klar gesagt, also Eingliederungs-perspektive hat zunächst immer nur etwas mit Kompetenzen und mit Qualifikationen zu tun und mit regionaler Arbeitsmarktsituation. Mittlerweile ist man so, nun gut, ich werde schon irgendetwas finden in deiner Biographie, wo man sagt, also, wenn ich so etwas mitmachen müsste, ich würde Amoklaufen, ja. Also psychisch Kranke zum Beispiel, die haben ja Zugangshürden zu Angeboten, die werden inquisitorisch befragt über ihre ganze Biographie und ob sie eine Einsicht haben in ihre Erkrankung oder ihre Sucht oder ich weiß nicht, was alles. Wenn man denkt, das ist der gläserne Mensch und hinterher mache ich ja nichts, ich biete ihm ja nichts an Unterstützung. Das ist das Problem. Also Assessment schön und gut. Wir machen ja auch FIM[203]. FIM machen wir aber, gut, das misst den Pflegebedarf, da kann ich sagen, gut, meine Aufgabe ist auch, jemanden so zu pflegen, dass er am Ende besser dasteht als am Anfang, wenn wir ihn aufgenommen haben. Das kann ich damit nachweisen. Aber es sagt gar nichts über die Umfeldsituation aus. Es sagt gar nichts über die einzelnen Möglichkeiten, die jemand hat. Also, da werde ich nie weit mit kommen, mit einem standardisierten Assessment, sonst muss ich so ein riesiges Instrument machen, da bin ich ja schon einmal ein halbes Jahr damit beschäftigt. Ich habe für so etwas keine Zeit.

Also wenn ich gucke, wie schnell ich letztendlich die Akteure zusammenholen muss, wie schnell ich mir ein Bild machen muss, da komme ich mit so einem riesigen Instrument überhaupt nicht durch. Da verzichte ich an dieser Stelle drauf. Da mache ich auch keinen RAI[204]. Weil ich sage, innerhalb von zwei Wochen soll der irgendwo anders hin verlegt werden. Das ist viel zu viel Aufwand. Ich muss die wesentlichen Punkte wissen und die haben viel mehr mit der Umfeldsituation zu tun. Das kann ich nur aus Gesprächen feststellen und das ergibt sich dann, das lässt sich gar nicht abfragen.

– *Vielen Dank für das ausführliche Gespräch.*

---

[203] FIM (Functional Independence Measure): Standardisiertes Assessmentinstrument zur funktionalen Selbstständigkeitsmessung zu pflegender Personen.

[204] RAI (Resident Assessment Instrument): Screening-Instrumente, die auf den jeweiligen Bereich der pflegerischen Versorgung abgestimmt sind.

WANDLUNGEN IM SOZIALPÄDAGOGISCHEN (HILFE-) FELD, ODER: VOM PROFESSIONALISMUS ZUM MANAGERIALISMUS

> „It doesn`t matter wheater social workers carry a bible or a communist manifesto under their arm – what counts is what works."
> ***TONY BLAIR***

Diese grundlegenden Veränderungen im sozialpolitischen Feld werden sich nun – so die These – vermittelt über die Meso-Ebene der Institutionen bis hin zur spezifischen Berater-Klienten-Beziehung auswirken und konkretisieren. Im folgenden Kapitel soll nun diese Schnittstelle der Institutionen, von der Disziplin der Sozialen Arbeit im Allgemeinen bis hin zu konkreten institutionellen Begebenheiten im Speziellen, daraufhin beobachtet werden, inwieweit sich die oben beschriebenen sozialpolitischen Entwicklungen auswirken, welche institutionellen Veränderungen sich abzeichnen, sowie und vor allem welche Rolle der Case Management-Ansatz in diesen Wandlungsprozessen einnimmt.

Die Tatsache, *dass* sich Sozialpolitik auf die Arbeitsweisen und Methoden der Sozialen Arbeit[205] auswirkt, erscheint hinsichtlich des *„doppelten Mandat[s]"*[206], dem sich der Sozialarbeiter gegenübersieht, nicht weiter fraglich. Diese fragile Stellung zwischen den Interessen des Sozialstaates und den Interessen des Klienten gilt schließlich als charakteristisches Merkmal sozialarbeiterischen Handelns, dem daran gelegen ist, *„ein stets gefährdetes Gleichgewicht zwischen den Rechtsansprüchen, Bedürfnissen und Interessen des Klienten einerseits und den jeweils verfolgten sozialen Kontrollinteressen seitens öffentlicher Steuerungsagenturen andererseits aufrechtzuerhalten"*[207]. Auf diese Weise sind die Vertreter und die Institutionen Sozialer Arbeit geradezu prädestiniert, zum Einfallstor für das auf der Ebene der Sozialpolitik aufgezeigte *„Projekt der Managerialisierung und [..] der Neo-Liberalisierung"*[208] zu werden. Ebenso werden sich die Tendenz zu aktivierenden Strategien, sowie die zunehmende Individualisierung gesellschaftlicher Problemlagen in den Theorien

---

[205] Im Folgenden soll keine weitere Differenzierung zwischen Sozialarbeit und Sozialpädagogik vorgenommen werden. Soziale Arbeit dient als Oberbegriff für die ‚Arbeit am Sozialen' (vgl. Kunstreich, 1997) und integriert so sowohl sozialpädagogisches als auch sozialarbeiterisches Handeln. (vgl. weiterführend: Kreft/Mielenz, 2005)
[206] Böhnisch/Lösch, 1998, S. 367.
[207] Böhnisch/Lösch, 1998, S. 368.
[208] Ziegler, 2006, S. 140.

und Methoden der Sozialen Arbeit niederschlagen. Schließlich bietet sich Soziale Arbeit in diesem Zusammenhang als Aktivierungsinstanz förmlich an.[209]

Die rasche Ausbreitung und die Dominanz des Case Management-Ansatzes können somit durch diese Betrachtungsweise weder auf die Überlegenheit innerhalb des wissenschaftlichen Feldes und der darin stattfindenden feldinternen Kämpfe noch auf die institutionellen Rahmenbedingungen allein reduziert werden, sondern müssen als die Folge eines Konglomerats aus sozialpolitischen Forderungen und den Ansprüchen und Grundmustern des sozialpädagogischen Feldes verstanden werden. Somit muss der Erfolg dieser Methode auf mehreren Ebenen und quer zu bestehenden Feldgrenzen untersucht werden.

Während die Methodenlandschaft der Sozialen Arbeit noch bis in die 1970er Jahre hinein relativ übersichtlich erschien und sich grob in die drei Blöcke Einzelfallhilfe, Soziale Gruppenarbeit und Gemeinwesenarbeit einteilen ließ[210], so ist die aktuelle Praxis methodischen Arbeitens vor allem durch Spezialisierung und Pluralismus charakterisiert. Diese Aufsplitterung kann auch als Gegenbewegung zu den methodenkritischen Entwürfen der Studentenbewegung angesehen werden, die die Methoden der Sozialen Arbeit als *„repressiv-tolerante Herrschaftsinstrumente"*[211] zurückwiesen und stattdessen übergeordnete gesellschaftliche Orientierungen, wie die parteiliche, emanzipatorische oder Lebensweltorientierung, als Richtschnur sozialarbeiterischen Handelns einforderten. Diese erwiesen sich letztlich allerdings als zu unscharf, um den zunehmenden Forderungen nach Effizienz und Effektivität gerecht zu werden, so dass heute eine breite Palette an Methoden und Arbeitsweisen besteht[212], die zur Lösung sozialarbeiterischer Problemlagen herangezogen werden. Dabei tragen vor allem auch die für das sozialpädagogische Feld charakteristische Komplexität und die fehlende Begrenzung von Problemen, sowie das ihm zugesprochene Technologiedefizit, nach dem aufgrund der strukturellen Komplexität sozialer

---

[209] Vgl. Kessl/Otto, 2004, S. 11.
[210] Vgl. Krauß, 2006, S. 126.
[211] Krauß, 2006, S. 127.
[212] Als die wichtigsten erscheinen: (sozial-)pädagogische Beratung, klientenzientrierte Beratung, mulitperspektivische Fallarbeit, Case Management, Mediation, rekonstruktive Sozialpädagogik, Erlebnispädagogik, TZI, Empowerment, Familientherapie, Streetwork, Supervision, Selbstevaluation, Sozialmanagement, Jugendhilfeplanung. Vgl. ausführlich hierzu: Galuske, 2005.

Prozesse beabsichtigte Wirkungen prinzipiell nicht vorhersehbar sind[213], dazu bei, dass es *die* Methode der Sozialen Arbeit nicht gibt und auch nicht geben kann[214].

Dass die Methode des Case Management dennoch eine so herausragende und expandierende Rolle einnimmt, dürfte neben der sozialpolitischen Passgenauigkeit (siehe oben) auch der scheinbaren Überwindung des Technologiedefizits und somit der Kontingenz sozialarbeiterischen Handelns geschuldet sein. Allein die Umbenennung des Sozialarbeiters in einen ‚Case Manager' vermag diesen Wandel zu verdeutlichen. Etymologisch entstammen die über den englisch-amerikanischen Sprachgebrauch eingeführten Begriffe ‚Management' und ‚Manager' dem Italienischen und gehen dort auf das Verb *maneggiare* ‚handhaben, bewerkstelligen'[215] zurück. Das lateinische Stammwort *manus* ‚Hand' wird dabei mit dem Verb *agere* ‚führen, treiben, verhandeln' verbunden, wobei fraglich bleibt, ob die Verbindung aus *manu agere* ‚mit der Hand arbeiten' oder aber aus *manus agere* ‚an der Hand führen, ein Pferd in allen Gangarten üben' entstand. Timon Beyes hält allerdings die zweite Variante für wahrscheinlicher, da hier die begriffliche Basis *„für die zweckrationale Kontroll- und Disziplinierungsfunktion des Managements liegen könnte"*[216]. Nach dem Ende des 2. Weltkriegs werden die Originalbegriffe ‚Management' und ‚Manager' über die Betriebswirtschaftslehre ins Deutsche eingeführt und bezeichnen dort heute erstens die Führung von Organisationen aller Art, insbesondere Wirtschaftsunternehmen und zweitens die Gesamtheit der Personen, die diese Funktion ausüben.[217] Zunehmend kolonisierte der Management-Begriff aber auch die Alltagssprache, führte zu Neologismen wie Selbstmanagement, Familienmanagement etc. und bezeichnet hier vor allem das Handhaben oder Bewältigen von Problemsituationen. Dabei ist vor allem die Einteilung in die Prozessschritte Planung, Organisation, Durchführung und Kontrolle[218] charakteristisch, die sich im Case Management-Ansatz als Assessment,

---

[213] Dies bedeutet im Umkehrschluss: *„Selbst wenn sich ein gewünschtes Ereignis (eine Wirkung) einstellt, lässt sich nicht mit Sicherheit sagen, ob sich dieses Ereignis aufgrund einer Intervention oder trotz dieser eingestellt hat."* (Spiegel, 2006, S. 42). Die These vom Technologiedefizit entstammt zwar ursprünglich systemtheoretischem Denken (vgl. Luhmann/Schorr, 1979), kann allerdings auch in zahlreichen anderen (sozial-)pädagogischen Traditionen auf der Grundlage anderer Semantiken aufgefunden werden (vgl. vor allem die geisteswissenschaftliche und kritische Traditionslinie) und kann heute zu den Grundthesen einer Theorie der Sozialen Arbeit gerechnet werden.
[214] Vgl. Galuske, 2005, S. 42.
[215] Vgl. Duden, 2001, S. 504.
[216] Beyes, 2003, S. 87.
[217] Vgl. Knape, 2001, S. 843.
[218] Vgl. Knape, 2001, S. 844.

Zielvereinbarung und Hilfeplanung, Durchführung und Leistungssteuerung, Monitoring und Evaluation wieder finden. Der Case Manager vermag so komplexe soziale Problemlagen auf ‚handhabbare' und zu bearbeitende Zielvereinbarungen zu reduzieren, die anschließend begleitet, evaluiert und schließlich auch optimiert werden können. Somit wandelt sich das Verständnis Sozialer Arbeit vom ergebnisoffenen, riskanten und kontingenten Handeln hin zu einem kontrollierten, überprüfbaren und somit vermeintlich wissenschaftlich begründeten Handeln im Sinne der Poiesis.[219] Diese Etablierung managerieller Denkweisen innerhalb der Sozialen Arbeit resultiert dabei nicht nur aus sozialpolitischen Entwicklungen, wie der Forderung nach Effektivitäts- und Effizienznachweisen, der Einführung wettbewerblicher Elemente und den daraus resultierenden Veränderungen in den gesetzlichen Rahmenbedingungen für Institutionen der Sozialen Arbeit, sondern auch aus den offenkundig gewordenen Defiziten beim Betreiben sozialer Einrichtungen und der daraus abgeleiteten positiven Bewertung managerieller Sichtweisen.[220]

Insbesondere die institutionell und gesetzlich verankerte Orientierung an Effizienz- und Effektivitätskriterien[221] führt aber zu einer Aufwertung managerieller Arbeitsweisen. Durch die bereits angesprochenen, von der KGSt propagierten Verwaltungsreformen im Rahmen des Neuen Steuerungsmodells sollen Kommunen schließlich zu Dienstleistungsunternehmen umgebaut und mittels Gestaltungsgrundsätzen der neueren Managementlehre modernisiert werden. Vor allem die Verschiebung von der Input- hin zur Outputorientierung stellt sich hierbei als ein zentrales Element der Verwaltungsmodernisierung dar. Das heißt, dass nun nicht mehr die zur Verfügung stehenden Produktionsmittel, sondern die erbrachten Leistungen (Produkte) oder auch die durch die Leistungen erreichten Wirkungen als Ausrichtungsmaßstab des Verwaltungshandelns dienen sollen.[222] Die Überlegungen zur Effizienz- und Effektivitätsverbesserung basieren folglich darauf, dass es möglich sei, *„in hinreichender Klarheit Ziele durch Verträge, Ausschreibungen, Kennziffernsysteme oder Kontrollsysteme vorzugeben*

---

[219] Vgl. Beyes, 2003, S. 87: *„Managementhandeln wird gewöhnlich nach dem Vorbild der Poiesis aufgefasst und modelliert."*
[220] Vgl. Merchel, 2005, S. 840.
[221] Hierbei bezeichnet Effizienz *„die mengenmäßige Beziehung zwischen Produktionsergebnis und dem zu dessen Erzielung erforderlichem Aufwand an Ressourcen bzw. Produktionsfaktoren"* (Nullmeier, 2005, S. 431), Effektivität hingegen bewertet *„das Verhältnis zwischen öffentlichen Zielen und realisiertem Ouutput/Outcome staatlichen Handelns"* (Nullmeier, 2005, S. 432).
[222] Vgl. Schedler/Proeller, 2003, S. 63.

und deren Einhaltung zu überwachen"[223]. Diese Annahme scheint aber gerade in (sozial-)pädagogischen Beratungssituationen als durchaus ambivalent. Schließlich findet eine falsche Kostenrechnung statt, wenn in den Beratungen Leistungen erbracht werden, die nicht in den vorgefassten Produktbeschreibungen aufgehen. Beratungen erscheinen als zu teuer, während die nicht-erfassten kommunikativen oder sozialen Leistungen über die Beratung hinaus, die einen wesentlichen Beitrag zur ‚Outcome-Realisierung' leisten können, als kostenlos erbracht gelten.[224] Somit muss das Ziel darin bestehen, die Leistungen möglichst genau und differenziert zu erfassen und als Output- und Outcome-Ziele zu vereinbaren. Können allerdings bestimmte Leistungen aus Gründen der Operationalisierbarkeit nicht in die Zielkataloge aufgenommen werden, entstehen falsche Kostenzurechnungen. Somit liegt die große Schwierigkeit der Wirkungsorientierung im Nachweis gültiger Ursache-Wirkungs-Beziehungen.[225]

Letztlich kann Case Management somit als Verfahren der Produktbeschreibung und –vereinbarung angesehen werden, das aus Gründen der Qualitätssicherung[226] eingeführt wird, da es aufgrund der Dokumentationspflicht auch ermöglicht, die Einhaltung des Vertrages zu überprüfen und die Wirksamkeit des Verfahrens ex post zu evaluieren. Da es allerdings oftmals sehr schwierig und aufwendig ist, Wirkungen nachzuweisen, und vor allem sehr schwer möglich ist, diese auf bestimmte Leistungen zurückzuführen (vgl. Technologiedefizit), werden häufig die faktisch entstehenden Kosten für die erbrachten Leistungen (Output) verglichen, ohne diese in einen Zusammenhang mit den Wirkungen (Outcome) zu setzen[227]. Dies führt zu einem verkürzten, auf ökonomische Bezugsgrößen reduzierten Qualitätsbegriff. Konkret gewendet: Derjenige Case Manager erhält die besten Evaluationsergebnisse, der in kürzester Zeit die meisten bearbeiteten Fallzahlen aufweisen kann.

Dabei erscheint sowohl die beschriebene vermeintliche Überwindung des Technologiedefizits als auch das Bestreben nach Qualitätssicherung durch Produktbeschreibung und Evaluation eingebettet in die Forderungen und Strukturen aktivierender Sozialpolitik. Diese verfolgt auf der institutionellen

---

[223] Nullmeier, 2005, S. 432.
[224] Vgl. Nullmeier, 2005, S. 433.
[225] Vgl. Schedler/Proeller, 2003, S. 63.
[226] Vgl. Heite, 2006, S. 204: *„In diesem Sinne wird für die Einführung von Case Management vor allem bezogen auf die Qualitätsdebatte argumentiert, da die Profession mittels Case Management der Forderung nach Qualitätssicherung und Qualitätsentwicklung nachkommen könne."*
[227] Vgl. Spiegel, 2006, S. 251.

Ebene konkrete und operationalisierbare Ziele: Zunächst das Entwicklungsziel einer effizienten, effektiven und gerechten staatlichen Aufgabenerfüllung, zweitens das Verhaltensziel einer kontinuierlichen Verbesserung zentraler Aspekte der Aufgabenerfüllung, sowie schließlich das Akzeptanzziel der Verpflichtung gegenüber den Bürgern, die den obersten Bezugspunkt aller Aktivierungsmaßnahmen darstellen.[228] Der Bürger soll gezielt und in Anbetracht der jeweils zur Verfügung stehenden Ressourcen befähigt und somit zum Koproduzenten öffentlicher Leistungen werden. Mit dieser Durchsetzung aktivierender Sozialpolitik wird die Aufgabenstellung Sozialer Arbeit in einen Kontext gestellt, der mit der Metapher ‚investment in human capital' umschrieben werden kann. Aktivierende Soziale Arbeit ist schließlich nicht länger als generelle Unterstützung der Lebensbewältigung zu verstehen, sondern vielmehr als Verlängerung des sozialstaatlichen Ziels der Investition in diejenigen, *„die einen produktiven Beitrag zum ‚Gemeinwohl' beizutragen haben"*[229]. Indem das Leitbild des aktivierenden Staates an den Schnittstellen zwischen individuellen und gemeinschaftlichen Interessen ansetzt und im Sinne eines Rational-Choice-Ansatzes[230] davon ausgeht, dass jedes Individuum bestrebt ist, seinen individuellen Nutzen zu optimieren, wird gerade das klassische Klientel Sozialer Arbeit – soziale Akteure, die mit wenig Kapital ausgestattet sind und/oder sich in einer psychischen oder sozialen Krisensituation befinden – als defizitär und verbesserungswürdig beschrieben. Gerade *deren* Subjektivität muss aktiviert und marktförmig arrangiert werden.

Dass diese Transformation nun seinerseits nicht im Sinne staatlicher Bevormundung und Gängelung, sondern vielmehr mittels aktivierungstheoretischer Instrumente wie Verantwortungsteilung, Koproduktion, Dialogorientierung und Leistungsaktivierung[231] vollzogen wird, verweist lediglich auf eine ‚neosoziale'[232] Umprogrammierung sozialpolitischer Programme auf strikt sublime Regierungsweisen. Es geht weniger um die Disziplinierung der Akteure als um die Gestaltung von Handlungsarrangements und eine *„Generierung sozialer Regulationsformen, die nicht über die Autonomie der*

---

[228] Vgl. Fretschner u.a., 2003, S. 42.
[229] Dahme/Wohlfahrt, 2005, S. 15.
[230] Siehe ausführlich: Kunz, 2004.
[231] Vgl. Fretschner u.a., 2003, S. 42.
[232] Diese Wortschöpfung aus dem Lager der Liberalen (vgl. Westerwelle, 2005) steht bezeichnend für die Verschmelzung von neoliberalen und sozialen Programmen und wird von Vertretern Kritischer Sozialpädagogik (vgl. Kessl/Otto, 2003 u. Kessl, 2005a) seit geraumer Zeit auf seine Wirkungen innerhalb der Sozialen Arbeit hin beobachtet.

Akteure hinweg agieren, sondern versuchen, diese zu lenken, zu kanalisieren und aktiv zu nutzen"[233]. Die Methoden der Sozialen Arbeit werden ihren Fokus deshalb weniger auf die Defizite und Schwächen sozialer Akteure als auf die Potentiale, Stärken und die Möglichkeiten ihrer Aktivierung richten.

Vor allem im Rahmen der Debatte um personenbezogene soziale Dienstleistungen[234] vollzog sich dabei eine schleichende ideologische Aufwertung von Begriffen wie Kundenorientierung, Koproduktion oder Vertrag. Die Angebote der Sozialen Arbeit, die sich wie andere personenbezogene Dienstleistungen auch durch ihre Nicht-Stofflichkeit, Nicht-Lagerfähigkeit, die Inhomogenität der Produkte, das uno-actu-Prinzip[235], sowie die Interaktionsintensität[236] auszeichnen, werden als Dienstleistungen aufgefasst und sind auf diese Weise in der Lage, zum einen die notwendige Beteiligung der Adressaten, ein relativ machtfreies Verhältnis zwischen Adressaten und Professionellen, sowie die Problematik der Herstellung eines Passungsverhältnisses zwischen Angebot und Nachfrage[237] zu beschreiben. Dienstleistungen der Sozialen Arbeit sind folglich grundsätzlich mit jeder anderen Dienstleistung vergleichbar: *„Kapital, Arbeitskraft, Know-how fließen ein (Input), werden in der Organisation durch Kombination der Produktionsfaktoren umgestaltet (Transformation) und führen zu einer Dienstleistung (Output)."*[238]

Das durch diese Angebot- und Nachfragestruktur scheinbar aufgelöste Spannungsverhältnis zwischen gesellschaftlicher Aufgabe und individueller Hilfe in der Sozialen Arbeit bleibt allerdings faktisch erhalten, da der gesellschaftliche Auftrag und die dadurch entstehenden Grenzen der Institutionen und der Interventionen bestehen und im Sinne des ‚doppelten Mandats' konstitutives Element Sozialer Arbeit bleiben. So neigt der Dienstleistungsbegriff dazu, durch neoliberale Interessen besetzt zu werden und – auf diese Weise umgedeutet – das Prinzip politischer Partizipation durch marktförmige Nachfragestrukturen zu

---

[233] Ziegler, 2003, S. 104.

[234] Die Dienstleistungsdebatte innerhalb der Sozialen Arbeit wurde zwar im Zuge der Ausweitung des tertiären Sektors und der ‚Ausrufung' der Dienstleistungsgesellschaft (vgl. Bell, 1976) bereits in den 1980er Jahren angestoßen, entfaltete ihre volle Wirkung allerdings erst in den 1990er Jahren als marktorientierte Veränderungen im Wohlfahrtsstaat expandieren. Charakteristisch für die Diskussion erscheint dabei, dass sowohl ein marktorientierter, durch betriebswirtschaftliche Prinzipien gekennzeichneter als auch ein personenbezogener, professionstheoretisch begründeter (vgl. Dewe, Otto, Schaarschuch) Diskussionsstrang versuchen, den Dienstleistungsbegriff zu etablieren und für die Veränderungen innerhalb der Sozialen Arbeit nutzbar zu machen.

[235] Das Uno-actu Prinzip gilt als wesentliches Merkmal, mit dem sich eine Dienstleistung von einer Sachleistung abgrenzen lässt: Produktion und Konsumtion fallen zeitlich zusammen.

[236] Vgl. May, 1997, S. 374.

[237] Vgl. ausführlich: Kutscher, 2003, S. 18ff.

[238] Klug, 2003, S. 166.

ersetzen.[239] Indem der Ansatz des Case Management explizit als Dienstleistungsangebot entwickelt wurde[240], um ‚Kunden' durch Heranziehung interner und externer Ressourcen (in Form weiterer Dienstleistungsangebote) durch krisenhafte Situationen zu begleiten, bedient er sich ausdrücklich ebendieser euphemisierender Semantik.

Die zu ‚Kunden' uminterpretierten Klienten Sozialer Arbeit sollen aufgrund freier Entscheidung den Zugang zu einem Case Management-Verfahren aufnehmen, dort gemeinsam mit dem Case Manager zwischen den verschiedenen Möglichkeiten der Problembearbeitung wählen und schließlich anhand eines auf Koproduktion angelegten Vertrages die schrittweise Behebung der krisenhaften Situation beschließen. Dabei erscheint allein die Unterstellung, bei der Klientel Sozialer Arbeit handele es sich um soziale Akteure, die genau wissen, was sie wollen, und die darüber hinaus über das Vermögen verfügen, rationale und bedürfnisgerechte Wahlentscheidungen zu treffen[241], als überaus fraglich; ausgehend von Bourdieus Habitustheorie als geradezu unmöglich. Wie beschrieben bildet sich der Habitus sozialer Akteure im Zuge von Erziehung, Sozialisation und Bildung, sowie als Resultat der spezifischen Stellung, die der jeweilige Akteur im sozialen Raum einnimmt, als eine Art Dispositionssystem aus, das bewirkt, dass sich die sozialen Akteure gerade ohne bewusste und rationale Kalkulation im jeweiligen Feld bewegen. Sie handeln auf der Grundlage einer feld- und situationsangemessenen *„praktische*[n] *Logik"*[242], die sich von der wissenschaftlichen Logik und Rationalität grundlegend unterscheidet. Aufgrund der Widerspiegelung der gesellschaftlichen Strukturen im Habitus und deren Reproduktion in der Praxis hat *„ihr Handeln immer mehr Sinn, als sie selber wissen"*[243] und muss ausschließlich in krisenhaften Situationen reflektiert und hinterfragt werden. Gerade während dieser krisenhaften Momente werden soziale Akteure schließlich zu Teilnehmern des sozialpädagogischen Feldes.

Zeichnen sich die Methoden und Strukturen dieses Feldes dabei allerdings durch eine unkritische Übernahme managerieller Rationalitäten aus und entwerfen

---

[239] Vgl. May, 1997, S. 371ff.
[240] Vgl., Klug, 2003, S. 166.
[241] Vgl. Voswinkel, 2004, S. 146. Insbesondere in der Arbeit mit Drogen- und Suchtkranken, aber auch mit benachteiligten Jugendlichen oder geronto-psychiatrischen Arbeitsfeldern (in allen Bereichen wird bereits modellhaft der Case Management-Ansatz eingeführt, siehe unter: Weitere Links zum Thema Case Management), wird die Fähigkeit/Bereitschaft zu ‚rationalen' Entscheidungen eher die Ausnahme als die Regel darstellen.
[242] Bourdieu, 1976, S. 228.
[243] Bourdieu, 1993b, S. 127.

das Bild einer Dienstleistungslandschaft, in der sich mündige ‚Kunden' rational und selbstverantwortlich für oder gegen bestimmte angebotene Leistungen entscheiden dürfen (aber auch müssen), so scheint der Schritt nahe, den nicht zum Zuge gekommenen Gruppen die Verantwortung dafür nun selbst zuzuschreiben, dass sie die Dienstleistungen nicht ‚nachgefragt' hätten[244]. *„Zum Kunden* [..] *wird man* [schließlich] *nicht durch Rechte, sondern durch Kauf-, durch Marktmacht. "*[245] Somit tritt der Gefahr eines paternalistischen Zugriffs die Gefahr der *„administrativen Nichtbearbeitung von Mängellagen"*[246] an die Seite, d.h. diejenigen sozialen Akteure, die nicht fähig oder Willens sind, diese *„individualisierte Form der Bringschuld"*[247] zu realisieren, dürfen nicht damit rechnen, in den Genuss der neuen Freiheiten einer marktförmig erbrachten Form der Dienstleistung zu kommen. Gerade soziale Akteure also, deren Positionen sich am weitesten von den Feldern ökonomischer oder managerieller Rationalitäten entfernt sind, werden als Verlierer dieser Umprogrammierung innerhalb der Sozialen Arbeit hervorgehen.

Neben diesen ausschließenden Momenten des Dienstleistungsgedankens lässt sich weiterhin auch innerhalb der aktualisierten Dienstleistungsbeziehung die Rede von Koproduktion und symmetrischen Vertragsbeziehungen zwischen Dienstleister und Kunde, die die bislang vorherrschende bürokratische Bevormundung ersetzen sollen, als bloßes Ideologem entschlüsseln. Schließlich versteht sich geradezu von selbst, dass *„Vertragsbeziehungen zwischen Bürger-Kunden und Dienstleister-Staat alles andere als symmetrisch sind"*[248]. Vor allem durch das Fehlen dienstleistungsrelevanter Grundbedingungen, wie der Regelung von Beschwerdeverfahren, von Partizipations- und einheitlichen Assessmentgrundsätzen, sowie die Kombination von Kundenorientierung und Sanktionierung[249] führen dazu, dass aktivierungspolitisch verursachte Koproduktionsprozesse sich gerade nicht nach dem klassischen Kunden-Lieferanten-Prinzip gestalten. Letztlich ist die Interaktion zwischen Nutzer und Dienstleistungsanbieter auch dadurch hochgradig asymmetrisch, weil der Dienstleistungsanbieter nicht nur die letzte Entscheidung trifft, ob Ressourcen zur Verfügung gestellt werden, sondern auch, in welchem Umfang dies geschieht.

---

[244] Vgl. May, 1997, S. 373.
[245] Voskwinkel, 2004, S. 150.
[246] Ziegler, 2004, S. 190.
[247] Ziegler, 2004, S. 190.
[248] Bröckling, 2004, S. 134.
[249] Vgl. Dahme/Wohlfahrt, 2003, S. 89.

Indem folglich durch diese Politik des Vertrages, die in sozialarbeiterischer Hinsicht zu einer Art Metapher für transparente und professionell gestaltete Interaktionen geworden ist, eine prinzipielle Symmetrie zwischen dem einzelnen Bürger und dem Staat vorausgesetzt wird, kann im Anschluss auch berechtigterweise und moralisch legitim im Gegenzug nach dem Beitrag des Bürgers gefragt werden.[250] Da die ‚Kunden' des Sozialstaates aber gerade unter dem umgekehrten Vorzeichen der fehlenden Zahlungsfähigkeit zum ‚Nachfrager' sozialer Leistungen werden, ist das einzige, das sie als Gegenleistung anzubieten haben, sich *„den staatlich normierten Forderungen der Gegenseite* [...] *zu akkomodieren"*[251]. Somit widerstrebt diese Herabspielung und Euphemisierung der Ungleichheit zwischen Bürger und Staat, zwischen Klient und Professionellem, grundlegend den Anforderungen einer mit Bourdieu zu verwirklichenden rationalen Auffassung Sozialer Arbeit[252], die sich gerade dadurch auszuzeichnen hätte, dass diese Ungleichheit ausgewiesen und nicht verschleiert wird.[253]

Schließlich führt die Einführung von Kontrakten, wie sie explizit im Case Management-Ansatz gefordert und umgesetzt wird, aber auch zu einer Neubewertung des professionellen Verständnisses von Sozialer Arbeit. Zur Bestimmung dessen nämlich, was der Gegenstand des Kontraktes sein soll, muss nun möglichst detailliert definiert werden, worin die professionelle Tätigkeit besteht, damit Umfang und Art der Leistung (output) auch überprüfbar und damit bezahlbar wird. Hierzu wird auf der Klientenseite ein umfangreiches Assessmentverfahren durchgeführt, um die Bedarfslage zu bestimmen und so die Hilfemaßnahmen möglichst genau anzupassen. Aber auch die vormals komplexen Tätigkeiten des Professionellen werden aufgespalten in abrechenbare Einheiten und Untereinheiten, die so genannten Produkte.[254] Mit dieser Zerlegung der Tätigkeitsprofile wird so die Basis für die Rationalisierung professioneller Tätigkeiten geschaffen, die klassische Sozialarbeit wird zunehmend von

---

[250] Vgl. Maaser, 2003, S. 22.
[251] Krölls, 2000, S. 76.
[252] Vgl. Bourdieu, 2001d, S. 144ff. In diesem Aufsatz Bourdieus wird ebenjene Haltung in einem ‚Plädoyer für eine rationale Hochschuldidaktik' eingefordert.
[253] Vgl. hierzu auch Dzierzbicka, 2006. Diese kommt in ihrem kurzen Essay zum Thema „Vereinbarungskultur" zu dem Schluss, dass die Einführung von Verträgen und Vereinbarungen zwar als ein Ermächtigungsinstrumentarium für alle Interessengruppen angepriesen werde, dass de facto aber gerade dadurch „Ungleiche zu ohnmächtigen Gleichen" (Dzierzbicka, 2006, S. 286) gemacht würden.
[254] Vgl. Schaarschuch, 2000, S. 158.

Planungs-, Steuerungs- und Aufsichtsfunktionen bereinigt und auf die bloße strukturierte Ausführungsfunktion im Klientenkontakt reduziert.

Die Etablierung und Ausbreitung des Case Management-Ansatzes, der sich nahtlos in den eben beschriebenen Dienstleistungs- und Vertragsdiskurs einfügt, lässt sich so letztlich auf der Grundlage der Dichotomie Managerialismus/Professionalismus auf eine sozialpolitisch geförderte Zunahme managerieller Rationalitäten in die Methoden Sozialer Arbeit zurückführen. Während professionelles Handeln definitorisch als *„Ort der widersprüchlichen Vermittlung von wissenschaftlichem Wissen und (lebens-)praktischem Erfahrungswissen"*[255] beschrieben wird, sollen nun sozialpädagogische Problemlagen durch vorgegebene Verfahren zunächst durch managerielle Strukturen rationalisiert und anschließend effizient und effektiv gelöst werden. Hierdurch wird der grundlegende Widerspruch professionellen Handelns, der gerade aus der Gleichzeitigkeit der zwei unvermittelbaren Logiken des wissenschaftlich-rationalen und instrumentell-technischen Verstehens von Theorie und des hermeneutischen Verstehens lebenspraktischer Fälle resultiert, einseitig zugunsten wissenschaftlich-technischer Rationalitäten aufgelöst. Obgleich professionelles Handeln so allein seiner Struktur nach als *„nicht-mechanisches, nicht-reproduzierbares, d.h. auch nicht (im praktischen Vollzug) an jeder Stelle begründbares Handeln"*[256] aufgefasst werden muss, sollen anhand managerieller Verfahren überprüfbare Verträge und Bedingungen ausgehandelt werden, um so scheinbar alle kontingenten und offenen Momente sozialarbeiterischen Handelns zu eliminieren.

Paradoxerweise tritt in der Literatur gerade der Case Management-Ansatz als eine Methode zur Förderung professionellen Handelns innerhalb der Sozialen Arbeit auf.[257] Argumentierend auf einer binären Folie von professionell versus unprofessionell zeichnet sich den Wortführern managerieller Ansätze gemäß professionelles Handeln innerhalb der Sozialen Arbeit gerade durch Vokabeln wie *„effizient, effektiv, ressourcenorientiert, wissensbasiert, mehrdimensional, mehrperspektivisch, vernetzend, umfeldbezogen und partizipativ"*[258] aus und wird zunehmend häufig als ‚Case Management' benannt. Aufgrund des unbescheidenen Anspruchs aber, im Hilfeprozess über umfassendes Wissen

---

[255] Galiläer, 2005, S. 147.
[256] Galiläer, 2005, S. 153. Genau hierin scheint die prinzipielle Gegenläufigkeit von Professionalität und technisch-kontrollierender Qualitätssicherung zu liegen.
[257] Vgl. Heite, 2006, S. 201.
[258] Heite, 2006, S. 202.

bezüglich Ist- und Sollzustand sowie die Mittel zu dessen Erreichung zu verfügen und diese in den zirkulär verlaufenden Arbeitsschritten Diagnose – Intervention – Evaluation letztlich auch zu erreichen, kann der Ansatz des Case Management eindeutig einem manageriellen Verständnis Sozialer Arbeit zugeordnet werden.

Dieser Managerialismus zeichnet sich nach einer Definition von Hans-Uwe Otto vor allem durch zwei Aspekte aus. Zum einen wird die Handlungskoordinierung auf der Basis präziser Zielformulierungen als rationaler eingeschätzt als die Handlungskoordinierung auf der Basis von Wissen, abstrakten Regeln (auch Ethiken) und Aushandlungssystemen. Zum anderen gilt die Ergebniskontrolle auf der Basis objektiver quantifizierbarer Parameter als rationaler als die Ergebniskontrolle auf der Basis kommunikativer Abstimmungs- und Rückkopplungsprozesse.[259] Die Absicht des manageriellen Projekts besteht folglich darin, die allgemeinen, wohlgemeinten und oft nebulösen Vorstellungen, aus denen sich die Maßnahmen Sozialer Arbeit scheinbar bisher speisten, abzulösen durch Wissensformen, die eine genaue Analyse der Ist-Situation und eine Formulierung evaluativ messbarer operativer Ziele erlauben. Mit anderen Worten: *„Richtig ist, was einen gegebenen ‚Ist-Zustand' möglichst effektiv und effizient in einen klar definierten messbaren ‚Soll-Zustand' überführt."*[260]

Der Habitus des Sozialarbeiters hat sich nicht mehr an Kriterien wie Professionalität, Weitsichtigkeit und Reflexivität zu messen, vielmehr geht es um die Inkorporierung managerieller Wirksamkeitsvorstellungen, die letztlich professionelle Autonomie, Entscheidungsspielräume und professionelle Expertise ersetzen sollen. Diese kann im Sinne eines Know-how erlernt werden und bedarf somit nicht mehr der weniger spezialisierten und kritisch hinterfragenden Ausbildung an einer Hochschule.[261] Sozialpädagogen sollen letztlich nicht mehr dazu befähigt und ermutigt werden, professionelle, politische oder gar ethische Begründungen für ihr Handeln zu entwickeln, sondern *„was zählt ist, what works"*[262].

---

[259] Vgl. Otto/Schnurr, 2000aa, S. 7.
[260] Ziegler, 2003, S. 106.
[261] Das Hochschulstudium plus mindestens einjähriger Berufserfahrung zählt zwar als Zugangsvoraussetzung für die Weiterbildung zum zertifizierten Case Manager, da die Voraussetzungen allerdings auch durch eine pflegeberufliche Ausbildung plus mindestens zweijähriger Berufserfahrung erfüllt sind (vgl. FG-CM-DGS, 2005), besteht aufgrund der niedrigeren Einkommenserwartung die Gefahr, dass viele Bereiche, die heute als klassisches Metier Sozialer Arbeit gelten (Krankenhaussozialdienst, Integrationsvermittler etc.), aus dem Aufgabengebiet professioneller Sozialer Arbeit herausfallen.
[262] Ziegler, 2004, S. 198.

Eine Case Managerin in einem Seniorenheim – *„Es ist wirklich eine reine Statistik"*

Frau C. ist erst 23 Jahre. Nachdem sie ihre Ausbildung als Krankenschwester 2004 abgeschlossen hatte, wechselte sie in die Senioreneinrichtung, in der ich sie heute zum Interview treffe und in der ich einige Tage zuvor auch das Interview mit Frau R. führte. Sie arbeitet auf einer Fachabteilung für Phase F- und dauerbeatmete Patienten. Im Rahmen der Einführung des Case Management-Ansatzes wurde sie von der Stationsleitung angesprochen, an der internen, fünftägigen Weiterbildung zum internen Case Manager/Überleitungsmanager teilzunehmen. An dieser Fortbildung, die etwas ein halbes Jahr vor dem Zeitpunkt des Interviews begann, nahmen neben ihr noch drei weitere Pflegekräfte von ihrer Station teil. Das Ziel der Fortbildung sollte vor allem darin bestehen, Überleitungen strukturierter und koordinierter abzuwickeln, sowie insgesamt eine ressourcenorientierte Sichtweise durchzusetzen.

Während des Interviews sitzen wir in einem leerstehenden Bewohnerzimmer an einem Tisch. Die Situation ist vor allem zu Beginn des Gesprächs recht angespannt, obwohl ich Frau C. schon an drei Tagen beim Stationsalltag begleitete und einige der gestellten Fragen auch schon angesprochen hatte. Die Anspannung löste sich allerdings zunehmend im Laufe des Gesprächs.

– Sie haben sich also dann für die interne Case Management-Fortbildung angemeldet. Was haben Sie sich persönlich von dieser Schulung erwartet?

Frau C.: Eigentlich war es von Anfang an von der Veranstaltung her und auch von dem, was Frau M. [Stationsleitung] gesagt hat, schon klar, dass es eigentlich hauptsächlich um Überleitungen geht. Vom Krankenhaus hier ins Heim bzw. dann das Kurzzeitpflegebett, das Klinische Nachsorgebett. Dass man sich hauptsächlich darum kümmert, dass jemand vom Krankenhaus hier in das Bett verlegt wird und dann weiter geschaut wird, was mit dem jeweiligen Patienten geschieht. Das war eigentlich von Anfang an klar, dass das die Hauptaufgabe ist. Das war dann auch so bei den Schulungen. Die Schulung ist insgesamt relativ umfangreich gewesen mit Gesprächsführung, mit

Problemlösung usw., das zwar in gewisser Weise auch etwas mit Case Management zu tun hat, das aber auch insgesamt für den Stationsablauf sehr hilfreich und informativ war.

– Wenn Sie mit wenigen Worten beschreiben müssten, was Case Management eigentlich ist, was würden Sie dann sagen?

Frau C.: Case Management bedeutet ja im übersetzten Sinne Fallmanagement. Dass eben für einen Patienten oder Privatperson, was auch immer, ja, geschaut wird, was braucht der, welche Angebote sind vorhanden, oder welche Angebote gibt es überhaupt und welche sind für ihn genau zutreffend. Wie kann er individuell und seinen Bedürfnissen entsprechend versorgt werden.

– Der Ansatz wird ja auf Ihrer Station für Phase F[263]- und dauerbeatmete Patienten schrittweise bereits seit ungefähr einem halben Jahr eingeführt. Würden Sie sagen, dass sich organisatorisch innerhalb der Station insbesondere in Bezug auf Überleitungen wirklich etwas verändert hat?

Frau C.: Es hat sich in dem Sinne etwas verändert, dass einfach mehrere Mitarbeiter über das Ganze informiert sind und es auf mehrere Schultern verteilt wird. Im Prinzip ist alles vorher auch schon genau so gelaufen, gerade das Klinische Nachsorgebett, das war noch nicht, aber von den Überleitungen her, also was eigentlich unsere Aufgabe von den internen Schulungen her ist, die Überleitung vom Krankenhaus hier auf Station, war eigentlich vorher auch schon recht gut geregelt, weil das die Frau M. [Stationsleitung] eigentlich sehr schön übernommen hat, aber eben sie alleine. Und das Ziel oder eben das Ergebnis von den Schulungen ist halt jetzt, dass das auf mehreren Schultern verteilt wird, aber im Prinzip, vom Ablauf her, hat sich nichts oder fast nichts verändert.

– Das heißt, es hat sich eigentlich nicht viel Grundlegendes verändert, eher in gewissem Maße die Aufgabenverteilung...

Frau C.: ...und in der Aufgabenstrukturierung, vor allem

auch, weil die Handlungsabläufe von Überleitungen bzw. auch von Weiterbehandlungen im Klinischen Nachsorgebett strukturierter ist. Man hat eine gewisse Vorstellung, es ist nicht so, dass das nur die Frau M. [Stationsleitung] macht und sie wird schon machen, sondern es ist halt jetzt so, dass wir wissen, wo ist das Ziel, um was geht es eigentlich. Und es ist halt einfach der gesamte Ablauf strukturierter. Wir haben im Rahmen von der Schulung auch den Aufnahmebogen bekommen, der, ja, vom Krankenhaus teilweise ausgefüllt wird, wo halt jetzt auch sicher ist, wer füllt was aus, wer ist für was verantwortlich und das hat sich seitdem eigentlich recht gut geklärt.

– Würden Sie sagen, dass eine gewisse Gefahr besteht, dass der Begriff Case Management, vor allem weil er gut und professionell klingt, jetzt für alles herhalten muss, das zuvor auch schon unter anderem Namen gemacht wurde?

Frau C.: Ja, die Gefahr besteht auf jeden Fall. Ich denke aber eigentlich auch so, weil alles, was jetzt wir, auch im Rahmen von der Bezugspflege oder so für die Bewohner machen, hat für mich immer auch etwas mit Case Management zu tun. Also, es ist eigentlich definitiv so. Klar, da brauche ich keinen Case Manager dafür, aber ich denke, das ist trotzdem auch für den Patienten wichtig und es ist im Rahmen von Case Management eigentlich auch wichtig. Es ist eigentlich auch wirklich so. Klar, es gibt das übergeordnete Case Management für wirklich schwierige Fälle, es gibt ja die Definition von Case Management, dass mindestens drei Punkte vorhanden sein müssen, z.B. Krankheit, eine schlechte Situation zu Hause, oder so, dass das wirklich

---

[263] Die Phase F ist im Rahmen der neurologischen Rehabilitation die Behandlungs- /Rehabilitationsphase, in der dauerhaft unterstützende, betreuende und/oder zustandserhaltende Maßnahmen erforderlich sind für die Patienten mit zum Teil schweren, wahrscheinlich dauerhaften oder fortschreitenden Funktionsstörungen. Der Grad der Behinderung reicht von bleibender Bewusstlosigkeit (im sog. apallischen Syndrom/Wachkoma) bis zu ausgeprägten Funktionsstörungen der geistigen und körperlichen Fähigkeiten (z.B. Beatmungspflicht).

ein Case Management-Fall ist. Das ist klar. Das weiß ich auch und ich denke auch die anderen, die die Schulung gemacht haben. Aber für mich ist trotzdem, also, ich würde es jetzt nicht mit Case Management betiteln, aber es hat etwas mit Case Management zu tun, wenn ich mich bei einem Bewohner um dessen Bedürfnisse kümmere. Also ich würde jetzt das nicht als Case Management abrechnen, oder beschreiben, aber es hat auf jeden Fall etwas damit zu tun.

– *Gerade in Bezug auf die Abrechnung. Können Sie sich Gründe vorstellen, warum sich die Management-Ebene dafür entschieden haben könnte, Case Management sogar als kostenlosen Service einzuführen?*

Frau C.: Die Gründe sind einerseits, das sage ich jetzt einfach mal, dass das eben auch nicht finanziert wird von den Krankenkassen. Es ist eine gewisse Werbung für uns, wenn irgendjemand mit Case Management weitervermittelt worden ist, dass der halt dann wieder auf das Heim bzw. auf die Gesamtgesellschaft zurückkommt bzw. andere Kranke hierher vermittelt. Und dadurch, dass die Trägergesellschaft auch sehr weit gespalten ist, also, dass ein ambulanter Pflegedienst vorhanden ist, dass verschiedene Fachabteilungen bzw. verschiedene vollstationäre Einrichtungen auch in ganz Bayern bzw. sogar in Sachsen vertreten sind, denke ich, ist auch eine gewisse Relevanz, nein, nicht Relevanz, dass halt die Trägergesellschaft auch davon profitiert, weil wenn das möglich ist, die natürlich auch von unserem ambulanten Pflegedienst versorgt werden bzw. auch bei uns im Haus weiter versorgt werden. Es wird schon dafür gesorgt, dass es individuell ist, aber wenn sie in

unserem Bereich sind, und einen ambulanten Intensivpflegedienst benötigen, dann wird natürlich wahrscheinlich unserer das Ganze machen.

– *Für die Schulung haben Sie sich ja wie sie sagten nicht von sich aus beworben und alles, was Sie jetzt machen, hat ja davor die Leiterin der Fachabteilung ‚gemanaged'. Wirkt die Einführung von Case Management da nicht ein bisschen so, dass Aufgaben und Verantwortung von oben nach unten sozusagen abgewälzt werden, fühlen Sie sich dadurch manchmal ein bisschen überfordert oder ist es eher eine Chance und Motivation jetzt eben nicht nur pflegen, sondern sich auch um andere Sachen kümmern zu können.*

Frau C.: Also für mich ist das schon eine Motivation, weil es einfach den Aufgabenbereich schon ein bisschen erweitert und nur von der vollstationären Pflege, ich meine, ich bin jetzt 23 Jahre alt, ich mag auch ein bisschen etwas anderes noch sehen bzw. ich habe jetzt eigentlich nichts gegen so Zusatzaufgaben. Ich denke, das ist auch nicht so für die anderen oder besser gesagt für uns allgemein, dass das von oben nach unten abgewälzt wird, weil im Prinzip das die Arbeit für uns erleichtert bzw. einfach die Strukturen da sind, weil die Arbeit, wenn jemand kommt, wenn ein Zugang kommt, haben wir ja vorher auch schon gemacht, nur jetzt ist es halt strukturierter. Es wird, oder überhaupt das Case Management allgemein, es wird halt einfach strukturierter, indem dass der Aufnahmebogen vorhanden ist, dass ich vorher weiß, was hat der, wie wird er weiterversorgt, was braucht er alles. Ich denke, es erleichtert eigentlich für uns auch viel. Es ist eigentlich für uns jetzt nicht wirklich mehr Arbeit. Also es ist mehr, gerade die Einstufungen von FIM[264] und EFA[265], gut, das ist zusätzlich noch. Die Notwendigkeit ist uns klar. Das ist halt jetzt zusätzlich noch. Aber ansonsten sind nicht wirklich viele Aufgaben zusätzlich noch da. Weil, es ist einfach anders verteilt, aber im Prinzip haben wir die Aufgaben ja vorher auch schon erledigt, nur halt ein bisschen unstrukturierter.

– Ein besonderes Charakteristikum von Case Management ist auch, dass immer alles dokumentiert werden muss, damit es anschließend evaluiert und gegebenenfalls auch optimiert werden kann. Fühlt man sich durch diese Dokumentations-pflicht in gewissem Grad in der Arbeitsweise eingeschränkt oder fühlt man sich kontrolliert in seiner Arbeit?

Frau C.: Die Dokumentation wird eigentlich hauptsächlich von der Frau R. [übergeordnete Case Managerin] übernommen. Sie wird auch von uns übernommen, aber wir sind ja sowieso angehalten, eigentlich alles zu dokumentieren. Und es ist ja auch eine Absicherung für uns. Also ich mache das ja jetzt auch nicht immer nur, weil es jetzt Case Management heißt, tue ich jetzt sorgfältiger dokumentieren, sondern es muss von Haus aus dokumentiert werden. Und die ganzen Fallbesprechungen bzw. Fall-erläuterungen usw., das läuft eigentlich über die Frau R. und da haben wir eigentlich nicht wirklich mehr Arbeit und eigentlich auch nicht wirklich was damit zu tun.

– In Bezug auf die Schulung und die Einführung in Case Management.

Wie haben Sie die Schulung empfunden, fühlen Sie sich angemessen fortgebildet oder sehen Sie an manchen Stellen noch zusätzlichen Fortbildungsbedarf?

Frau C.: Ich denke, die Schulungen, also sie sind ja jetzt eigentlich offiziell abgeschlossen. Ich glaube aber eigentlich, also, wenn wir mehr mit bestimmten Fällen, das war ja jetzt alles rein theoretisch, wenn jetzt Fälle kommen, wo wir ins Case Management involviert sind, dann werden mit Sicherheit noch Fragen und Lücken auftauchen. Es ist aber auch so abgesprochen, dass wir uns einmal vierteljährlich treffen und dann eben genau solche Sachen klären. Ich denke, dass das noch nicht, dass wir noch nicht alles wissen, was für uns jetzt wichtig ist. Ich könnte aber jetzt momentan nicht sagen, was fehlt, weil es war eigentlich von der Schulung her so, dass es zwar sehr strukturiert war, und eben auch über Case Management, über Gesprächs-führung, über alles, aber ich weiß jetzt im Prinzip nicht wirklich recht viel mehr als vorher. Was mir zum Beispiel jetzt noch gefehlt hätte, ist, wie läuft, wie gesagt, unsere Hauptaufgabe ist ja die Überleitung, wie läuft ein Gespräch im Krankenhaus mit der Person bzw. mit dem Pflegepersonal, mit den Ärzten, wie läuft so etwas eigentlich ab. Also das wäre jetzt eigentlich das, was mir jetzt noch gefehlt hätte. Was man aber vielleicht auch nur praktisch lernen kann. Ich weiß es nicht. Also, ich war jetzt bei noch keinem Einführungsgespräch dabei, das wird jetzt nächste Woche laufen, aber ich habe eigentlich keine Ahnung, wie so etwas ablaufen soll. Ob das natürlich jetzt theoretisch in einer Schulung möglich ist oder ob das wirklich nur praktisch eingeübt werden kann, das weiß ich nicht.

---

[264] FIM (Functional Independence Measure): Standardisiertes Assessmentinstrument zur funktionalen Selbstständigkeitsmessung zu pflegender Personen.
[265] EFA (Early Functional Abilities): eine Skala zur Evaluation von Behandlungs-verläufen in der neurologischen Früh-rehabilitation

– Würden Sie sagen, dass der Case Management-Ansatz nur wieder eine neue Methode, eine neue Arbeitsweise darstellt, alles läuft ein bisschen strukturierter ab, oder hat sich durch die Fortbildung auch eine andere Sichtweise, eine andere Haltung durchgesetzt, dass Sie jetzt Situationen anders wahrnehmen oder einschätzen, Probleme anders einschätzen oder ähnliches?

Frau C.: In gewisser Weise ja, also man denkt vielleicht mehr darüber nach, was kann ich unternehmen, an wen kann ich mich wenden, wenn ein Problem auftaucht, auch bei unseren Patienten, die jetzt so auf Station sind, aber jetzt nicht in dem Ausmaß, dass das jetzt mein komplettes Handeln und Denken oder sonst irgendetwas beeinflussen würde. Man denkt vielleicht einfach über manche Sachen intensiver und mehr nach, aber nicht anders.

– Was würden Sie sagen, hat sich seit der Einführung positiv oder sehr positiv entwickelt oder welche Vorgänge verlaufen nun reibungsloser?

Frau C.: Also, das klinische Nachsorgebett hat es ja vorher eigentlich noch nicht gegeben und ich denke, das läuft sehr gut. Das ist eben im Rahmen von dem Case Management eingeführt worden, eben um zu schauen, was kann mit dem Patienten, bei dem jetzt noch nicht klar ist, was mit dem passiert, was man mit dem machen kann. Was jetzt weiter mit ihm geschehen soll. Das finde ich schon sehr positiv, weil ich denke, das braucht man. Man kann ja nicht einfach sagen, so, jetzt im Krankenhaus, der hat das und das, jetzt verfrachten wir ihn erstmal da auf die und die Station und vielleicht funktioniert das überhaupt nicht. Wie gesagt, das hat es ja vorher noch nicht gegeben. Also das ist jetzt im

Rahmen von Case Management eigentlich das, was neuer ist, was sich verändert hat. Ansonsten, wie ich vorher eigentlich schon gesagt habe, von der Strukturierung bzw. vom Überleitungsmanagement selber her, hat sich nicht viel verändert. Weil das eigentlich vorher schon von der Frau M. recht strukturiert war. Also, es hat sich eigentlich für uns nicht wirklich viel geändert.

– Würden Sie sagen, dass sich innerhalb des Teams etwas verändert hat? Gibt es Statusunterschiede zwischen internen Case Managern und den übrigen Fachkräften? Sind die Kompetenzen wirklich so klar verteilt, wie Sie es durch das Case Management verteilt sein sollten?

Frau C.: Nein, ich denke, es gibt nicht viele große Unterschiede. Das, was wir machen, was die anderen Nicht-Case Manager nicht machen, das sind halt eben die Einstufungen mit FIM und EFA, aber ansonsten, also wir vier sollen dann eben auch die Besuche im Krankenhaus der Frau M. abnehmen bzw. sie dabei unterstützen. Das hat sich geändert, aber ansonsten hat sich vom restlichen Aufgabengebiet eigentlich nichts geändert und ist auch kein Unterschied da.

– Ist auch klar, wenn die Kompetenz überschritten ist, an wen Sie sich dann wenden? Also, wenn der Fall zu kompliziert wird?

Frau C.: Ja, also ich würde mich jetzt an erster Stelle mal an die Frau M. wenden, als Teamleitung bzw. weil sie mit Case Management auch mehr vertraut ist. Und anschließend dann eben an die Frau R.

– Gibt es auch kritische Punkte sowohl hinsichtlich der Einführung als auch bei der Umsetzung? Oder

gibt es noch Dinge, die noch verbessert werden sollten?

Frau C.: Wie gesagt, ich war jetzt eben noch bei keiner Aufnahme bzw. bei noch keinem Erstbesuch dabei. Das sollte man aber. Das liegt natürlich auch daran, dass momentan keine Neuaufnahme war. Aber die einzige, die jetzt bei einem Aufnahmebesuch schon dabei war, das war Sr. P.. Also, für mich jetzt persönlich, geht es irgendwie zu langsam, na ja, ich will jetzt nicht sagen zu langsam, aber es geht irgendwie nicht wirklich etwas voran. Also, es wird jetzt langsam eingeführt, aber, na ja, da waren die Schulungen, die waren sehr theoretisch, aber praktischen Bezug hatten wir dazu bisher nicht wirklich.

– Das umfassende Case Management zeichnet sich ja auch durch die extrem strukturierte Vorgehensweise aus. Der Hilfeprozess wird gegliedert in Assessmentverfahren, Zielvereinbarung, Hilfeplanung, Durchführung, Leistungssteuerung, Monitoring, Evaluation. Welche Vorteile können Sie durch diese Durchstrukturierung ersehen?

Frau C.: Dass jeder Fall einfach gleich abläuft. Dass nichts vergessen wird, sondern dass wirklich alles in dieser Strukturierung durchgeführt wird. Dass es einfach auch vergleichbar ist, dass man sagen kann, ich habe einen vergleichbaren Fall schon einmal gehabt. Wie ist es da abgelaufen, damit ich es dann vergleichen kann. Gerade am Anfang braucht man einen Plan, wie man vorgeht. Das ist dadurch einfach gegeben, dass man den Plan so abhandelt, wie er vorgesehen ist, dass man nichts vergisst. Dass es wirklich danach auch überprüft wird, ist auch wichtig, dass man hinterher auch reflektiert, was ist denn jetzt

passiert, was ist nicht so gut gelaufen, was ist gut gelaufen.

– Verschiedene Kritiker des Ansatzes beschreiben die Problematik, dass mit der Einführung des Case Management-Ansatzes unter der Hand auch eine Art von betriebswirtschaftlichem Denken in den sozialen Bereich einhergeht. Durch klassische Management-Methoden wie Assessment, Zielvereinbarung, Vertrag, Durchführung und Evaluation sollen Abläufe optimiert und zielgerichtet gesteuert werden. Wie bewerten Sie diese Sichtweise?

Frau C.: Ja, es sollte eigentlich schon auf den Patienten eingegangen werden, bloß das Problem bei der ganzen Geschichte ist, glaube ich, dass es eben nicht finanziert wird. Und wenn es nun von der Betreibergesellschaft eingeführt wird. Es muss irgendwie finanziell gedeckt werden. Also, denke ich jetzt einfach mal. Ich denke nicht, dass das so nebenbei einfach mitlaufen kann. Von dem her verstehe ich die Sichtweise schon, dass bestimmte Sachen einfach rationalisiert werden müssen. Andererseits kann es schon sein, dass dann eben der Patient oder der Klient aus den Augen verloren wird, die eigentlichen Probleme von ihm. Dass alles einfach zu bürokratisch wird. Ich kann die Sichtweise verstehen und auch nachvollziehen.

– Insbesondere die zahlreichen Assessmentverfahren – hier auf Station insbesondere FIM und EFA – können dazu verleiten, den Menschen nach Assessmentpunkten einzuschätzen und ihn dementsprechend zu behandeln. Sehen Sie die Gefahr, dass die so genannten weichen Faktoren des zwischenmenschlichen Zusammenlebens durch harte, mathematisch und statistisch

aufbereitbare Faktoren abgelöst werden könnten?

Frau C.: Ja. Weil oft sich die Bewohner zwar verändern, aber eben nicht in dem Rahmen, dass es eben ein oder zwei Punkte sind. Nur dadurch wird es aber gemessen, ob sich der Zustand eines Bewohners verbessert oder verschlechtert. Es kann mit einem Bewohner aber auch etwas passieren, ohne dass sich die Punktezahlen verändern. Bloß wie gesagt, das sind halt die Statistiken und nur daran wird es eigentlich gemessen. Das ist jetzt auch für die Krankenkasse oder so. Dort wird jetzt eben beabsichtigt, dass halt genau an dem FIM oder EFA gemessen wird und dementsprechend die Verweildauer auf der Station, auf der Fachabteilung, auf Intermedi-Care oder so beeinflusst wird bzw. daran festgemacht wird. Meiner Meinung nach kann man es aber daran nicht festmachen, weil es muss sich schon sehr viel verändern, um wirklich da einen Punkt mehr oder weniger zu kriegen. Oft sind es aber einfach nur kleine Veränderungen, die gerade dadurch nicht messbar sind, die wir aber als Pflegepersonal schon mitkriegen. Bloß dass die halt nicht messbar sind. Es ist halt die vorgegebene Erklärung, bloß kann man nicht jeden Patienten durch genau dieses Raster schieben. Also oft weiß man nicht, soll man jetzt so einstufen oder so einstufen. Es ist einfach nicht individuell, sondern es ist wirklich eine reine Statistik. Ab und zu hätte ich gerne eine Bemerkung dazu geschrieben, warum ich das jetzt so und so mache, bloß das interessiert ja nicht wirklich irgendjemanden, weil es ist eine reine Statistik.

– Vielen Dank für das ausführliche Gespräch.

Eine Mitarbeiterin einer Senioren- und Alzheimerberatungsstelle im Gespräch – *„Die Sicht auf den Menschen hat sich sehr verändert"*

Frau S. ist 43 Jahre alt und ist Mutter zweier erwachsener Kinder. Nach einem Studium der Diplom Pädagogik absolvierte sie noch den Aufbaustudiengang Psychogerontologie. In der Beratungsstelle für Alzheimerpatienten und deren Angehörige arbeitet sie seit 1994, es war die erste Stelle nach ihrem Studium. Die Beratungsstelle selbst besteht seit 1992 und entstand im Rahmen eines Bundesmodellprojektes mit dem Auftrag, psychisch erkrankte ältere Menschen im ambulanten Bereich zu versorgen bei einer möglichst hohen Lebensqualität und unter Einbindung der vorhandenen Altenhilfestrukturen. Es sollte folglich kein eigener Dienst geschaffen werden, vielmehr sollte das bestehende Versorgungsnetz optimiert werden, indem die bestehenden Einrichtungen durch Qualifizierung und fachliche Begleitung unterstützt werden, psychisch erkrankte ältere Menschen zu Hause zu versorgen.
Das Gespräch findet in der Beratungsstelle statt. Frau S. ist sehr freundlich und auskunftsfreudig. Einige Abschnitte, die zu sehr ins Detail gehen, werden im Folgenden ausgespart werden.

– Ist denn die Beratungsstelle seit ihrer Gründung auf die Handlungsweise des Case Management abgestimmt oder ist dieses erst später eingeführt worden?

Frau S.: Das Konzept ist langfristig vorher schon erarbeitet worden, die Idee dieses Konzeptes, das hat Frau W. gemacht. Sie ist Soziologin von Haus aus. Sie ist jetzt auch Mitarbeiterin in der Beratungsstelle und leitet die Geschäftsführung. Es ist so, dass sie dieses Konzept erarbeitet hat und damit auch die Fragestellung unter diesem Arbeitsansatz des Case Management. Das war von Haus aus der Ansatz. Es war, speziell wenn es um die Versorgung geht, psychiatrisch erkrankter älterer Menschen haben wir diesen Ansatz der psychiatrischen Pflege und des Arbeitsansatzes des Case Managements gewählt, nach Wendt, um die Sicherstellung zu gewährleisten im häuslichen Bereich. Es ist also eine Kombination von zwei unterschiedlichen Arbeitsbereichen: einmal, durch die psychiatrische Pflege kommen wir aus der Altenpflege oder Psychiatrie und dann kommen wir mit dem Case Management auf die sozialpsychiatrische Versorgung. Man braucht diese beiden Elemente, um die Leute zu Hause versorgen zu können. Eines allein reicht nicht aus. Das hat sich einfach so gezeigt. Und das Konzept, das wir haben, heißt jetzt gerontopsychiatrische Pflege und dafür haben wir auch ein Konzept erarbeitet. Das ist jetzt die Abfolge, die sein muss, wenn bei uns eine Meldung eingeht von einem älteren Menschen, der psychisch erkrankt ist, zu Hause lebt und nicht mehr zurecht kommt in seinen eigenen vier Wänden. Dann setzen wir diesen Arbeitsansatz ein. Durchführen tut ihn vor Ort eine Altenpflegerin, die eine Zusatzausbildung hat zur gerontopsychiatrischen Fachpflege. Sie absolviert die Hausbesuche bei diesen Patienten und begleitet ihn auch über einen längeren Zeitraum auch in seiner eigenen Häuslichkeit, um das Vertrauen zu erarbeiten und die Hilfeannahme zu bearbeiten.

– An der Ausbildung zum zertifizierten Case Manager hat hier in der Beratungsstelle aber kein Mitarbeiter teilgenommen?

Frau S.: Nein, da hat niemand teilgenommen.

– Und das Case Management-Verfahren wird dann auch nicht besonders schweren Fällen vorbehalten, sondern auf alle Fälle angewandt?

Frau S.: Bei uns hat es sich einfach in der Arbeit – jetzt schon seit 15 Jahren – bewährt, zu sagen, wenn eine Anfrage kommt, wenn es um einen Patienten geht, also ich spreche jetzt von Patienten, wenn es um erkrankte Menschen geht, von Angehörigen, wenn es um pflegende Angehörige geht, dass jede Meldung, die bei uns eingeht, daraufhin befragt wird, gibt es schon ein Netz, gibt es einen verantwortlichen Ansprechpartner, der die Fäden in der Hand halten kann, der alles koordinieren kann und diese auch selbst ausführen kann oder gibt es dafür niemanden. Und die Erfahrung hat gezeigt gerade bei psychisch erkrankten älteren Menschen, dass es sehr schwer ist, jemanden zu finden, der die Verantwortung übernimmt und sowohl eine Anamnese macht hinsichtlich der Fähigkeiten, der Kompetenzen, Krankheitsbild, ist die Lebensmittelversorgung sicher gestellt, wie sind die sozialen Bindungen, wie ist die ärztliche Versorgung, finanzielle Versorgung. Es hat sich gezeigt, dass in der Regel niemand in der Lage ist, dies umfassend zu erstellen, zu erkennen auch und die entsprechenden Dinge zusammenzukriegen. Also brauchen

Sie diesen Ansatz, diesen Denkansatz eigentlich bei allen Menschen und die Aufgabe ist es für uns, auch nach unserem Verständnis von Case Management, zu schauen, wen gibt es im Umfeld, wer traut sich was zu, wer hat welche Kompetenzen, also Angehörige, Nachbarn, Freunde oder ist ein Berufsbetreuer notwendig, welche Dinge kann der Arzt auch verantwortlich übernehmen. Das eruieren und besprechen wir auch mit den Leuten. Das ist etwas ganz ganz wichtiges. Und wenn die Dinge laufen und die Leute fühlen sich auch sicher in diesem Bereich, dann geben wir das an sie ab. Sie haben dann aber immer noch die Möglichkeit, Rückfragen zu stellen, wenn schwierige Situationen auftreten oder so oder einfach Dinge, von denen sie noch keine Erfahrung haben, wie das geht, wie z.B. die Einstufung in die Pflegeversicherung oder wenn es um schwierige Verhaltensweisen geht, wenn es um Finanzierungsprobleme geht. Dann sind wir Anlaufstelle, die die Leute dahingehend beraten oder entsprechend weitervermitteln, weil rechtliche Auskünfte dürfen wir ja nicht geben.

[Es folgen einige Anmerkungen zur Finanzierung.]

– Wie würden Sie – mit wenigen Worten – den Case Management-Ansatz beschreiben oder kurz definieren?

Frau S.: Also, da muss ich so ein bisschen passen, weil ich mich in der Theorie der unterschiedlichen Ansätze nicht so gut auskenne. Also ich verstehe darunter, dass der Patient oder sagen wir mal in dem Fall der Klient, ob es der Angehörige ist oder der erkrankte Mensch oder jemand anderes, der um Hilfe oder um Unterstützung anfragt, in den Mittelpunkt des Geschehens gesetzt wird. Und man auch schaut, welche Möglichkeiten hat derjenige, was bringt er mit, was kann er leisten, was ist er in der Lage zu leisten und wo braucht er auch noch Unterstützung, damit er das selbstständig ausführen kann. Aber es ist eher so, dieser Weg, möglichst die selbstständige Handhabung der Sicherstellung des äußeren Rahmens. Wobei man da von Selbstständigkeit bei Demenzkranken ja nicht sprechen kann, bedingt durch das Krankheitsbild. Also da gibt es dieses Modell natürlich, da ist es praktisch eine Stellvertreterrolle, das zu übernehmen für den Patienten jetzt, die Sicherstellung der häuslichen Versorgung oder dann auch Entscheidungen zu treffen, wann ist die Hilfe nicht mehr ausreichend, wann ist die häusliche Versorgung nicht sicher gestellt und man muss andere Entscheidungen treffen, wenn nötig auch ins Pflegeheim einweisen.

– *Der Case Management zeichnet sich vor allem auch durch die strukturierte Arbeitsweise aus, die einen komplexen Beratungsprozesse in die Teilschritte Assessment, Hilfeplanung, Zielvereinbarung, Kontrolle und Evaluation aufgliedert. Wie strikt wird diese Aufgliederung hier in der Beratungsstelle eingehalten?*

Frau S.: Das wird sehr strikt eingehalten. Das Assessment ist zunächst der größte Bereich, es gibt eine Zielvereinbarung auch immer, das ist bei uns der Hilfeplan und dann gibt es eine Zielkontrolle nach ein paar Monaten. Wir fragen also immer nach, stimmt der Hilfebedarf noch mit dem überein, wie die Unterstützung eingeleitet worden ist, oder hat sich etwas verändert. Dann wird es auch entsprechend verändert in der Zielkontrolle und dann wird auch immer eine Helferkonferenz

abgehalten mit allen an der Versorgung Beteiligten. Auch alle an der Versorgung Beteiligten erhalten den Hilfeplan. Alle können ihre Anliegen mit einbringen, so dass es zu einem Konsens führt, wie der Kranke versorgt wird. Evaluiert wird das bei uns regelmäßig in Jahresberichten. Also, die müssen wir sowieso schreiben in Verwendungsnachweis und Jahresberichten. Dort wird so eine Evaluierung gemacht, aber nicht so ins Detail hineingehend, es gab damals den Abschlussbericht zu diesem Projekt und der ist nach wie vor noch Grundlage.

– *Zum Assessmentverfahren: Wie standardisiert sind diese bei Ihnen und wer führt sie genau durch?*

Frau S.: Also dieses Assessment bei den Patienten führt die Altenpflegerin durch. Dazu gibt es ein Raster, das erarbeitet worden ist im Modellprojekt und das auch Grundlage war der Vereinbarung mit den Krankenkassen auch, zur Abrechnung dieser Tätigkeiten. Und das wird danach standardisiert dokumentiert. Das sind sehr umfangreiche Dokumentationen. Und man kann bei diesem Arbeitsansatz davon ausgehen, dass die halbe Arbeitszeit beim Patienten verbracht wird, und der andere Teil der Arbeitszeit hier mit Case Management-Funktionen, wie Dokumentation, Hilfeplanerstellung, Absprachen treffen und so weiter.

– *In einem Case Management-Prozess soll eine Problemsituation sowohl vertikal (over time) als auch horizontal (across services) begleitet werden. Besonderes Charakteristikum ist dabei die Neutralität des Case Managers. Inwieweit können Sie in Ihrer Beratungsstelle diese Neutralität einhalten?*

Frau S.: Ja, die ist einhaltbar. Ich denke, wir machen das auch. Da wir ein Verein sind, der sich aus – wie gesagt – der Kommune zusammensetzt, den Wohlfahrtsverbänden und den anderen Einrichtungen. Wir beraten also wirklich neutral und schauen da, wo kann der Mensch, also welche Unterstützung braucht er und welche Anbieter bieten das an. Und das versuchen wir auch wirklich durchzuhalten. Obwohl man natürlich immer auch vom Klienten ausgeht, ja, wo hat er Wünsche.

– Gibt es denn allgemein Punkte oder Situationen, an denen Sie den Ansatz kritisch sehen oder hier bei der Umsetzung noch Entwicklungsbedarf sehen?

Frau S.: Also Entwicklungsbedarf sehe ich nur in dem einen Gesichtspunkt, da die Dokumentation sehr ausführlich ist, was natürlich auch sehr sinnvoll ist, da es manchmal, wenn die Begutachtung durch den medizinischen Dienst erfolgt zur Einstufung in die Pflegeversicherung, die Hilfepläne schon herangezogen werden auch, um wirklich ein klares Bild davon zu bekommen, wie ist der Hilfebedarf. Aber das ist ein hoher Arbeitsaufwand, das heißt, bei uns können nicht so viele Menschen ‚durchlaufen‘, ja. Und das sehe ich so ein bisschen ein Manko, dass da noch Bedarf ist, das zu reduzieren. Aber man kann das nicht in ein ganz straffes Raster fassen, weil wir hier mit Demenzkranken zu tun haben und da ist wirklich jeder Fall anders. Und die Entscheidungen müssen in jedem Fall auch anders getroffen werden. Also, das ist nicht so, wie eine Wunde zu haben, die Sie versorgen können, das geht einfach in diesem Bereich nicht. Zu Ihrer vorherigen Frage war ja noch, wie lange wird das durchgeführt, dieses

Case Management. Also, das ist so lange, wie dieser Mensch lebt. Wir beginnen ja dort, wo die Leute zu Hause leben. Begleiten sie über einen langen Weg hinweg. Manche haben wir seit zehn Jahren. Und wenn sie dann in eine Pflegeeinrichtung ziehen, bleiben wir trotzdem im Hintergrund. Weil es ist so, die Angehörigen, die haben immer Sorgen, Kummer und kommen dann nach wie vor in die Angehörigengruppe oder rufen an, um einfach mal darüber zu sprechen, über ihren Schmerz auch, über den Verlust und die Veränderungen der Erkrankung auch. Und häufig bleiben die Helfer auch dabei und besuchen die Patienten weiterhin auch im stationären Bereich. Das heißt, die Helfer sind ja bei uns eng angesiedelt. Wir haben 70 Alltagshelfer, die bei uns ja auch geschult werden und darauf vorbereitet werden zur Übernahme auch in der Nachfolge der gerontopsychiatrischen Pflegekraft, dass der ältere Mensch zu Hause versorgt werden kann. Die werden von uns auch ganz eng fachlich begleitet. Also wir sind immer relativ dicht dran bei den Menschen.

– Diese Alltagshelfer sind Ehrenamtliche?

Frau S.: Das sind Frauen und Männer, die sich im Bereich des bürgerschaftlichen Engagements engagieren, fällt unter Ehrenamt. Sie bekommen aber eine geringe Aufwandsentschädigung, das ist auch im SGB XI geregelt.

– Eine allgemeine Frage: Der Ansatz des Case Management wird als Methode Sozialer Arbeit seit Beginn der 1990er Jahre zunehmend politisch gefördert und sogar ausdrücklich in Gesetzestexten gefordert. Welche Vorteile können sich Sozialpolitiker Ihrer Ansicht

nach von einer flächendeckenden Einführung von Case Management versprechen?

Frau S.: Also, wenn es an zentrale Stellen angebunden ist, die diesen Ansatz ausführen, kann ich mir vorstellen, dass man sehr zielgerichtet vorgehen kann. Dass man absehen kann, in dem Fall, wenn der so gelagert ist, weil man ja dieses Assessment hat, gibt es die und die Möglichkeiten und die und die Wege kann man da bahnen. Also, diese Möglichkeit sehe ich schon, dass das schneller erfassbar ist. Man bekommt durch dieses Assessment ja ganz rasch ein Bild von diesem Menschen, mit dem man es zu tun hat. Das können wir ganz rasch sehen, weil wir an verschiedenen Eckpunkten nachfragen und dadurch die Situation abschätzen können, auch wenn wir den Menschen noch nicht persönlich kennengelernt haben. Was natürlich dazu kommen muss.

–Vertreter der Sozialen Arbeit wehren sich insbesondere gegen diese sozialpolitische Festschreibung sozialarbeiterischer Methoden, die sich explizit gegen das Professionsverständnis und die Methodenfreiheit innerhalb der Disziplin stellt. Wie stehen Sie zu dieser Sichtweise?

Frau S.: Ich denke, man hat ja immer noch einen gewissen Spielraum, wie man das dann angeht und für sich umsetzt mit den spezifischen Themen. Ob Sie jetzt das mit den Hartz IV-Empfängern oder Hartz II-Empfängern nehmen, Sie müssen ja immer sehen, was für ein Hauptthema, was für einen Inhalt hat das, und wie muss man das daraufhin abbilden, den Case Management-Ansatz. Aber, ich denke, von Haus aus, wenn es um Menschen geht oder um Probleme

geht mit schwierigem Ansatz, dann macht es einfach Sinn. Aus meiner Erfahrung heraus – so haben wir es auch beim Kinderschutz-Bund schon gemacht – wo das Kind im Mittelpunkt stand, also das betroffene Kind oder auch die Eltern und hier ist es nun der erkrankte ältere Mensch oder die Angehörigen. Was brauchen die rundherum, damit sie bei einer möglichst hohen Lebensqualität oder einer zufrieden stellenden Lebensqualität ihr Leben weiter fortführen können. Also, ich glaube, das macht schon Sinn. Das ist auch übertragbar und würde sich nach meinem Verständnis von Sozialer Arbeit auch nicht ausschließen, sondern ergänzen und man hätte eher einen roten Faden, an den man sich halten kann. Also, wo viele Unsicherheiten links und rechts wegfallen würden.

– Diese wenden sich insbesondere auch gegen eine zunehmende Ökonomisierung und Effizienzorientierung. Richtig soll nurmehr das sein, was einen gegebenen Ist-Zustand möglichst effektiv und effizient in einen klar definierten messbaren Soll-Zustand überführt. Sind sie der Meinung, dass durch die Einführung von Case Management diese ökonomische Sichtweise forciert wird?

Frau S.: Also, ich kann jetzt nur für den Altenhilfebereich sprechen. Und wenn man sieht, wir bekommen ja nicht weniger Menschen, die Probleme haben, sondern es werden mehr Menschen und wir brauchen einfach Handlungsinstrumente, damit wird diese Anzahl der Menschen auch gut begleiten können und ich sehe es nicht so unter einer Ökonomisierung. Also, uns hilft es sehr, diesen roten Faden zu haben, damit wir diese Anfragen überhaupt beantworten können. Wenn Sie jeden Tag ein bis zwei neue Anfragen haben, müssen sie das ja ‚handeln' können in so einer kleinen Einrichtung. Und wenn Sie dann so ins Wahllose gehen, kriegen Sie das nicht mehr hin. Ich kenne sehr wohl Kollegen aus anderen Bereichen der Sozialen Arbeit, Sozialarbeiter, die es auch mit Menschen zu tun haben, die erkrankt sind oder in anderen, sagen wir mal, schwierigen Lebenssituationen sind, die nicht diesen klaren Arbeitsansatz haben. Wenn Sie in einer langfristigen Begleitung bleiben, wie gesagt, wir begleiten die Leute manchmal bis zu zehn Jahren, brauchen Sie das, sonst kriegen Sie das nicht hin. Und Sie brauchen immer wieder eine Zielkontrolle, sie brauchen immer wieder eine Rückversicherung für sich damit auch und eine Form der Dokumentation, die standardisiert ist. Aber die weicht so ab, von Standardprogrammen. Nein, also, das glaube ich nicht, weil Sie viel Spielraum noch haben. Das kommt dann wirklich auf die Einrichtung auch an, wie sie diesen Spielraum auch ausführt, also, den gibt es darin. Es ist ja ein großes Raster. Und es führt auch nicht zu einer Kosteneinsparung, es führt eher dazu, dass man diesen Anforderungen überhaupt gewachsen bleibt. Und Sie haben Mitarbeiter, die nach diesem Ansatz arbeiten, wenn Sie mehrere sind, die diese Fälle dann auch, sage ich mal, übernehmen können, weil sie ja auf das gleiche Raster zurückgreifen.

– Kann das Case Management-Verfahren somit auch als ein Mittel zur Qualitätssicherung und –entwicklung innerhalb der Beratungsstelle angesehen werden, indem durch die zirkulär ablaufenden Prozessschritte Beratungsprozesse stets auf mögliche Verbesserungsmöglichkeiten hin befragt werden?

Frau S.: Also bei uns ist es nicht so, es wird nicht überprüft auf Verbesserungen. Das sind so Erfahrungswerte, die sich so herausgestellt haben, was verbessert werden könnte. Also, ich glaube, es ist eher, nein, es ist ja nicht ein Abbild dessen, was man macht, es sind ja mehr Dinge, die man tut noch, ja. Das wird ja nicht in diesem Einzelfall dokumentiert. Da haben Sie nur diesen Einzelfall, wo Sie die Verlaufsdokumentation haben, und immer, was dazu kommt und was wieder organisiert werden muss oder ob man wieder neu recherchieren muss und noch einmal ein Assessment durchführen muss, weil es andere Voraussetzungen gibt. Das ist ja eine Fortschreibung. Also, ein Bereich von Qualität ist es schon, aber das reicht sicherlich nicht aus.

– Sehen Sie hier bei Ihnen in der Beratungseinrichtung die Gefahr einer ungenauen Abgrenzung, das heißt, dass alles, was in gewissem Sinne ressourcenorientierte Arbeit oder, wenn man schaut, ob Angehörige da sind, dass das jetzt alles Case Management genannt wird, weil es professionell klingt und weil es eben ein Modellprojekt ist oder ist es wirklich eine klar abgrenzbare Arbeitsmethode?

Frau S.: Also, für uns ist es schon eine Arbeitsmethode. Jetzt zu sagen, dass die Angehörigen das Case Management übernehmen, würde ich nicht tun, weil die Angehörigen in problematischen Situationen immer auf uns zurückkommen und bei uns anfragen. Ich würde sagen, das Case Management ist schon ein Arbeitsansatz, der bei den Facheinrichtungen bleiben sollte. Wer das haben könnte, wären natürlich Berufsbetreuer, aber das ist ja auch wieder eine andere Form als ein pflegender Angehöriger. Obwohl es gibt sehr kompetente Angehörige, die ganz gezielt sich Informationen einholen.

– Und würden Sie sagen, dass Case Management nur eine Methode ist, oder hat sich durch die Beschäftigung mit dem Ansatz bei Ihnen oder bei der Altenpflegerin vor Ort auch eine ganz andere Sichtweise etabliert?

Frau S.: Ja, hat sich. Gerade durch den Hilfeplan, dass alle den ausgehändigt bekommen, haben Sie eine andere Darstellung des Menschen und der Ist-Situation als sie es für Altenpflegekräfte gewohnt ist mit ihrer Pflegeplanung. Die Sicht auf den Menschen hat sich sehr verändert. Also erstens sind wir sehr dankbar, weil wir ein Gesamtbild bekommen von den Kompetenzen des Menschen, also sozialen Kompetenzen, Kompetenzen im Bereich der Kommunikation, der Fähigkeiten im häuslichen Bereich, der Möglichkeiten der Kontaktaufnahme, der Interessen des Patienten, all der Dinge, die Sie ja so nicht kennen und wissen, weil Sie ja den eingeengteren Blick des medizinischen Blickwinkels haben. Also diesen krankheitsspezifischen Blickwinkel und wir schauen halt auch darauf, was kann der Mensch, also welche Fähigkeiten hat er noch und stellen das in den Mittelpunkt und nicht die Defizite. Das ist ja auch wie ein Paradigmenwechsel, dass man sagt, was kann der Mensch denn noch, was können wir bei ihm belassen und nicht, was kann er alles nicht mehr, was müssen wir übernehmen.

– Noch ein Frage zum Assessmentverfahren. Inwieweit gehen Sie nach standardisierten oder offenen Assessmentbögen vor und wie läuft das gesamte Verfahren ab?

Frau S.: Also, es ist so, wir haben nur *eine* Altenpflegekraft und das müssen Sie sich so vorstellen, wenn ein Anruf kommt, geht die Altenpflegekraft in die Häuslichkeit des erkrankten Menschen entweder mit Begleitung der Angehörigen oder mit demjenigen, der einen Zugang hat oder auch alleine. Und dann geht zunächst mal nur die Altenpflegerin zwei oder dreimal die Woche für zwei oder drei Stunden dorthin, um dieses Assessment durchzuführen. Das heißt, sie guckt, was kann der Mensch, was macht er, was braucht er für Unterstützung und bei uns ist es so, dass die Pflegekraft dann nicht nur die Dinge organisiert im Hintergrund, sondern auch die Annahme der Hilfe erarbeitet, das geht dahin, dass sie einfach vertrauensvolle Gespräche führt, also biographieorientierte Gespräche, was die Leute gemacht haben, oder was aktuell für eine Problematik vorliegt, sie bringt etwas zu Essen mit. Sie schaut, welche Möglichkeiten hat der Mensch, wie ernährt er sich, wie versorgt er seinen Haushalt, versucht, in den Haushaltsbereich hineinzukommen und dort anzufangen, wo der Mensch die Dinge nicht mehr alleine schafft. Also, sei es jetzt, den Müll wegzuräumen, oder ähnliches. Und immer nur so weit, wie der Mensch die Hilfe auch zulassen kann. Und erst dann wird geschaut, wo müssen Hilfe und Unterstützung ansetzen.

[Es folgen noch einige Äußerungen zu den Formalitäten des Assessments]

– Vielen Dank für das ausführliche Gespräch.

Ein Mitarbeiter des Arbeitsmarktservice im Gespräch – *„Ich würde mir mal eine eindeutige Definition wünschen"*

Herr K. ist ungefähr 50 Jahre alt. Nach einer Ausbildung zum AOK-Betriebswirt arbeitete er zunächst als Fachlehrer für den Umschulungsberuf zum Sozialversicherungsfachangestellten für Blinde und Sehbehinderte in einem Berufsförderungswerk. Ungefähr 1990 wechselte er innerhalb des Berufsförderungswerkes in den Arbeitsmarktservice und war dort vor allem auch dafür zuständig, den Case Management-Ansatz einzuführen.

Das Gespräch findet in seinem Büro im Berufsförderungswerk statt. Er ist sehr höflich und zuvorkommend, er beantwortet alle Fragen sehr bereitwillig.

– Wie sind Sie erstmals auf die Methode des Case Management aufmerksam geworden?

Herr K.: ...Dann gab es einen Geschäftsführerwechsel und es gab ja sozusagen auch einen Paradigmenwechsel. Früher war die Aufgabe der Berufsförderungswerke, die Leute so gut wie möglich auszubilden. Das ist es auch heute noch, aber früher hat man den Erfolg eines Berufsförderungswerkes daran gemessen, sage ich jetzt etwas platt ausgedrückt, aber doch treffend: Bereitet ihr die Leute gut auf die Prüfungen vor, wenn alle die Prüfungen möglichst gut bestehen, seid ihr ein gutes Berufsförderungswerk. Hier hat jetzt ein Paradigmenwechsel statt-gefunden. Ein gutes Berufs-förderungswerk meint man nun seitens der Kostenträger, der Reha-Träger, vor allem der Rentenversicherungen und der Agenturen, daran festmachen zu können, dass man die Vermittlungsquoten misst. Also, umso mehr Vermittlungen, umso besser seid ihr. Das ist mit dem Geschäftsführerwechsel ein bisschen auch zusammengefallen. Unser Geschäftsführer hat dann, früher hieß

das hier Integrationsberatung, das heißt jetzt Arbeitsmarktservice und hat dann da eben auch den Schwerpunkt darauf gelegt. Und dann war eine interne Stellenausschreibung und er hat es mir wohl zugetraut, dass ich das hier aufbaue. Seit 1990 arbeite ich nun hier. Case Management ist seit ungefähr sieben oder acht Jahren hier ein Begriff und da ist es ja auch das interessante: Fragen Sie mal 20 Leute, was sie unter Case Management verstehen, da kriegen Sie 22 Antworten. Und ich sollte hier das aufbauen.

– Für welches Klientel ist ein Case Management-Verfahren vorgesehen?

Herr K.: Also, wenn wir jetzt mal Case Management so definieren, dass unsere Kostenträger bei gewissen Fällen ein Case Management, oder die sagen auch selber, sie machen Case Management. Und ich kann Ihnen nun hier speziell etwas darüber erzählen. Ich betreue Teilnehmer, unter anderem, die ein Arbeitsverhältnis haben, also, die kommen hierher und sind nicht im Status ‚arbeitslos', sondern im Status ‚im Besitz eines Arbeitsverhältnisses'. Dann ist es ja so, dass das Arbeitsverhältnis entweder mittels eines Vertrages, der kann auch mündlich sein oder de facto ruht. Das ist ja logisch, weil im Moment wird das Arbeitsverhältnis ja nicht aktiv ausgeübt und dann wenden wir ein Case Management an. In dem speziellen Fall kann ich Ihnen sagen, wie ich das mache.

– Was verstehen Sie – mit wenigen Worten – unter Case Management und wie könnten Sie das Verfahren beschreiben?

Herr K.: Das bedeutet, dass ich klientenbezogen als Verantwortlicher, der die Fäden in der Hand hat, diesen – in Anführungszeichen – Fall abwickle. Also ich bin der Fallverantwortliche.

– In der Literatur zeichnet sich der Ansatz des Weiteren auch durch die strukturierte Arbeitsweise aus. Der Hilfeprozess wird untergliedert in Assessment, Zielvereinbarung, Hilfeplanung, Überprüfung und Evaluation. Gehen Sie hier im Berufsförderungswerk ebenso strukturiert vor?

Herr K.: Das kann ich Ihnen ganz gut beispielhaft an einem aktuellen Fall verdeutlichen. Frau W. war bei uns zu einem Reha-Assessment zur Abklärung der beruflichen Eignung. Das ist zweiwöchig. Ziel war es festzustellen, welche Möglichkeiten zur beruflichen Wiedereingliederung sich für Frau W. ergeben. So beginnt das Ganze.

– Nach welchem Assessment-verfahren gehen Sie dabei genau vor?

Herr K.: Reha-Assessment ist ein geschützter Begriff aller Berufsförderungswerke. Und was man unter Reha-Assessment versteht,

da gibt es…Die Frau W. war jetzt unter ‚Abklärung der beruflichen Eignung'. Die Abteilung hier nennt sich Assessment und da gehören auch noch kleinere Untereinheiten dazu, aber die zwei größeren Einheiten sind das Reha-Assessment, die diese Assessments durchführen und der Arbeitsmarkt-Service. Also, das ist praktisch so. Beim Reha-Assessment kommen die Leute ins Haus und es gibt dann ein Ergebnis eines Assessments und der Arbeitsmarkt-Service steht, das ist das interessante an der Abteilung, genau am anderen Ende im Endeffekt, des Prozesses, durch den die Leute wie auch immer hier irgendetwas durchlaufen. Das ist dann die Abteilung Qualifizierung. Die sollen wir dann wieder vermitteln. Das ist aber an den meisten Berufsförderungswerken anders geregelt. Dort sind Reha-Assessment und Vermittlung oft in ganz verschiedenen Abteilungen. Das Case Management kann ich Ihnen nun an den Personen darstellen, die also hierher kommen zum Reha-Assessment und in Besitz eines Arbeitsverhältnisses sind. An dem Beispiel würde ich Ihnen das gerne verdeutlichen. Das ist so, dass wenn jemand wie die Frau W. zu einer zum Beispiel zweiwöchigen Abklärung der beruflichen Eignung kommt und ein Arbeitsverhältnis hat, und wenn das der Fall ist, dann landet sie während den zwei Wochen zu einem Beratungsgespräch bei mir. Dann geht das ja schon an. Die Frau W. wurde uns von der Deutschen Rentenversicherung Bund, das ist der Rentenversicherungsträger für, das ist die frühere BfA, für die Angestellten. Während dieses Reha-Assessments führen wir eine Rundmail, damit jeder immer auf dem aktuellen Stand ist. Und federführend für dieses Reha-Assessment zeichnet der Psychologe. Da werden dann alle möglichen

Sachen gemacht über Sehhilfenerprobung, über Facherprobungen, über psychologische Tests, über medizinische Abklärungen, über augenärztliche Abklärung. Der Psychologe schreibt dann, ich zitiere mal kurz: Arbeitsverhältnis bei Real-Markt, hat zuletzt in Teilzeit 30 Stunden wöchentlich an der Hauptkasse gearbeitet und gerne gearbeitet und sich teilweise sicher überfordert. Hat mehrere gescheiterte Wiedereingliederungsversuche. Hat bereits alleine mit ihrem Chef gesprochen. Der ist zwar sehr nett und schätzt sie, konnte sich aber nicht vorstellen, für was er sie gebrauchen könnte. Außerdem habe er wohl schon einmal eine Sehbehinderte im Büro gehabt, bei der dann alles schief gelaufen sei. Und dann schreibt er wahrscheinlich, dass ich etwas machen soll: Bitte Beratung, Arbeitgebergespräch ist vermutlich erforderlich. Dann mache ich mit der ein Gespräch aus. Habe Frau W. von den ADBE, also Abklärung der beruflichen Eignung, den Ergebnissen und den daraus resultierenden Schlussfolgerungen das Angebot zu einem gemeinsamen Arbeitgebergespräch unterbreitet. Da weiß wieder jeder bescheid. Jetzt ist heute der Bericht an den Kostenträger, den ich in Kopie bekomme, zu mir gekommen, mit allen Ergebnissen. Also vorne ist eine Zusammenfassung und Empfehlung und hinten kommt dann noch einmal die zusammenfassende Begründung. Dann ist das gegliedert in Rehabilitationsanlass, Maßnahmenverlauf, Ergebnis der medizinischen Untersuchungen, Ergebnis der psychologischen Untersuchungen, Ergebnis der praktischen Untersuchungen. Untergliedert in Grunderprobung, berufsrelevante Kenntnisse in Deutsch, berufsrelevante Kenntnisse allgemein und so weiter. Da steht

jetzt drinnen, was jetzt für mich wichtig ist: Zunächst sollte im Rahmen eines Gesprächs zwischen Frau W., ihrem Arbeitgeber und unserem Mitarbeiter Herrn K. geklärt werden, ob es Möglichkeiten für eine innerbetriebliche Umsetzung in eine Bürotätigkeit, sie war ja früher an der Hauptkasse als Kassiererin, mit eher geringen Anforderungen an das Sehvermögen gibt. In diesem Fall empfehlen wir eine Maßnahme zur beruflichen Anpassung und Fortbildung. Im Rahmen dieser Einzelschulung am Arbeitsplatz von Frau W. sollten grundlegende Kenntnisse…und so weiter. Zusammenfassende Begründung. Frau W. ist für ihre berufliche Wiedereingliederung auf das sehbehindertengemäße Arbeiten angewiesen und die oben beschriebenen Hilfsmittel sind erforderlich. Dabei ist das Sehvermögen als grenzwertig zum blindheitsgemäßen Arbeiten einzustufen. Es ist dabei immer wichtig, geht es noch sehbehindertengemäß, also mit Schwarzschrift, oder blindheitsgemäß mit Brailleschrift. Ein blindheitsgemäßes Arbeiten wäre allerdings ebenfalls nur als Versuch möglich. Daher Versuch einer Wiedereingliederung mit Hilfe des sehbehindertengemäßen Arbeitens. Und dann bietet der Kollege Dr. B. [der Psychologe] an, also, er weißt noch einmal darauf hin, dass im Rahmen der zweiwöchigen ADBE-Maßnahmen bereits ein Gespräch mit mir stattgefunden hat bezüglich des bestehenden Arbeitsverhältnisses, und jetzt wird die Empfehlung ausgesprochen, dass zunächst im Rahmen eines Gesprächs mit dem Arbeitgeber die Möglichkeiten für eine innerbetriebliche Umsetzung erneut geklärt werden muss. Sie hat das ja schon einmal alleine versucht. Jetzt warte ich praktisch darauf, dass die DRV-Bund uns den Auftrag erteilt, dass ich einen Termin zu einem Gespräch vor Ort vereinbare. Da werde ich mit dem Arbeitgeber sprechen. Dieses Gespräch wird ein Ergebnis haben. Also, für mich ist jetzt der nächste Schritt, sobald wir beauftragt werden, vereinbare ich mit dem Arbeitgeber einen Termin vor Ort zusammen mit der Frau W., mit der ich mich im Vorfeld noch einmal unter vier Augen abstimmen werde. Entweder telefonisch oder im Vorfeld ein Vieraugen-Gespräch vor Ort. Und dann wird es ein Ergebnis geben bei dem Arbeitgebergespräch und dieses Ergebnis werde ich dann kommunizieren, intern und an die Kostenträger. Und ich steuere den Fall jetzt.

– Gibt es in diesem Rahmen auch eine Art Zielvereinbarungsvertrag, den sowohl Sie als auch der Klient, also in diesem Fall Frau W. unterzeichnen?

Herr K.: Also in dem Fall jetzt nicht. Bei uns im Haus gibt es das aber schon auch. Wir haben eine Wiedereingliederungsmaßnahme, wo wir Praktikumsplätze akquirieren und da ist der Schwerpunkt auf Wiedereingliederung. Das sind Leute, die einen sehbehinderten- oder blindheitsgemäßen Beruf bereits erlernt haben, aber langzeitarbeitslos sind. Also, die müssen nicht mehr umschulen. Da geht es um berufliche Eingliederung, um Wieder- eingliederung. Und da wird ein Zielvereinbarungsvertrag mit denen abgeschlossen.

– Ihre Fallverantwortung wird dann zu Ende gehen, wenn der Klient wieder in Arbeit ist?

Herr K.: Genau. Dann kümmere ich mich noch um die Hilfs- mittelausstattung, die entsprechende. Also, das erste Ziel ist erst einmal, mit dem Arbeitgeber zu reden und zu hören, was er sich vorstellen kann.

Wenn ja, geht es um die Hilfsmittelausstattung. Wenn nein, ist die Frage, wie machen wir weiter. Also ich berichte so oder so dem Kostenträger. Also ich berichte, wenn der Arbeitgeber sich das vorstellen könnte und kooperativ ist, habe ich zu veranlassen einen Bericht zur Arbeitsplatzausstattung. Dass der dann sehbehindertengemäß ausgestattet wird. Wenn der Arbeitgeber nicht kooperativ ist, hat der Dr. B. [Psychologe] ja den Weg aufgezeigt, weil es so grenzwertig ist, dass ein sehbehindertengemäßer Versuch bei einem anderen Arbeitgeber als sinnlos erscheint, dann geht es in Richtung blindheitsgemäßes Arbeiten als Versuch weiter.

– Sie sagten, der Case Management- Ansatz sei vor ungefähr sieben Jahren als Methode eingeführt worden. Können Sie sagen, was sich seitdem konkret in den Arbeitsabläufen verändert hat?

Herr K.: Also, jetzt rein aus meiner Sicht ist es halt so, dass ich das mehr als meinen Fall sehe, ich bin dafür verantwortlich und ich habe das zu einem Ende zu führen. Wie auch immer, abhängig von dem Arbeitgebergespräch bin ich dafür verantwortlich. Die strukturierte Arbeitsweise war vorher ja auch schon ähnlich, aber das ist jetzt natürlich wesentlich optimiert. Das ist ja auch standardisiert. Jetzt am Beispiel dieser Menschen, die ein Arbeitsverhältnis haben: Wer ein Arbeitsverhältnis hat, kommt automatisch zu mir. Ich bin informiert über den Verlauf der Reha-Assessment-Maßnahmen, ich habe immer den aktuellen Stand, ich habe das Ergebnis und ich habe den Vorschlag, der ergeht und ich bin da involviert. Und ich kann auch, wenn ich will, steuernd eingreifen. Nach dem Ende des Reha-Assessments bin ich der, der verantwortlich ist und bei dem die Informationen zusammenlaufen.

– In der Literatur wird der Case Management-Ansatz oftmals unter dem Motto: „Alter Wein in neuen Schläuchen" abgehandelt und somit kritisiert, dass durch die Einführung wohlklingender und professionell wirkender Semantiken letztlich nur eine Umbenennung der ohnehin stattfindenden Abläufe erfolgt. Wie stehen Sie zu dieser Kritik?

Herr K.: Soweit ich das richtig beurteilen kann, kam die Idee auch von den Reha-Trägern. Und auf einmal war dann Case Management das Zauberwort schlechthin. Und das ist ja auch insgesamt ein sehr schwammiger Begriff. Case Management kann man ja bei ziemlich vielem drauf schreiben. Wenn ich jetzt Case Management für mich definieren würde, dann ist für mich das zentrale, dass es auch wirklich einen Case Manager gibt. Bei diesem Gebiet hier, was zugegebenerweise ein Spezialgebiet ist, sehe ich mich absolut als Case Manager. Ich bin derjenige, der die Verantwortung hat und der das Ganze steuert. Und ich hole mir Mitarbeiter dazu, wenn mir das sinnvoll erscheint und ich mache dann auch natürlich einen begründeten Vorschlag.

– Die Weiterbildung zum zertifizierten Case Manager haben Sie aber nicht durchlaufen?

Herr K.: Nein, die habe ich nicht, aber eine Kollegin von mir hat die durchlaufen.

– Sehen Sie ganz allgemein auch bestimmte Aspekte des Ansatzes als kritisch oder hier in der praktischen Umsetzung als verbesserungswürdig an?

Herr K.: Da ist nun die Frage, wie man Case Management definiert. Wie gesagt, ich definiere Case Management so, dass es einen Case Manager gibt, der die Verantwortung hat und der das Ganze zu steuern hat. Das ist für mich ganz wichtig. Kritisch sehe ich halt, dass überall Case Management drauf steht. Jeder sagt, er macht Case Management.

– Die strukturierte Arbeitsweise des Case Management sehen Sie persönlich als großen Vorteil?

Herr K.: Das sehe ich als großen Vorteil. Ein Vorteil ist ja schon einmal, dass es organisatorisch strukturiert ist. Dass man nicht mehr überlegen muss, wie mache ich das denn jetzt. Die Struktur ist vorgegeben. Das sehe ich als großen Vorteil. Und als großen Vorteil sehe ich, dass klar ist, bei diesen Fällen habe ich den Hut auf. Das finde ich auch ganz wichtig, dass immer klar ist, wer den Hut aufhat.

– Sie sprachen anfangs von einem Paradigmenwechsel innerhalb der Berufsförderung, dass nun ausschließlich die Vermittlungsquote als ausschlaggebendes Qualitätsmerkmal fungiert. Muss man in diesem Zusammenhang dann nicht auch die Qualität eines Case Managers auf die Anzahl der Vermittlungen reduzieren, heißt: ist nicht der Case Manager der beste Case Manager, der die höchsten Vermittlungsergebnisse erzielt?

Herr K.: Also, wir sind ja drei Kollegen hier und es gibt eine Vermittlungsquote. Das wäre auch nicht gerecht, das noch einmal zu differenzieren. Der Arbeitsmarktservice zeichnet für die Vermittlungsquote verantwortlich und das sind wir drei, das ist diese Untereinheit. Wir sollen nach zwei Jahren eine Vermittlungsquote von

80 Prozent haben, also, die ist schon sehr hoch aufgehängt. Und da fließt natürlich auch dieses Spezialklientel, das schon einen Arbeitsplatz hat, mit ein. Weil wenn ein Arbeitsverhältnis weiter besteht, ist das ja schließlich auch ein Erfolg. Früher haben die ja eher keine Unterstützung bekommen, was ihr Arbeitsverhältnis betrifft, weil sie ja schon eine Arbeitsstelle hatten. Da gab es niemanden, der sich um die kümmerte. Es muss natürlich das Ziel sein, wenn die Vermittlungsquote sich positiv gestalten soll, dass die Teilnehmer, die ein Arbeitsverhältnis haben, möglichst in dieses Arbeitsverhältnis unter Anpassung an die Rahmenbedingungen, also schlechtes Sehvermögen oder Erblindung, dass man dieses Arbeitsverhältnis erhält.

– *Noch eine abschließende Bemerkung zum Thema Case Management?*

Herr K.: Ich würde mir mal eine eindeutige Definition wünschen. Mir ist das ganze Konzept zu schwammig.

– *Vielen Dank für das ausführliche Gespräch.*

Case Management Als Beratungsansatz, Oder: Zur Logik Der Inventur

„Methode und Macht, das sind wohl zwei
Brüder, auch wenn sie sich im Gewand
der Sozialen Arbeit verbergen."
MICHAEL WINKLER

Diese grundlegenden Wandlungsprozesse, deren Verlauf ausgehend von der politischen Ebene über die institutionelle Ebene bereits beschrieben wurde, können aber auch bis in den direkten Berater-Klienten-Kontakt hinein nachverfolgt werden und forcieren hier eine veränderte Form der Selbstführung. Diese soll anhand der einzelnen Ablaufschritte des Case Management (Assessment, Leistungsplanung, Umsetzung, Kontrolle und Evaluation), das sowohl auf das veränderte Selbst- bzw. Rationalitätsverständnis aufbaut als auch dieses weiter verstärkt, herausgearbeitet und bewertet werden. Letztlich dient das Kapitel auch dazu, aufzuzeigen, dass und inwiefern die auf den beiden anderen Ebenen herausgearbeiteten Entwicklungen sich auf der individuellen Beziehungsebene auswirken (können) und welche theoretischen Grundannahmen diesem Verständnis von sozialer Welt zugrunde liegen.

Verschiedenste Beratungstheorien[266] entwerfen das Bild vom (post-) modernen Menschen als Ratsuchendem, um somit nicht nur – im Konkreten – die allgemeine Zunahme an Beratungsangeboten und deren Spezialisierung, sondern auch – gleichsam als abstrakte Begründungsfigur – die Orientierungs- und Ratlosigkeit des modernen Menschen zu beschreiben.[267] Der Mensch sei in einer sich immer komplexer gebärdenden Welt sehr stark auf Beratung angewiesen, so dass in dieser Zeit der *„neuen Unübersichtlichkeit"*[268] Beratung als ein Grundparadigma menschlichen Zusammenlebens und menschlicher Kommunikation gilt und auch gelten muss. Insbesondere die Theorie reflexiver Modernisierung[269] wird dabei als soziologische Grundlagentheorie herangezogen, um dadurch die immer weiter fortschreitende Individualisierung und Pluralisierung vor allem innerhalb der modernen westlichen Staaten zu

---

[266] Im Folgenden wird als grundlegendes Beispiel eines pädagogischen Beratungsansatzes auf das von Nestmann entworfene Konzept einer *„Ressourcenorientierte[n] Beratung"* (Nestmann, 2004) rekurriert und konkret Bezug genommen werden. Insbesondere aus dem Grund, weil der Case Management-Ansatz ausdrücklich eine ressourcensensible und –fördernde Vorgehensweise fordert.

[267] Dass diese Sichtweise sich nicht auf einen ressourcenorientierten Ansatz beschränkt, sondern insgesamt für Theorien pädagogischer Beratung – sofern diese sich überhaupt um eine soziologische Grundlegung des Ansatzes bemühen – gelten kann, siehe auch bei Krause u.a., 2003.

[268] Habermas, 1985, S. 141.

[269] Vgl. v.a. Beck, 1996.

beschreiben. Insbesondere durch den Prozess der zunehmenden Individualisierung werde der Mensch aus traditionalen Lebensformen herausgelöst, so dass die prinzipiell entscheidungsoffenen, individuell gestaltbaren Lebensmöglichkeiten des Einzelnen zunehmen. *„Von der Kindheit bis ins hohe Alter sind in unüberschaubareren und unplanbareren Lebensverläufen flexible Orientierungs-, Planungs, Entscheidungs- und Handlungskompetenzen der einzelnen und der sozialen Gruppen notwendige Voraussetzungen, ein Leben in der Moderne leben zu können.“*[270]

Mit diesen neuen Spielräumen und Entscheidungsmöglichkeiten wachsen aber zunehmend auch Unsicherheiten und Desorientierung. Die Gesellschaft wird in ihrer Komplexität immer unüberschaubarer. Die Gültigkeit und Zuverlässigkeit traditioneller Interpretationsmuster und Handlungsorientierungen gerät ins Wanken, der einzelne Mensch lebt in einer Welt immer rascheren Wandels. Auch die von den Eltern übernommenen Lebensführungs- und – bewältigungskompetenzen müssen stets hinterfragt werden[271] und können keinen Anspruch auf allgemeine Gültigkeit mehr haben. Das heißt: Was früher vorherbestimmt war, wird jetzt *„zum Spielraum für Eigenentscheidung und – verantwortung, zum offenen Feld von Aushandlungsprozessen und persönlichem und sozialem Experimentieren“*[272]. Vor allem das Soziale wird nicht mehr als das schicksalhaft Gegebene erlebt, sondern wird zu einer Art Möglichkeitsraum. Der Mensch – als *„homo optionis“*[273] – kann und muss zwischen verschiedenen Möglichkeiten der Lebensgestaltung wählen.

Hierbei sollen nun Beratungsangebote behilflich sein. Durch die Identifikation der individuellen, materiellen und sozialen Ressourcen[274] einer Person sollen die Erwartungen mit den Möglichkeiten abgeglichen werden. Im Zuge der Beratung gilt es schließlich, Wege zu bahnen, auf denen sich Menschen *„Klarheit über ihre Handlungsmöglichkeiten verschaffen, Optionen und Alternativen abwägen, eigene Ressourcen klären und für sich Handlungssinn entwickeln können“*[275]. Pädagogische Beratung zeichnet sich dabei insbesondere dadurch aus, dass sie es nicht, wie psychologisch, aber auch

---

[270] Nestmann, 1998, S. 419.
[271] Vgl. Beck/Beck-Gernsheim, 1994, S. 17: *„diese Ebene von vorbewussten Habitualisierungen, von Selbstverständlichkeiten wird mürbe“.*
[272] Nestmann, 1997, S. 17.
[273] Beck/Beck-Gernsheim, 1994, S. 16.
[274] Vgl. Keupp, 2004, S. 480.
[275] Keupp, 2004, S. 482.

sozialwissenschaftlich orientierte Beratungstheorien, mit einem Willen erster Ordnung, sondern im Zuge der Frage nach mündiger Lebensführung, Freiheit und einem bildungsrelevanten Selbstverhältnis mit einem Willen zweiter Ordnung zu tun hat.[276] Heißt: Das Ziel pädagogischer Beratung besteht weniger in einer angestrebten Verhaltensänderung oder ‚Umprogrammierung' als vielmehr in einer durch Bewusstwerdung herbeigeführten Einsicht: *„Etwas, was vorher nicht gesehen wurde, soll in der Beratung als Möglichkeit ‚aufscheinen' oder auch als Möglichkeit hergestellt werden. "*[277]

Aus der Sicht kritischer (Sozial-) Pädagogik, insbesondere im Anschluss an die gouvernemenality studies, muss Beratung an sich aber immer auch kritisch beobachtet werden. Zunächst wird durch ein Beratungsangebot die zu erreichende Selbstbestimmung der zu beratenden Person immer im gleichen Maße ermöglicht wie auch negiert. *„Beratungen können, und das ist ihre Ambivalenz, auf Wohlberatenheit und Mündigkeit abzielen, sie können aber auch Unmündigkeit befördern, indem sie Freiheitsspielräume kontrolliert inszenieren. "*[278] Durch die Abhängigkeit von der Meinung des ‚Experten' wird die Selbstbestimmung des Klienten zunächst unterminiert, um in einem sich anschließenden Beratungsprozess an eben dieser Selbstbestimmung zu arbeiten. Diese Sichtweise erweist sich vor allem dann als problematisch, wenn Beratungsangebote sich auf alle Bereiche des gesellschaftlichen Lebens ausdehnen und somit den einzelnen Bürger entmündigen.[279] *„Jeder und jede gilt als beratungsbedürftig und verbesserungsfähig. "*[280] Des Weiteren muss aber auch die Tatsache kritisch betrachtet werden, dass die Grundannahme einer jeden Beratung darin besteht, eine problematische Situation via Selbstveränderung zu optimieren. Weder institutionelle noch gesamtgesellschaftliche Problemlagen sollen und können im Rahmen eines Beratungsprozesses bearbeitet werden, sondern allein die sich in der problematischen Situation befindende Subjektivität. Somit können Beratungsangebote als konservatives und somit auch herrschaftsstabilisierendes Instrument angesehen werden.

---

[276] Vgl. Dörpinghaus, 2005b.
[277] Dörpinghaus, 2005b, S. 81.
[278] Dörpinghaus, 2005b, S. 82.
[279] Gerade Ulrich Beck kann dabei als idealer Ideologe für Beratung angesehen werden: Wir sind darauf angewiesen, Dinge zu wissen, die sich unserer Erfahrung entziehen. Deshalb sind wir auf (Gegen-) Experten angewiesen. (Vgl. zu diesem Standpunkt ausführlich: Resch, 2005).
[280] Duttweiler, 2004, S. 23.

Diese Kritik wird nun insbesondere im Rahmen einer neo-sozialen bzw. manageriellen Umprogrammierung des Beratungsprozesses greifen. Demnach muss sich guter Rat, der in den Institutionen Sozialer Arbeit hergestellt wird, ökonomisch unter dem Gesichtspunkt vernünftiger Wahl (rational choice) beurteilen lassen.[281] Nach der neoliberalen Vorstellung von *„selbstbestimmt lebenden, eigenverantwortlich handelnden BürgerInnen"*[282], die in bewusster Abwägung ihrer Ressourcen eine optimale Lebensführung anstreben, kann auch der Ablauf einer Beratung nach manageriellen Kriterien erfolgen und so vor allem dazu dienen, das Selbstmanagement der Klienten zu unterstützen. Diese Sichtweise von Beratung soll nun im Folgenden anhand des Case Management-Verfahrens in seinem spezifisch strukturierten Ablauf beschrieben und kritisch dargestellt werden, wobei sich ein weiteres Mal die Modelle und Theorien Pierre Bourdieus als aufschlussreich erweisen.

Auch im Anschluss an die Schriften Bourdieus kann davon ausgegangen werden, dass in den zeitgenössischen Gesellschaften der westlichen Welt der Beratungsbedarf aufgrund steigender Unsicherheiten zunimmt. Diese Unsicherheiten sind vor allem darauf zurückzuführen, dass die Abstimmungsprozesse zwischen Habitus und Feld immer häufiger misslingen, da die Trägheit des Habitus keine Entsprechung findet in den schnellen Veränderungen innerhalb der sozialen Felder. *„Immer häufiger muss daher damit gerechnet werden, dass die Abstimmungsprozesse scheitern, dass die Passungen verfehlt und Habitusformen ausgeprägt werden, deren Entstehungsbedingungen in den veränderten Sozialstrukturen keine Entsprechungen mehr finden."*[283] Dabei stellt sich Bourdieu ausdrücklich gegen all jene Bemühungen, die ihre Hoffnungen allein auf Theorien der Bewusstwerdung gründen, da diese noch zu sehr dem subjektivistischen Paradigma verhaftet blieben und somit die gesellschaftlichen Voraussetzungen vernachlässigten.

Die *„Befreiungsarbeit"*[284] müsste Bourdieu zufolge vielmehr auf drei Ebenen ansetzen:[285] Auf der Ebene der materiellen Verhältnisse muss die ungleiche Verteilung des Kapitals angestrebt und eine demokratische Neuorganisation der gesellschaftlichen Strukturen durchgesetzt werden, um so der Reproduktion der bestehenden Verhältnisse zu entkommen. Auf der Ebene des

---

[281] Vgl. Wendt, 2004, S. 67.
[282] Hansen, 2006, S. 31.
[283] Rieger-Ladich, 2005, S. 290.
[284] Rieger-Ladich, 2002a, S. 340.
[285] Vgl. im Folgenden: Rieger-Ladich, 2002a, S. 320-342.

Akteurs muss durch einen Prozess der Bewusstmachung die Entstehung und Genese des eigenen Habitus zu verstehen gesucht werden, um so die eigene Praxis einer kritischen Prüfung zu unterziehen. Und schließlich müssen auf der gesellschaftlichen Ebene durch eine kritische Soziologie unbewusste Handlungsmuster aufgeklärt, determinierende Faktoren freigelegt und alternative Beschreibungen der sozialen Welt eingeführt werden, um so die Akteure bei ihrem Versuch zu unterstützen, nicht länger als passiver und hilfloser Träger eines Habitus zu agieren. Diese Bewusstwerdung der eigenen habitualisierten Inkorporationen – von Bourdieu auch „Sozioanalyse"[286] genannt – darf daher nur als *ein* Schritt im Vorhaben angesehen werden, sich von gesellschaftlichen Zwängen zu befreien, der aber von politischen Veränderungen und soziologischer Aufklärung begleitet werden muss. Zudem muss das Bewusstwerden und die Arbeit am eigenen Habitus als ein sehr schwieriger und langwieriger Prozess angesehen werden.

Dieser theoretische und ausgesprochen emanzipatorische Ansatz muss in praxi an Grenzen der Umsetzbarkeit stoßen. Letztlich ist Case Management auch kein Konzept zur Befreiung von gesellschaftlichen Zwängen, sondern dient als Verfahren, um einen Hilfeprozess für Menschen, die sich in einer multikomplexen Problemlage befinden, über einen längeren Zeitraum ('over time') und über mehrere Leistungserbringer und Leistungsträger hinweg ('across services') zu koordinieren[287]. Dennoch können Bourdieus Überlegungen als kritische Hintergrundfolie dienen, um den Ansatz und dessen Methodik hinsichtlich seiner gesellschaftlichen und damit – nach Bourdieu – immer auch individuellen Relevanz einzuordnen.

Im Folgenden sollen nun die einzelnen Verfahrensschritte des Case Management (Assessment, Leistungsplanung, Umsetzung, Kontrolle und Evaluation) mit Bezug auf Bourdieus Theoriebausteine durchgesprochen werden. Gerade diese strukturierte Vorgehensweise beinhaltet aber bereits die große Gefahr, dass der gesamte Hilfeprozess von den Klienten häufig sehr formal erlebt wird und sich über die umfangreichen Dokumentationsaufgaben[288] hinaus kaum eine Beziehung entwickelt. Diese Gefahr verschärft sich insbesondere dann, wenn *„die legitime Frage der Effizienz unmittelbar mit der Vorgabe verknüpft wird,*

---

[286] Bourdieu/Wacquant, 1996, S. 98.
[287] Vgl. Ewers, 2000b, S. 55.
[288] Vgl. Klug, 2003, S. 151: *„Für die einzelnen Prozessschritte gibt es jeweils entsprechende Formblätter, die die Arbeit stark normieren."*

dadurch Kosten um jeden Preis zu minimieren"[289]. Dieser Effizienzdruck wird dazu führen, dass zunächst die agogischen Interventionen reduziert werden, es wird weniger kommuniziert und somit werden auch weniger dichte Beziehungsangebote gemacht werden. Die Strukturierung beinhaltet somit die Tendenz, sich zum Selbstzweck zu machen.

Als erster Schritt in der Abfolge der einzelnen Case Management-Schritte gilt es zunächst, im Rahmen eines umfassenden Assessments die Ressourcen und Potentiale des Klienten ausfindig zu machen. Dabei werden neben den persönlichen Ressourcen des Klienten auch die Möglichkeiten des formellen und informellen Hilfesystems mit einbezogen. Diese Ressourcenorientierung reiht sich innerhalb der Sozialen Arbeit ein in einen großflächigeren *„Paradigmenwechsel vom Defizitmodell zum Kompetenz- oder Ressourcenmodell"*[290], durch den – vor allem auch im Rahmen des aktivierenden Sozialstaats – eine Aktivierung der sozialen Netze der Betroffenen, sowie ein Empowerment der individuellen Potentiale angestrebt wird. Im Gegensatz zur Diagnose, durch die ein Befund erhoben und klassifiziert werden soll, dient das Assessment dazu, sowohl die Stärken wie die Schwächen, sowohl die Aktiva wie die Passiva eines Menschen und seines ganzen Lebenszusammenhangs zu sondieren.[291]

Gemäß diesem Ressourcenverständnis ist das gesamte Leben des Menschen dadurch geprägt, sich darum zu sorgen, bestimmte Ressourcen zu haben oder zu erhalten. *„Unsere Lebensführung, unsere Alltagsgestaltung, unser Wohlbefinden und unsere Gesundheit, unsere Erfolge und Misserfolge in der Bewältigung von Anforderungen, Problemen und Krisen sind abhängig von Ressourcen."*[292] Dabei gelten alle Dinge als Ressourcen, die man in seiner Lebensgestaltung wertschätzt, die man für die Lebensbewältigung benötigt und daher erlangen, schützen und bewahren möchte.[293] Menschen werden nach diesem Verständnis immer dann besonders anfällig für physische und psychische Probleme und Störungen, wenn Ressourcen fehlen, wenn Ressourcen verloren gehen oder wenn Ressourcenverlust befürchtet wird. Dabei wird Ressourcenverlust stets einflussreicher und bedeutsamer erlebt als Ressourcengewinn, vor allem weil der Verlust – gerade bei niedrigen Ressourcen – immer ein Stück Gefährdung von Existenz bedeutet. Ein weiteres Prinzip

---

[289] Klug, 2004, S. 26.
[290] Fretschner u.a., 2003, S. 49.
[291] Vgl. Wendt, 1991, S. 27.
[292] Nestmann, 1997, S. 23.
[293] Vgl. Nestmann, 1998, S. 422.

besteht darin, dass, um Ressourcenverlust zu vermeiden und um Ressourcengewinn zu ermöglichen, wiederum der Einsatz von Ressourcen notwendig wird.[294] Hieraus folgt, dass Menschen mit mehr und größeren Ressourcen auch leichter neue Ressourcen hinzugewinnen, während Menschen mit wenigen Ressourcen eher anfällig für Verluste sind.

Im Abgleich mit der bereits angesprochenen Bourdieuschen Kapitaltheorie, die davon ausgeht, dass die einzelnen sozialen Akteure danach streben, feldspezifische Kapitalarten anzusammeln, um diese als eine Art Spieleinsatz in den feldinternen Kämpfen einsetzen zu können, fallen dabei zahlreiche Übereinstimmungen hinsichtlich der Sicht auf die soziale Welt auf. Als Kapital bezeichnet Bourdieu dabei jegliche *„akkumulierte Arbeit, entweder in Form von Materie oder in verinnerlichter, ‚inkorporierter' Form"*[295]. Untergliedern lässt sich das Kapital in die drei Formen des ökonomischen, des kulturellen, sowie des sozialen Kapitals. Dabei sind sich die drei Kapitalarten aber insoweit gleichwertig, als die eine in die andere überführt werden kann und als alle drei Arten gleichermaßen benutzt werden, um die Position des Individuums zu befestigen bzw. zu verbessern.[296]

Das Besondere an Bourdieus Kapitaltheorie stellt aber die Tatsache dar, dass alle Kapitalarten ineinander umgewandelt werden können. Mit Hilfe von ökonomischem Kapital können die anderen Kapitalarten erworben werden, allerdings nur um den Preis *„eines mehr oder weniger großen Aufwandes an Transformationsarbeit, die notwendig ist, um die in dem jeweiligen Bereich wirksame Form der Macht zu produzieren"*[297]. Es ist folglich von der doppelten Annahme auszugehen, dass das ökonomische Kapital einerseits allen anderen Kapitalarten zugrunde liegt, dass aber andererseits die transformierten Erscheinungsformen des ökonomischen Kapitals niemals ganz auf dieses zurückzuführen sind. Schließlich entfalten diese ihre spezifischsten Wirkungen überhaupt nur in dem Maße, *„wie sie verbergen, dass das ökonomische Kapital ihnen zugrunde liegt und insofern, wenn auch nur in letzter Instanz, ihre*

---

[294] Vgl. Nestmann, 1997, S. 365.
[295] Bourdieu, 1983, S. 183.
[296] Aus Platzgründen kann an dieser Stelle nicht ausführlicher auf die genauen Charakteristika der verschiedenen Kapitalarten eingegangen werden. Kurz umrissen kann das ökonomische Kapital als jegliches Kapital, das unmittelbar und direkt in Geld konvertierbar ist, das kulturelle Kapital als inkorporierte, objektivierte oder institutionalisierte Formen kulturellen Wissens und das soziale Kapital als die Gesamtheit der sozialen Beziehungen beschrieben werden. Zu einer ausführlichen Darstellung von Bourdieus Kapitaltheorie vgl. Bourdieu, 1983 und Krais, 1983.
[297] Bourdieu, 1983, S. 195.

Wirkungen bestimmt"[298]. In Bezug auf diese Kapitalumwandlungen gilt stets, dass Gewinne auf einem Gebiet notwendigerweise mit Kosten auf einem anderen Gebiet bezahlt werden.[299] Bourdieu begreift die soziale Welt somit als eine Art Spiel, dessen Verlauf und Resultate auf entscheidende Weise durch das vorgegebene Kapital der einzelnen Akteure, sowie durch deren Fähigkeit, dieses strategisch sinnvoll einzusetzen, bedingt ist.[300] Die praktische Verfügung über die entsprechende Sorte von Kapital bedingt dabei die Handlungs- und Profitchancen, die ein Akteur innerhalb eines spezifischen sozialen Feldes de facto hat.

Während ressourcenorientierte Beratungsansätze davon ausgehen, dass die Verfügung über spezifische Ressourcen als Voraussetzung für die Handlungsfähigkeit und insbesondere für die Problembewältigung anzusehen ist, so spricht Bourdieu von Kapital, um auf diese Weise sowohl auf das Problem der ungleichen Verteilung zu Beginn des Spiels als auch die Problematik der Anhäufung und Vererbung in dessen Verlauf aufmerksam zu machen. Nach Bourdieus Theorie erscheint gerade die im Beratungsprozess – in Form eines Assessments – angestrebte Bewusstmachung und Auflistung der Ressourcen (Kapitalien) als äußerst kritisches Unterfangen, da die Wirkung der Kapitalarten auf das jeweilige Feld begrenzt ist und ausschließlich aus der Logik und der ‚illusio' dieses Feldes zu verstehen ist. Die feldinternen Einsätze und Spielzüge folgen einer praktischen Logik, die nicht mit der wissenschaftlichen Logik gleichgesetzt werden darf, und verlaufen nach vorbewussten Strategien der sozialen Akteure. Ganz im Gegensatz dazu wird im Assessmentverfahren – im Anschluss an die rationale Handlungstheorie – davon ausgegangen, dass die einzelnen sozialen Akteure über eine bestimmte Menge an Handlungsressourcen verfügen und auch dazu in der Lage sind, deren Einsatz im Sinne ihrer Eigeninteressen bewusst zu kontrollieren.[301] Schließlich soll Ressourcenorientierung vor allem auch zu mehr Erfolg und Wirtschaftlichkeit führen, indem – insbesondere im Rahmen eines Case Management-Verfahrens – *„der effektivste und effizienteste Gebrauch menschlicher und finanzieller Ressourcen gefördert wird*"[302].

---

[298] Bourdieu, 1983, S. 196.
[299] Dieses Prinzip von der Erhaltung sozialer Energie lässt sich vor allem dann verifizieren, wenn man für jeden gegebenen Fall sowohl die in Form von Kapital akkumulierte Arbeit als auch die Arbeit in Rechnung stellt, die für die Umwandlung von einer Kapitalart in eine andere notwendig ist.
[300] Vgl. Bourdieu/Wacquant, 1996, S. 128.
[301] Vgl. Kessl/Otto, 2003, S. 58.
[302] Wendt, 1999, S. 157.

Diese im Verlauf des Assessmentverfahrens herausgefilterten Ressourcen sollen schließlich in einem zweiten Schritt in Form eines Vertrages zwischen Klient und Case Manager mit den externen Ressourcen des Hilfesystems abgeglichen werden, um so die mögliche Eigenleistung des Klienten festzuschreiben und auf diese Weise die Hilfeplanung zu steuern. Doch auch hinsichtlich des Vertrags muss dabei eine Anthropologie unterstellt werden, die den Menschen als rational kalkulierendes, auf sein Eigeninteresse bedachtes Wesen beschreibt, das in jeder seiner Handlungen zwischen Alternativen wählen kann und auch faktisch wählt. Da man Verträge schließlich nur über etwas abschließen kann, über das man auch verfügt, verleitet diese Sichtweise dazu, den Menschen als Eigentümer seiner Handlungsressourcen zu betrachten, die er je nach Belieben einzusetzen in der Lage ist. *„Der homo contractualis ist ein Humankapitalist in eigener Sache.“*[303] Der Mensch spaltet sich auf in ein Bündel von Vermögen und andererseits in eine Instanz, die diese Vermögen durch Tausch und Kooperation möglichst Gewinn bringend verwaltet. Vor allem in staatsnahen Case Management-Anwendungen – wie etwa zur Beschäftigungsförderung – hat das *„Regime des Vertrags“*[304] noch eine weitere Auswirkung: Da jegliche Forderung und Zumutung an die Zustimmung dessen gebunden wird, der auf Leistungen angewiesen ist, verlagern sich Schuldzuweisungen an das einzelne Subjekt zurück. *„Was auch immer ihm zugemutet wird, coactus voluit, er selbst hat es so gewollt.“*[305]

Schließlich soll dieser Vertrag vom Case Manager in seiner Einhaltung überprüft, und abschließend das gesamte Verfahren evaluiert werden. Dabei werden die im Sinne der theoretischen Vernunft ausgehandelten Verträge daraufhin geprüft, ob sie auch in der Praxis eingehalten wurden. Nach Bourdieu weisen sich die (nicht-technologischen) Praktiken des Alltags jedoch gerade dadurch aus, dass sie sich nicht als explizites, rationales Abwägen von Gründen und Gegengründen (oder als Anwendung konsensuell ausgehandelter Maximen), sondern als kontingente Entscheidungen realisieren, die nach den streng philosophisch-rationalistischen Kriterien der Theorien vom ‚rational Handelnden' tatsächlich als ‚irrational' zu bezeichnen wären.[306] Dabei geht Bourdieu keineswegs so weit, dass diese vorbewussten Handlungsorientierungen nicht ins

---

[303] Bröckling, 2004b, S. 136.
[304] Bröckling, 2004b, S. 135.
[305] Bröckling, 2004b, S. 137.
[306] Vgl. Schwingel, 1993, S. 57, vgl. des Weiteren: Bourdieu, 1993b, S. 95.

Bewusstsein gehoben werden könnten. Er macht vielmehr darauf aufmerksam, dass es dazu einiger Anstrengung bedarf, weil *„Einverleibtes zunächst vor absichtlichen und überlegten Transformationen geschützt ist, als unaussprechbar und unkommunizierbar erscheint"*[307]. Der Mensch erscheint für Bourdieu gerade nicht als *„resourceful, evaluating, maximizing man"*[308], der jederzeit durch die bewusste Abwägung von (rationalen) Gründen danach strebt, seinen Nutzen zu maximieren, wie es die Rational Choice-Theorie unterstellt und in ähnlicher Weise von verschiedenen Case Management-Ansätzen übernommen wird, sondern für ihn sind alle Pläne, Strategien und Praktiken stets rückgebunden an ein grenzsetzendes Strukturierungsgeflecht, das dem einzelnen eben nicht alles und jedes ermöglicht. Die am Verhandlungstisch durch die Abwägung rationaler Gründe ausgehandelten Verträge können somit ohne den Einbezug der Feld-, wie auch der Habitusbeschränkungen an der Praxis und somit auch im Rahmen der abschließenden Evaluation nur scheitern.

Dabei plädiert Bourdieu keineswegs für eine Orientierung an irrationalen Begründungsmustern. Die ‚Vernünftigkeit' von Handlungen müsse vielmehr in der Relation der habituell generierten Praktiken zu den in der objektiven Struktur eines Feldes angelegten möglichen Zielen, d.h. *„in der (virtuellen) Vernünftigkeit des praktischen Sinns selbst"*[309] liegen. Indem auf diese Weise die Kompetenz zu rationalem Handeln von der Verfügung über ein spezifisches kulturelles Kapital abhängig gemacht wird, könnte mit Schwingel der Hypothese nachgegangen werden, dass rationales Handeln in *den* Klassenfraktionen, die über dieses bestimmte (sozusagen wirtschaftstheoretische) kulturelle Kapital verfügen, häufiger vorkommt, als in den Klassenfraktionen, die mit diesem Kapital nicht oder nur in geringem Maße ausgestattet sind.[310] Dabei gehört aber gerade das Klientel Sozialer Arbeit in der Regel nicht den Klassenfraktionen an, bei denen das rationale Handeln so stark inkorporiert wurde, dass es *„einen gewissen Automatismus"*[311] erreicht hat, d.h. auf einer gleichsam habituellen Ebene funktioniert. Der Schritt der Überprüfung und Evaluation kann sich somit nicht auf strikt rationale Kriterien berufen, sondern muss die impliziten Strategien der sozialen Akteure in die Bewertung mit einbeziehen und auf diese Weise das

---

[307] Wittpoth, 1994, S. 105.
[308] Kunz, 2004, S. 11.
[309] Schwingel, 1993, S. 58.
[310] Vgl. Schwingel, 1993, S. 54.
[311] Schwingel, 1993, S. S. 54.

Fehlen von systematisch deduzierbaren Argumenten zur rationalen Begründung der verschiedenen Alltagspraktiken anerkennen.

Dabei kann als die zentrale und übergreifende Zielsetzung des Case Management-Prozesses letztlich die Befähigung, Unterstützung und Ermutigung von Menschen und Gemeinwesen angesehen werden, ihre Kräfte und Kompetenzen zu entdecken, um im Vertrauen auf eigene Problemlösungen auch in Selbstorganisation ihre Angelegenheit in die Hand zu nehmen. Die Klienten Sozialer Arbeit sollen empowert, sie sollen zum *„Case Manager in eigenen Angelegenheiten"*[312] werden. Diese Sichtweise des Empowerment[313] geht davon aus, dass alle Menschen potenziell kompetent sind, auch in extremen Veränderungssituationen, ihre Probleme zu bewältigen, dass sie zwar verschiedenen Graden von Selbsthilfefähigkeit unterliegen, die sie aber durch soziale Interaktionen und die Einbeziehung von Umweltressourcen ausgleichen können. Dabei neigt der Empowerment-Ansatz allerdings auch dazu, in erster Linie darauf hinzuarbeiten, die lähmenden Ohnmachtsgefühle zu überwinden, und erst in zweiter Linie auf eine Veränderung der bestehenden Herrschaftsverhältnisse abzuzielen. *„Im Vordergrund steht nicht die Lösung von Problemen, sondern die Förderung der Problemlösungskompetenz."*[314]

Im Case Management-Prozess soll dieser Empowerment-Haltung gemäß schließlich auch vor allem das Selbstmanagement des jeweiligen Klienten gefördert werden. Da es nach Ansicht eines führenden Vertreters des Ansatzes *„heutzutage* [..] *in der Lebenswelt und Lebensführung jedes Menschen ökonomisch"*[315] zugehe, so müssten diese auch lernen, das Leben unter *„vernünftigem Einsatz verfügbarer Mittel"*[316] zu gestalten, diese *„planvoll und strategisch"*[317] einzusetzen, um auf diese Weise *„eine optimale persönliche Wohlfahrt"*[318] zu erreichen. Wie dargelegt, erweist sich diese Kompetenz im rationalen Umgang mit den materiellen Ressourcen und immateriellen Vermögen aber als Charakteristikum einer spezifischen Klassenlage. Diese Kompetenz wird somit gerade dort eher gering vorhanden sein, wo es an jenen Ressourcen und Vermögen ohnehin mangelt.

---

[312] Wendt, 2005a, S. 24.
[313] Vgl. exemplarisch: Klug, 2005, S. 47f.
[314] Kessl, 2004a, S. 57.
[315] Wendt, 2006b, S. 40.
[316] Wendt, 1991, S. 13.
[317] Wendt, 1991, S. 13.
[318] Wendt, 1991, S. 13.

Durch diese Sichtweise kann letztlich eine schleichende Verlagerung der Managementverantwortung von der Ebene der Sozialpolitik über die Ebene der Institutionen bis hin zum jeweiligen sozialen Akteur bewirkt werden. Der soziale Akteur soll die Verantwortung für soziale Risiken selbst in die Hand nehmen und sein Leben vor allem in Krisensituationen nach Managementgesichtspunkten regeln. Auf diese Weise kann der im Rahmen der Verwaltungsvereinfachung von der KGSt propagierten Forderung nach Verantwortungsdelegation nachgekommen werden und die Managementverantwortung *„so weit wie möglich nach unten verlagert werden"*[319].

---

[319] KGSt, 1993, S. 17.

Die Ehefrau eines Alzheimerpatienten im Gespräch – *„Ich habe Hilfe gebraucht"*

Frau B. ist eine rüstige Seniorin. Sie lebt zusammen mit ihrem Ehemann alleine in einem Einfamilienhaus, obwohl dieser schon seit mehreren Jahren an Alzheimer leidet und der Pflege- und Betreuungsbedarf zunehmend größer wird. Mit Hilfe der Betreuung und Anleitung durch eine Alzheimerberatungsstelle (vgl. Interview mit Frau S.) gelingt es ihr ganz gut, mit dieser schwierigen Situation fertig zu werden. Von der genaueren methodischen Herangehensweise der Beratungsstelle, die ihr Konzept auf den Grundlagen des Case Management-Ansatzes aufbaut, nahm Frau B. zwar bisher nur wenig Notiz, im Gespräch treten die einzelnen Arbeitsschritte jedoch deutlich hervor.

Das Gespräch findet bei Frau B. zu Hause statt. Sie wirkt psychisch stark belastet, beantwortet aber doch alle Fragen sehr freundlich und wohl überlegt. Während des Gesprächs befindet sich ihr Ehemann im selben Raum, schläft allerdings schon nach kurzer Zeit in einem Sessel ein.

– Wie sind Sie auf die Beratungsstelle aufmerksam geworden und wie kam der erste Kontakt zustande?

Frau B.: Ja, ich habe erfahren durch die Zeitung, ganz zufällig. Mein Mann ist ja schon seit 2000, da habe ich schon die ersten Anzeichen gemerkt und bin dann auch relativ schnell auf den Selbsthilfeverein gestoßen. Aber dieser Selbsthilfeverein, der mag wohl sehr nett und gut und hilfreich sein, aber für mich war das nicht sehr hilfreich. Dann habe ich in der Zeitung von der Beratungsstelle gelesen und dass sie einen Pflegekurs anbieten für Angehörige. Dann habe ich natürlich gleich angerufen und habe mich angemeldet. Dann war das aber eine Fehlinformation in der Zeitung, also der Kurs fand erst 2005 statt. Da haben wir dann mitgemacht, eine Bekannte und ich, und das war wirklich sehr interessant. Also dazu gekommen bin ich eben über die Zeitung, um noch mal zum Anfang zu kommen. Und dann hat mir die Frau P. [Altenpflegerin mit gerontopsychiatrischer Zusatzausbildung] ein Gespräch angeboten. Dann bin ich erst mal reingegangen in den Verein [die Beratungsstelle finanziert sich über einen Trägerverein] und dann haben wir über alles gesprochen. Dann kam sie ins Haus und hat meinen Mann kennen gelernt und hat auch vorgeschlagen, dass ein Betreuer kommen könnte. Sie kam dann eben nach Hause, hat sich alles angeschaut, hat mit uns gesprochen und hat einen Helfer angeboten. Der ist das erste Mal gekommen, aber das hat nicht funktioniert. Er wurde abgelehnt, das zweite Mal hat mein Mann die Tür nicht mehr aufgemacht, hat ihn nicht mehr reingelassen. Und später haben wir dann den Kurs besucht, der war sehr hilfreich.

– Ihr primäres Anliegen, sich an Halma e.V. zu wenden, war auch, dass Sie Ihren Mann zu Hause pflegen wollten?

Frau B.: Ja, ich habe Hilfe gebraucht. Also seelisch und moralisch und auch arbeitsmäßig. Ich wusste ja mit der Krankheit nicht umzugehen, das ist ja das schwere. Das muss man ja erst lernen. Das ist ganz schwierig, mit der Krankheit umzugehen.

– Frau P. kam dann zu Ihnen nach Hause und hat sich hier umgeschaut, hat einen Helfer angeboten, hat sie auch gleich weitere Schritte eingeleitet?

Frau B.: Auch unabhängig von der Beratungsstelle sind wir ja schon in der Nervenklinik gewesen. Aber mir war dann auch die Fahrerei zu viel und er ging auch nicht gerne hin. Das hat er abgelehnt. Das läuft also alles parallel, aber nicht ineinander übergreifend, obwohl der Dr. K. weißt schon darauf hin, auf die Beratungsstelle. In der Klinik habe ich nichts erfahren davon. Da habe ich eine Sozialberaterin genannt bekommen, die ich besuchen sollte. Ich bin hingegangen und das erste war: Mit dieser Krankheit kenne ich mich nicht aus. Das weiß ich nicht.

– Und ist momentan schon so eine Art Helferkreis zu Ihrer Unterstützung eingerichtet worden?

Frau B.: Inzwischen kommt eine Dame zu Hausbesuchen seit letztem Jahr. Da klappt es besser. Einmal pro Woche kann sie kommen. Vormittags, zwei Stunden und dann kann ich mal was erledigen in der Zeit. Das ist ja nicht viel, zwei Stunden, aber wenigstens etwas. Das ist einmal die Hilfe. Und dann habe ich privat noch Hilfe aufgebaut. Und in dieser Woche ist auch zum ersten Mal ein ambulanter Dienst gekommen zum Baden. Das klappt noch nicht ganz, aber ich hoffe, es wird besser.

– Um den ambulanten Dienst haben Sie sich selbstständig gekümmert, oder lief das über die Beratungsstelle?

Frau B.: Also in meinem Fall nicht. Ich hätte sicher Hilfe bekommen, wenn ich sie gebraucht hätte, aber ich habe eine bekannte, deren Tochter hat selbst eine Altenpflege, einen privaten Pflegedienst, und so bin ich dann zu ihr gekommen, zu der jungen Frau. Aber ich muss schon sagen, das ist eine segensreiche Hilfe, die Beratungsstelle, für die Angehörigen, auch für die Patienten. Es gibt ja auch Veranstaltungen, da werden die Patienten mit einbezogen und auch Betreuung bieten sie an, wenn wir Gruppentreffen haben. Dass sie dann die Patienten betreuen, also wirklich. Und die Frauen sind alle sehr kompetent und engagiert. Ich kam mir halt vor, als ich zu dem Verein kam, wie eine, die sich in der Wüste verlaufen hat und nun endlich die Oase findet, die sich auch nicht als Fata Morgana entpuppt. Das war wirklich sehr segensreich. Ich kann mir vorstellen, wie es in früheren Zeiten war, wo die Hilfe gleich null war für solche Patienten und für die Angehörigen. Das war grauenhaft. Jetzt gibt es wenigstens Medikamente, die etwas helfen. Die natürlich nicht heilen können, aber doch etwas helfen.

– Die Beratungsstelle versteht sich auch als Koordinierungsstelle, die zwischen verschiedenen Dienstleistern vermittelt, und nicht als eigener Dienst fungiert. Dabei sollte sich der Berater immer durch Neutralität gegenüber den Anbietern auszeichnen. Fanden Sie diese Neutralität gewahrt?

Frau B.: Neutral inwiefern.

– Nun ja. Wenn es um verschiedene Institutionen geht...

Frau B.: Nun, ich meine, wir erkundigen uns, wir machen uns schlau. Wir besuchen Altenheime, auch gemeinschaftlich. Wir müssen ja die Einrichtungen ansteuern, die für uns gut sind. Die können ja nicht ein Altenheim empfehlen, die mit Demenzkranken nicht umgehen können, wo das Personal gar nicht dementsprechend ausgebildet ist. So gesehen, nennen sie schon Ross und Reiter. Das schon. Aber neutral im Großen und Ganzen schon, auf jeden Fall.

– Als die Fachkraft dann zu Ihnen nach Hause kam, um zu schauen, wie alles abläuft, wie ist das genau abgelaufen?

Frau B.: Ja, sie hat sich schon Notizen gemacht, aber vor allem das Gespräch war wichtig. Sie konnte auch sehr gut mit meinem Mann umgehen. Das hat sehr gut geklappt.

– Wurde bei Ihnen auch eine Art Hilfeplanung erstellt, in dem festgehalten wurde, was erreicht werden soll?

Frau B.: Ja, ich denke schon, dass sie Ziele und Planungen haben für jeden Patienten. Jeder ist ja verschieden und die Krankheit verläuft ja in verschiedenen Stufen bei jedem Patienten und sie versuchen schon, geeignete Helfer auszusuchen, die auch in die Familie und zum Patienten passen. Mein Mann zum Beispiel hat den männlichen Helfer abgelehnt. Der war ihm zu geschäftig. Der hat in der Küche angefangen zu kochen und so weiter und das hat ihm gar nicht gepasst. Und dann haben sie gesagt, versuchen wir es mal mit einer Frau. Ich meine, das ist ja Planung, das ist ja sinnvolle Einrichtung. Das würde ich schon sagen.

– Die Beratungsstelle ist explizit auf Hilfe zur Selbsthilfe hin angelegt. Empfanden Sie sich als ausreichend unterstützt, um die Koordinierung schließlich selbst in die Hand zu nehmen?

Frau B.: Ich habe ja immer die Möglichkeit gehabt anzurufen. Immer wenn ich Schwierigkeiten habe, kann ich anrufen und fragen: Wie soll ich mich verhalten? Was soll ich tun? Da kriegen Sie immer Hilfe. Aber ich bin schon froh, dass ich da allein auch selbstständig arbeiten kann. Also ich meine, das wäre ja ein Einbruch in die Intimsphäre, wenn da ständig jemand dahinter wäre und gucken würde, was macht sie jetzt. Nein, das geht dann zu weit. Ich versuche nur, das beste zu machen aus der Situation.

– Vielen Dank für das ausführliche Gespräch.

Eine Umschülerin eines Berufsförderungswerkes im Gespräch – *„Also, ich habe einen Ansprechpartner"*

Frau K. ist 31 Jahre alt. Nach dem Realschulabschluss machte sie eine Ausbildung zur Bürokauffrau und arbeitete ungefähr 10 Jahre in einem großen Unternehmen. Schließlich verlor sie durch eine schwere Kopfverletzung, die sie sich bei einem Autounfall zuzog, ihr Augenlicht vollständig.

Momentan befindet sie sich in einem Umschulungsprogramm in einem Berufsförderungswerk (vgl. Gespräch mit Herrn K.), um ihren Beruf mittels blindengerechter Hilfsmittel weiter ausüben zu können. Während des Gesprächs befinden wir uns in ihrem Apartment. Sie wirkt sehr offen und ausgeglichen.

– Wie sind Sie erstmals auf das Berufsförderungswerk und die Möglichkeiten einer blindengerechten Umschulung aufmerksam geworden?

Frau K.: Eigentlich habe ich zum ersten Mal vom Berufsförderungswerk schon im Krankenhaus gehört. Dadurch dass ich durch den Unfall von einen Tag auf den anderen erblindet bin, war die Betreuung dort bereits sehr intensiv. Sozialarbeiter und Ärzte haben sich sehr intensiv um mich gekümmert. Ich glaube, die Sozialarbeiterin hat mir dann zum ersten Mal die genaueren Abläufe erklärt und mir die Adresse vom Berufsförderungswerk gegeben. Damals war ich unglaublich froh, dass es eine Perspektive für mich gegeben hat, weil ich wirklich nicht mehr weiter wusste, wie ich mit meiner Behinderung, also ohne mein Augenlicht, weitermachen sollte.

– Dieses Berufsförderungswerk arbeitet schließlich nach der Methode des Case Management, eine spezielle und strukturierte Arbeitsweise. Das heißt, ein Case Manager nimmt sich Ihres Falles an und begleitet Sie durch den gesamten Verlauf des Hilfeprozesses. Wie empfanden Sie persönlich diese Arbeitsweise?

Frau K.: Also das Wort Case Management ist mir so jetzt eigentlich nicht geläufig. Also, ich habe einen Ansprechpartner, das ist der Herr B., der kümmert sich um mich. Wie genau das mit der Methode ist, das weiß ich jetzt nicht so genau.

– Der Case Management-Ansatz zeichnet sich vor allem auch durch die sehr strukturierte Vorgehensweise aus. Der Hilfeprozess wird untergliedert in ein Assessment, eine Zielvereinbarung und einen ausgearbeiteten Hilfeplan. Ich nehme an, auch bei Ihnen wurde zunächst im Rahmen eines Assessmentverfahrens die Ressourcen und die krankheitsbedingten Defizite abgeklärt?

Frau K.: Ja, also nachdem ich einen Platz hatte, musste ich erst mal, also ich habe dann erst mal ein Apartment bekommen und dann hat eine ganze Reihe von Tests begonnen. Also, medizinische, psychologische und so. Das war sehr anstrengend für mich, weil ich doch noch mal sehr mit meiner Behinderung konfrontiert wurde. Vor allem in verschiedenen Gesprächen war das schon ganz schön aufreibend. Man musste ja alles neu lernen, was vorher selbstverständlich war. Wirklich alles. Das war wirklich eine schwierige Phase, weil man noch einmal sehr intensiv mit seiner Lage konfrontiert worden ist. Nach den Tests wurde dann…

– Ich nehme an, Sie nahmen anschließend zunächst an der blindentechnischen Grundrehabilitation teil, um in einem ersten Schritt die allgemeinen lebenspraktischen Fähigkeiten zu erlernen?

Frau K.: Für mich war das ja überhaupt der Sinn des gesamten Berufsförderungswerk, dass ich, na ja, die wollten ja erst mal überprüfen, auf welchem Stand bin ich, was kann ich, was kann ich erlernen, worauf kann man aufbauen. Ich habe ja schon als Bürokauffrau gearbeitet und mein großes Ziel ist es auch, wieder in diesen Beruf, wenn auch nicht beim gleichen Arbeitgeber, zurückzukehren oder zumindest die Chance zu haben, meine Fähigkeiten, die ich ja bisher in meinem Beruf erlernt habe, irgendwie wieder anwenden zu können, vielleicht in einem anderen Berufsfeld. Wichtig war hier aber auch erst mal, lebenspraktische Dinge zu erlernen,

also ganz einfache Dinge wie Kochen, sich in der Stadt zurecht zu finden, Haushaltstätigkeiten, und so. Und dann muss man ja auch alle Dinge, die ich früher im Beruf schon angewendet habe, jetzt am blindengerechten PC neu erlernen.

– Haben Sie persönlich für sich den Eindruck, dass durch die strukturierte Vorgehensweise des Case Managements, also die Aufgliederung des Hilfeprozesses in die unterschiedlichen Schritte, das gesamte Hilfeverfahren sehr formal wirkt?

Frau K.: Nein, eigentlich gar nicht. Herr B. ist ja mein Ansprechpartner. Er kümmert sich um mich und ich kann wirklich auch immer auf ihn zurückkommen, wenn ich eine Frage, vor allem auch wegen Anträgen oder so oder wegen der Ausbildung, kann ich immer zu ihm kommen. Ich fühle mich hier schon sehr wohl. Ich habe hier mein Apartment, habe viele nette Menschen auch mit ähnlichen Schicksalen kennengelernt. Kann hier relativ selbstständig leben, mein Leben führen, und das ist für mich eigentlich gerade das wichtigste.

– Vielen Dank für das ausführliche Gespräch.

ABSCHLIESSENDE BETRACHTUNG, ODER: PLÄDOYER FÜR EINE UNORTHODOXE SICHTWEISE

> „Nebenbei: mit Freiheit betrügt man sich unter Menschen allzu oft. Und so wie die Freiheit zu den erhabensten Gefühlen zählt, so auch die entsprechende Täuschung zu den erhabensten."
>
> *FRANZ KAFKA*

In einem abschließenden Kapitel sollen nun noch einmal die auf den verschiedenen Ebenen herausgearbeiteten Entwicklungen und Rahmenbedingungen in einem kurzen Abriss aufgezeigt werden. Dabei soll das Augenmerk vor allem darauf gelegt werden, welche der besprochenen Ansätze in nachfolgenden wissenschaftlichen Studien weiterverfolgt werden könnten bzw. sollten. Die Frage schließlich, ob die eingangs aufgestellten Hypothesen bestätigt werden konnten, erweist sich dagegen als überaus komplex. Aufgrund der Tatsache, dass die gesamte Untersuchung nicht darauf angelegt war, die Forschungshypothese(n) im Sinne des Kritischen Rationalismus empirisch zu verifizieren, können auch die abgedruckten Interviews lediglich dazu dienen, die durch die Auseinandersetzung mit der Theorie aufscheinenden Signifikanzen und die daraus möglicherweise resultierenden Fehlentwicklungen bzw. –deutungen des Ansatzes in ihren praktischen Auswirkungen zu überprüfen. Alleine aufgrund der geringen Anzahl der durchgeführten Interviews kann und soll der empirische Teil der Studie keine Bestätigung der im Theorieteil erarbeiteten Thesen bewirken. Vielmehr ist die gesamte Studie eher als eine kritische Überprüfung des Case Management-Ansatzes bezüglich der Frage zu verstehen, inwiefern dieses Verfahren einer ‚manageriellen' Vernunft zum Durchbruch verhilft, beziehungsweise als Ausdruck einer großflächigeren Durchsetzung ebendieser angesehen werden kann. Aufgrund dieser sehr abstrakt angelegten Fragestellung kann am Ende der Ausführungen keine eindeutige Bestätigung der Annahmen erfolgen, vielmehr sollte beim Leser eine Art erweitertes Problembewusstsein provoziert werden, das den Ansatz im Hinblick auf unterschiedliche gesellschaftliche Ebenen und aus verschiedenen Perspektiven zu verstehen hilft. Des Weiteren arbeitet die Untersuchung häufig mit Hilfe theoretischer Zuspitzungen, um auf diese Weise die oftmals nur unterschwellig und vorbewusst ablaufenden Prozesse beschreiben und somit sichtbar machen zu können.

Aufgrund der kritischen Ausgangsüberlegungen neigt die Studie dazu, als eine Art Generalkritik am Case Management-Ansatz aufgefasst zu werden. Der Fokus auf die kritischen Momente des Verfahrens ergibt sich dabei aber schlicht durch die zu bearbeitende Ausgangshypothese. Dass der Ansatz im Allgemeinen durch seine sehr abstrakt und allgemein gehaltenen Vorgaben zumindest theoretisch einen zu breiten Gestaltungsspielraum bietet, als dass er vorrangig als Bedrohung wahrgenommen werden müsste[320], versteht sich dabei von selbst. Insbesondere das sehr weite Anwendungsgebiet des Verfahrens auf so unterschiedlichen Feldern des Sozial- und Gesundheitssystems, wie Pflege, Rehabilitationsmaßnahmen, Sozialhilfe, Sucht- und Drogenberatung etc., führt dazu, dass Signifikanzen, die auf einem Gebiet zutreffen auf einem anderen keine Entsprechung finden müssen. Die herausgearbeiteten kritischen Faktoren werden vor allem in ‚staatsnahen' Anwendungsfeldern, wie etwa der Beschäftigungsförderung, der Sozial- oder der Jugendhilfe, verstärkt zu verzeichnen sein. Eine feldspezifische Forschung, die sich auf *ein* Anwendungsfeld beschränkt, könnte demnach die genaueren Entwicklungen und Signifikanzen innerhalb eines Anwendungsfeldes beschreiben und somit die Einführung des Case Management-Ansatzes in die ‚Geschichte' des jeweiligen Feldes einordnen.

Auf allen Ebenen der Untersuchung wurde die Einführung des Case Management-Ansatzes auch als ein Akt *„performative*[r] *Magie "[321]* betrachtet. Dieser von Bourdieu eingeführte Begriff beschreibt die Möglichkeit, mit Hilfe der Sprache, Erscheinungen der sozialen Welt nicht nur zu beschreiben und zu konstatieren, sondern die soziale Praxis direkt zu gestalten. Da die Möglichkeit dieser performativen Akte an die Macht des Sprechenden – und im Umkehrschluss an den Glauben der sozialen Akteure – rückgebunden ist[322], vollzog die Studie diese schrittweise ‚Durchsickerung' der Begrifflichkeiten von der Ebene der Sozialpolitik, über die Ebene der Institutionen bis hin zur individuellen Berater-Klienten-Interaktion nach. Die politische Ebene erscheint so als prädestiniert, um performative Akte anzustoßen und auf diese Weise die Wahrnehmung und die Konstruktion der sozialen Welt umzustrukturieren.[323] Bei Glücken dieser performativen Akte kann es somit auch gelingen, einer Art manageriellen Vernunft erst dadurch Existenz zu verleihen, dass sie in Begrifflichkeiten formuliert und ausgesprochen wird.

---

[320] Vgl. auch Hansen,2005, S. 122.
[321] Audehm, 2001, S. 101.
[322] Das Glücken performativer Akte hängt für Bourdieu nicht von innersprachlichen Logiken ab (wie etwa bei Austin oder Habermas), sondern von den sozialen Bedingungen, unter denen ein Diskurs als autorisierter Diskurs funktioniert.
[323] Vgl. Audehm, 2001, S. 113.

Auf der Makro-Ebene der gesellschaftlichen Strukturen sollte der Ansatz zunächst durch seine syn- und diachrone Verortung innerhalb des (sozial-) politischen Feldes dem vor allem durch die zahlreichen politischen Festschreibungen entstehenden Anschein einer Naturgesetzlichkeit entkleidet und auf bewusste Entscheidungen politischer Akteure zurückgeführt werden. Durch die Einbettung des Ansatzes in das sozialpolitische *„Projekt der Managerialisierung und [..] der Neo-Liberalisierung"*[324], sowie dessen Deutung als Ausdruck einer zunehmenden Verzerrung des politischen Feldes durch kapitalstarke Klassenfraktionen konnte die Ausbreitung des Case Management-Konzeptes schließlich im Rahmen der Diskurse um den aktivierenden Sozialstaat und die Verwaltungsmodernisierung im Rahmen der Neuen Steuerungsmodelle nachgezeichnet und somit erklärbar gemacht werden. Diese Aufklärung über die gesellschaftlichen Entstehungszusammenhänge und (sozial-)politischen Hintergründe des Ansatzes stand dabei – ganz im Sinne Pierre Bourdieus – insbesondere darin, den sozialen Akteuren durch die Bewusstmachung sozialer Tatsachen Mittel an die Hand zu geben, diese Reproduktionszusammenhänge zu durchbrechen.[325]

Auf der Meso-Ebene der Institutionen sollten diese Entwicklungen schließlich weiterverfolgt werden. Soziale Arbeit erschien dabei aufgrund ihres *„doppelten Mandat*[s]*"*[326] als geeigneter Agent[327], um die Veränderungen auf der politischen Ebene in die Lebenswelt Sozialer Akteure zu übertragen und einzuschreiben. Vor allem die scheinbare Überwindung des Technologiedefizits und die Passgenauigkeit des Case Management-Ansatzes bezüglich der Anforderungen des Neuen Steuerungsmodells schienen auf dieser Ebene zur Etablierung des Konzeptes beizutragen. Dabei konnten die sich aus den aufgezeigten sozialpolitischen Anforderungen entwickelnden Aspekte einer aktivierenden Sozialen Arbeit auf eine neosoziale Umprogrammierung sowohl des politischen Anspruchs wie der Konzepte innerhalb sozialer Institutionen zurückgeführt werden. Insbesondere die Semantik im Rahmen der Dienstleistungsdebatte, wie Kunden, Kontrakte, Kooperationen etc., konnte durch

---

[324] Ziegler, 2006, S. 140.
[325] Vgl. auch Bourdieu 1985b, S. 378: *„Wie die Kenntnis der Naturgesetze uns die Mittel an die Hand gibt, die Natur tendenziell zu meistern, so bietet die Formulierung der von mir erwähnten ‚Gesetze', d.h. Reproduktionszusammenhänge, uns die Chance, [...] [die] konterkarierenden Wirkungen zu verstärken."*
[326] Böhnisch/Lösch, 1998, S. 367.
[327] Vgl. Trube, 2005, S. 88.

die Modelle Bourdieus ihres euphemisierenden und damit häufig auch ausschließenden Charakters entkleidet werden.

Durch das Eindringen managerieller Rationalitäten in die Methoden Sozialer Arbeit konnte auf diese Weise neben einer Verzerrung des doppelten Mandats zugunsten der politischen und damit allzu oft auch ökonomischen Seite[328] auch die Entwicklung eines neuen Professionsverständnisses innerhalb der Sozialen Arbeit beschrieben werden. Insbesondere der Case Management-Ansatz steht dabei für eine Sichtweise, die menschliches Handeln seines kontingenten und unverfügbaren Charakters beraubt und auf handhabbare Zielvereinbarungen reduziert. Der Case Manager – in den USA häufig auch schon als Money Manager tituliert[329] – steht so ausdrücklich im Zeichen einer manageriellen Umprogrammierung sozialarbeiterischer Konzepte im Sinne der ‚What works?'-Logik und stellt sich folglich ausdrücklich gegen eine mit Bourdieu zu verwirklichende Auffassung des reflexiv gewordenen Professionellen, der sich selbst als relational Handelnden begreift, d.h. als eine Sozialfigur, die in Relation steht zum Klienten einerseits, die aber im Zweifelsfall auch in Relation steht zum Entscheidungsträger andererseits.[330] Nach diesem Verständnis professionellen Handelns hätte sich Soziale Arbeit unablässig ihrer pädagogischen und politischen Bestandteile zu vergewissern und keinesfalls einen der beiden Aspekte dem anderen überzuordnen. Der reflexiv gewordene Professionelle wäre somit nicht nur bestrebt, sich jeder Art von Funktionalismus, sondern vor allem auch jeder Distanz zu politischen Kämpfen zu enthalten.[331] Auf dieser Ebene müsste eine sich anschließende Forschung insbesondere die internationale Entwicklung dieser Prozesse miteinbeziehen. Insbesondere die institutionellen und professionstheoretischen Auswirkungen im anglo-amerikanischen Raum könnten als Vergleichsmodelle herangezogen werden.[332]

Diese grundlegenden Veränderungen auf der Gesellschafts- wie der Institutionenebene sollten schließlich auf ihre Auswirkungen auf den konkreten Beratungsverlauf und der sich hinter diesem Prozess verbergenden Anthropologie hin untersucht werden. Allein die aus der neueren Managementlehre abgeleitete strukturierte Vorgehensweise, die den Beratungsprozess in Assessment, Zielvereinbarung und Hilfeplanung, Vertrag, Durchführung und Evaluation

---

[328] Vgl. Sambale, 2005, S. 101.
[329] Vgl. Klug, 2005, S. 52.
[330] Vgl. Dewe/Otto, 2002, S. 191.
[331] Vgl. Kessl, 2005a, S. 41.
[332] Vgl. zu dieser Art von Forschung insbesondere Otto/Schnurr, 2000b.

untergliedert, beinhaltet demzufolge die unterschwellige Gefahr, zum Einfallstor für managerielle Wirksamkeitsvorstellungen zu werden. In allen Prozessschritten neigt der Ansatz dazu, die sozialen Akteure als rational handelnde Subjekte aufzufassen, deren Absicht allein darauf ausgerichtet sei, durch bewusste Überlegungen und Entscheidungen eine optimale Lebensführung zu erreichen. *„Der Mensch erscheint als rationaler Egoist, der seine partikularen Zielsetzungen managt."*[333]

Mit Hilfe der Theoriebausteine Bourdieus konnte hingegen gerade der ‚praktische' Sinn als handlungsleitend herausgearbeitet werden. Nach dieser Sichtweise ist der Mensch gerade *„kein rationaler Akteur"*[334], der nutzenmaximierend, bewusst kalkulierend und in Abwägung der vorhandenen Ressourcen seine Lebensführung optimiert. Vielmehr erscheint der Akteur hier eingebunden in feldspezifische und habituelle Grenzsysteme, in denen er durch den Einsatz von Kapital und praktischen Strategien danach strebt, die individuelle Position zu verbessern. Gerade dadurch, dass Bourdieu auf diese Weise von der *„Illusion der Freiheit"*[335] freimacht, gelingt es ihm, den Akteur weder deutlich zu überschätzen und ihn zu einem selbstmächtigen Vernunftwesen zu erhöhen, noch ihn zu unterschätzen, und ihn zu einem bewusstlosen Medium individueller Reproduktionsprozesse zu degradieren[336]. Vor allem das auf Empowerment angelegte übergeordnete Ziel des Case Management-Verfahrens kann auf diese Weise als ein Instrument symbolischer Herrschaft enttarnt werden, da es den sozialen Akteur als sich selbst managendes Subjekt betrachtet, somit aber vor allem auch gesellschaftliche Risiken an das einzelne Subjekt zurück verlagert. Die Modelle Bourdieus können so dazu verhelfen, einen der – mit Staub-Bernasconi – größten Trugschlüsse unserer Zeit nicht nur zu vermeiden, sondern auch argumentativ herzuleiten und zu begründen: *„die Gleichsetzung von menschlicher Vernunft mit ökonomischen Rationalitäts- und Nutzenvorstellungen"*[337]. Diese theoretische Beschäftigung mit den Menschenbildern innerhalb der Modelle der Sozialen Arbeit muss dabei ein weiteres wichtiges Forschungsfeld der (Sozial-) Pädagogik bleiben. Vor allem die Arbeiten Käte Meyer-Drawes, sowie Markus Rieger-Ladichs erweisen sich hierbei als anschlussfähig für eine Beschäftigung mit pädagogischer Anthropologie im Anschluss an Pierre Bourdieu.

---

[333] Maaser, 2003, S. 19.
[334] Bourdieu, 2001d, S. 165.
[335] Bourdieu, 2001d, S. 9.
[336] Vgl. Rieger-Ladich, 2002a, S. 352.
[337] Staub-Bernasconi, 1991, S. 20.

Anhand der kritischen Sichtweise Bourdieus können allerdings nicht nur Gefahren und Fehlentwicklungen des Case Management-Ansatzes aufgezeigt, sondern auch Möglichkeiten einer ‚unorthodoxen' Sichtweise entwickelt werden. Danach müsste sich der Ansatz – wie oben erwähnt – nicht nur durch ein Interesse an politischen Kämpfen und dem reflexiven ‚Aushalten' des doppelten Mandats auszeichnen. Auf der institutionellen Ebene hätte sich ein an der Feldtheorie bereichertes Konzept durch die genaue Kenntnis des jeweiligen Feldes, sowie der feldspezifischen Kämpfe und Einsätze auszuweisen. Schließlich lässt sich aber nicht nur die Institution Beratungsstelle in den Kategorien Bourdieus fassen, sondern auch die inhaltliche Arbeit einer Beratungseinrichtung. Soweit es um Orientierungshilfe für einzelne Akteure geht, wäre Beratung inhaltlich als Analyse der individuellen Situation im Feld bzw. in verschiedenen Feldern sowie als Arbeit am Habitus zu beschreiben. Ansatzpunkt dieser Veränderungsarbeit via Kommunikation wären insbesondere die psychischen Anteile des Habitus: Denk- und Wahrnehmungsschemata, Bewertungen, sowie die ‚illusio' des jeweiligen Feldes. Hier ist die Perspektive Bourdieus dadurch produktiv, dass die auf diese Weise zum Thema werdenden Erlebnisse und Erfahrungen der Subjekte direkt auf die Feldbedingungen bezogen werden können. Zugleich müsste es – bei konkreter Beschreibung der Anforderung eines sozialen Feldes in Relation zur Habitus-Ausstattung der Akteure – auch möglich sein, die spezifischen Feldkonflikte unterschiedlicher Personengruppen zu identifizieren und dieses Wissen in die Beratungsarbeit einzubeziehen. Soweit eine Beratungsstelle Orientierungswissen produziert und bereitstellt, ließe sich ihre Tätigkeit – im Sinne einer *„Erweiterung von Ortskenntnis"*[338] – als Explizitmachen von Spielregeln und Umgangsformen des Feldes beschreiben. Eine Forschung, die sich explizit diesen Möglichkeiten und Chancen des Bourdieuschen Ansatzes widmet und ein spezifisches Beratungsfeld im Sinne dieser Modelle ausleuchtet, könnte dabei vor allem die verengt psychologische Sichtweise zahlreicher Beratungstheorien sprengen.[339]

Die Auswirkungen wissenschaftlicher Arbeiten auf Praxis- oder gar Bewusstseinsänderungen dürfen aber keineswegs überschätzt werden. Da mit Bourdieu auch die Wissenschaft nur als ein soziales Feld unter anderen aufgefasst wird, in dem nach feldspezifischen Regeln gespielt wird, weiß sich auch diese Studie als nur *ein* Beitrag in diesem Spiel. Dennoch besteht die Hoffnung, dass

---

[338] Großmaß, 2000, S. 173.
[339] Vgl. als ein Beispiel ebendieser Forschung: Großmaß, 2000.

die Ausführungen die kritische Beschäftigung mit dem Case Management-Ansatz anregen und weitere Forschungsvorhaben provozieren, die sich nicht nur einer Beschreibung des Status quo und einer Herausarbeitung von Best-Practice-Modellen verschreiben, sondern sich als Sozialwissenschaft im Sinne eines rationalen Utopismus verstanden wissen wollen und somit „das Wissen um das Wahrscheinliche dazu benutz[en], das Mögliche herbeizuführen"[340].

---

[340] Bourdieu/Wacquant, 1996, S. 232.

LITERATUR

[Adorno, 1993] Adorno, Theodor W. (Hrsg.): Der Positivismusstreit in der deutschen Soziologie. Dt. Taschenbuch-Verlag. München 1993.

[Albert, 1969] Albert, Hans: Traktat über kritische Vernunft. 2., unveränderte Auflage. J.C.B. Mohr. Tübingen 1969.

[Alkemeyer, 2006] Alkemeyer, Thomas: Lernen und seine Körper. Habitusformungen und –umformungen in Bildungspraktiken.
IN: Friebertshäuser, Barbara/Rieger-Ladich, Markus/Wigger, Lothar: Reflexive Erziehungswissenschaft – Forschungsperspektiven im Anschluss an Pierre Bourdieu. VS Verlag für Sozialwissenschaften. Wiesbaden 2006. S. 119-141.

[AOK, 2006] AOK-Online-Lexikon: Case Management. 26. Juni 2006.
URL http://www.aok-bv.de/lexikon/c/index_02088.html.

[Audehm, 2001] Audehm, Kathrin: Die Macht der Sprache – Performative Magie bei Pierre Bourdieu.
IN: Wulf, Christoph/Göhlich, Michael/Zirfas, Jörg (Hrsg.): Grundlagen des Performativen – Eine Einführung in die Zusammenhänge von Sprache, Macht und Handeln. Juventa. Weinheim und München 2001. S. 101-128.

[Ballew/Mink, 1991] Ballew, Julius R./Mink, George: Was ist Case Management?
IN: Wendt, Wolf Rainer (Hrsg.): Unterstützung fallweise. CaseManagement in der Sozialarbeit. Lambertus. Freiburg 1991. S. 56-83.

[Balzer, 2004] Balzer, Nicole: Von den Schwierigkeiten, nicht oppositional zu denken. Linien der Foucault-Rezeption in der deutschsprachigen Erziehungswissenschaft.
IN: Ricken, Norbert/Rieger-Ladich, Markus (Hrsg.): Michel Foucault: Pädagogische Lektüren. VS Verlag für Sozialwissenschaften. Wiesbaden 2004. S. 15-35.

[Bamberger, 1999] Bamberger, Günter G.: Lösungsorientierte Beratung. Beltz. Weinheim 1999.

[Bandemer/Hilbert, 2005] Bandemer, Stephan von/Hilbert, Josef: Vom expandierenden zum aktivierenden Staat.
IN: Blanke, Bernhard/Bandemer, Stephan von/Nullmeier, Frank/Wewer, Göttrik (Hrsg.): Handbuch zur Verwaltungsreform. 3., völlig überarbeitete und erweiterte Auflage. VS Verlag für Sozialwissenschaften. Wiesbaden 2005. S. 26-35.

[Beck/Beck-Gernsheim, 1994] Beck, Ulrich/Beck-Gernsheim, Elisabeth: Individualisierung in modernen Gesellschaften – Perspektiven und Kontroversen einer subjektorientierten Soziologie.
IN: Beck, Ulrich/Beck-Gernsheim, Elisabeth (Hrsg.): Riskante Freiheiten – Individualisierung in modernen Gesellschaften. Suhrkamp. Frankfurt am Main 1994. S. 10-39.

[Beck, 1996] Beck, Ulrich: Risikogesellschaft – auf dem Weg in eine andere Moderne. Suhrkamp. Frankfurt am Main 1996.

[Becker/Schmidt/Zintl, 2006] Becker, Michael/Schmidt, Johannes/Zintl, Reinhard: Politische Philosophie. Schöningh. Paderborn u.a. 2006.

[Bell, 1976] Bell, Daniel: The coming of post-industrial society – A venture in social forecasting. Basic Books. New York 1976.

[Benner, 2001] Benner, Dietrich: Hauptströmungen der Erziehungswissenschaft. 4. Aufl. Beltz. Weinheim und Basel 2001.

[Bernhard, 2006] Bernhard, Armin: Modularisierung des Menschen? Zur Korrosion von Identität und den Perspektiven einer emanzipativen Bildung.
IN: Neue Praxis. 36. Jahrgang. Heft 4. 2006. S. 381-393.

[Beyes, 2003] Beyes, Timon: Kontingenz und Mangement. Schriftenreihe innovative betriebswirtschaftliche Forschung und Praxis. Verlag Kovac. Hamburg 2003.

[Blair/Schröder, 1999] Der Weg nach vorne für Europas Sozialdemokraten. Ein Vorschlag von Gerhard Schröder und Tony Blair. London, 8. Juni 1999. 21. November 2006.
URL http://www.glasnost.de/pol/schroederblair.html

[Bmas, 2002] Bundesministerium für Arbeit und Sozialordnung: Moderne Dienstleistungen am Arbeitsmarkt – Bericht der Hartz-Kommission. Eigendruck. Berlin 2002.

[Bmfsfj, 2000a] Bundesministerium für Familie, Senioren, Frauen und Jugend (Hrsg.): Case Management in verschiedenen nationalen Altenhilfesystemen. Bearbeitet von Heike Engel und Dietrich Engels. Kohlhammer. Stuttgart ; Berlin ; Köln 2000.

[Bmfsfj, 2000b] Bundesministerium für Familie, Senioren, Frauen und Jugend: Umfassende Beratung und persönliche Hilfe für ältere Menschen. Seniorenpolitische Fachtagung zum Case Management in Berlin. Pressemitteilung vom 03. Februar 2000.

[Bmfsfj, 2001] Bundesministerium für Familie, Senioren, Frauen und Jugend: Lotsendienst im Hilfenetz. Bundesministerin Bergmann stellt Broschüre zu „Case Management" vor. Pressemitteilung vom 05. Oktober 2001.

[Bmfsfj, 2003] Bundesministerium für Familie, Senioren, Frauen und Jugend: Lotsendienst im Hilfenetz. Case Management – eine neue Form der sozialen Dienstleistung für Pflegebedürftige. 2. Auflage. Januar 2003.

[Bode, 2004] Bode, Ingo: Das Ende der Einheit – Die Transformation von Staatlichkeit im disorganisierten Wohlfahrtskapitalismus.
IN: Lütz, Susanne/Czada Roland (Hrsg.): Wohlfahrtsstaat – Transformationen und Perspektiven. VS Verlag für Sozialwissenschaften. Wiesbaden 2004. S. 67-89.

[Böhm, 1995] Böhm, Winfried: Theorie und Praxis. Eine Einführung in das pädagogische Grundproblem. 2., erweiterte Auflage. Königshausen & Neumann. Würzburg 1995.

[Böhm, 1998] Böhm, Winfried: Das Subjekt ist tot. Es lebe die Person!
IN: Pädagogische Rundschau 52 (1998). S. 291-301.

[Böhm, 2004] Böhm, Winfried: Pädagogik.
IN: Benner, Dietrich/Oelkers, Jürgen (Hrsg.): Historisches Wörterbuch der Pädagogik. Beltz Verlag. Weinheim und Basel 2004. S. 750-782.

[Böhnisch/Lösch, 1998] Böhnisch, Lothar/Lösch, Hans: Das Handlungsverständnis des Sozialarbeiters und seine institutionelle Determination.
IN: Thole, Werner/Galuske, Michael/Gängler, Hans (Hrsg.): KlassikerInnen der Sozialen Arbeit. Sozialpädagogische Texte aus zwei Jahrhunderten – ein Lesebuch. Luchterhand Verlag. Neuwied 1998. S. 367-382.

[Bogumil, 2003] Bogumil, Jörg: Ökonomisierung der Verwaltung. Konzepte, Praxis, Auswirkungen und Probleme einer effizienzorientierten Verwaltungsmodernisierung.
IN: Czada, Roland/Zintl, Reinhard (Hg.): Politik und Markt, PVS – Politische Vierteljahresschrift. Sonderheft 34. Wiesbaden 2003. S. 209-231.

[Bohnsack, 2005] Ralf Bohnsack: Standards nicht-standardisierter Forschung in den Erziehungs- und Sozialwissenschaften.
IN: Zeitschrift für Erziehungswissenschaft. 8. Jahrgang, Heft 4. 2005. S. 63-81.

[Bothmer, 2005] Bothmer von, Henrik: Pädagogik im Fallmanagement. Hiba. Weiterbildung. Band 20/19. Heidelberg 2005.

[Bourdieu, 1976] Bourdieu, Pierre: Entwurf einer Theorie der Praxis auf der ethnologischen Grundlage der kabylischen Gesellschaft. Suhrkamp. Frankfurt am Main 1976.

[Bourdieu, 1983] Bourdieu, Pierre: Ökonomisches Kapital, kulturelles Kapital, soziales Kapital.
IN: Kreckel, Reinhard (Hrsg.): Soziale Ungleichheiten. Schwartz. Göttingen 1983. S. 183-198.

[Bourdieu, 1985a] Bourdieu, Pierre: Sozialer Raum und ‚Klassen'. Leçon sur la leçon. Zwei Vorlesungen. Suhrkamp. Frankfurt am Main 1985.

[Bourdieu, 1985b] Bernd Schwibs im Gespräch mit Pierre Bourdieu: Vernunft ist eine historische Errungenschaft, wie die Sozialversicherung.
IN: Neue Sammlung 25 (1985). S. 376-394.

[Bourdieu, 1992] Bourdieu, Pierre: Rede und Antwort. Suhrkamp. Frankfurt am Main 1992.

[Bourdieu, 1993a] Bourdieu, Pierre: Narzisstische Reflexivität und wissenschaftliche Reflexivität.
IN: Berg, Eberhard (Hrsg.): Kultur, soziale Praxis, Text - Die Krise der ethnographischen Repräsentation. Suhrkamp. Frankfurt am Main 1993.

[Bourdieu, 1993b] Bourdieu, Pierre: Sozialer Sinn – Kritik der theoretischen Vernunft. Suhrkamp. Frankfurt am Main 1993.

[Bourdieu, 1993c] Bourdieu, Pierre: Soziologische Fragen. Edition Suhrkamp. Frankfurt am Main 1993.

[Bourdieu, 1996a] Bourdieu, Pierre: Das Modell Tietmeyer. Vortrag anlässlich des deutsch-französischen Kulturtreffens zum Thema „Gesellschaftliche Integration als kulturelles Problem" an der Universität Freiburg im Breisgau im Oktober 1996. Neu aus dem Französischen übertragen von Daniela Böhmler.
IN: Jurt, Joseph (Hrsg.): absolute Pierre Bourdieu. Orange Press. Freiburg im Breisgau 2003.

[Bourdieu, 1996b] Bourdieu, Pierre: Die Praxis der reflexiven Anthropologie.
IN: Bourdieu, Pierre/Wacquant, Loïc J. D.: Reflexive Anthropologie. Übersetzt von Hella Beister. Suhrkamp. Frankfurt am Main 1996. S. 251-294.

[Bourdieu/Wacquant, 1996] Bourdieu, Pierre/Wacquant, Loïc J. D.: Die Ziele der reflexiven Soziologie. IN: Bourdieu, Pierre/Wacquant, Loïc J. D.: Reflexive Anthropologie. Übersetzt von Hella Beister. Suhrkamp. Frankfurt am Main 1996. S. 95-250.

[Bourdieu u.a., 1997] Bourdieu, Pierre (et alii): Das Elend der Welt – Zeugnisse und Diagnosen alltäglichen Leidens an der Gesellschaft. UVK. Konstanz 1997.

[Bourdieu, 1998a] Bourdieu, Pierre: Gegenfeuer – Wortmeldungen im Dienste des Widerstands gegen die neoliberale Invasion. 2. Aufl. UVK. Konstanz 1998.

[Bourdieu, 1998b] Bourdieu, Pierre: Vom Gebrauch der Wissenschaft. Für eine klinische Soziologie des wissenschaftlichen Feldes. UVK. Konstanz 1998.

[Bourdieu, 1999] Bourdieu, Pierre: Die Regeln der Kunst. Genese und Struktur des literarischen Feldes. Suhrkamp. Frankfurt am Main 1999.

[Bourdieu, 2000a] Bourdieu, Pierre: Das religiöse Feld. Texte zur Ökonomie des Heilsgeschehens. UVK. Konstanz 2000.

[Bourdieu, 2000b] Bourdieu, Pierre: Die feinen Unterschiede. Kritik der gesellschaftlichen Urteilskraft. Suhrkamp. Frankfurt am Main 2000.

[Bourdieu, 2000c] Bourdieu, Pierre: Vereinheitliche und herrsche. Vortrag im Rahmen einer Konferenz an der Kreisen-Universität in Tokyo vom 03. Oktober 2000. Aus dem Französischen von Jörg Ohnacker.
IN: Jurt, Joseph (Hrsg.): absolute Pierre Bourdieu. Orange press. Freiburg im Breisgau 2003. S. 200-210.

[Bourdieu, 2001a] Bourdieu, Pierre: Das politische Feld. Zur Kritik der politischen Vernunft. UVK. Konstanz 2001.

[Bourdieu, 2001b] Bourdieu, Pierre: Gegenfeuer 2 – Für eine europäische soziale Bewegung. UVK. Konstanz 2001.

[Bourdieu, 2001c] Bourdieu, Pierre: Meditationen. Zur Kritik der scholastischen Vernunft. Suhrkamp. Frankfurt am Main 2001.

[Bourdieu, 2001d] Bourdieu, Pierre: Wie die Kultur zum Bauern kommt. Über Bildung, Schule und Politik. VSA. Hamburg 2001.

[Bourdieu, 2003] Bourdieu, Pierre: Ein soziologischer Selbstversuch. Suhrkamp. Frankfurt am Main 2003.

[Bourdieu, 2004a] Bourdieu, Pierre: Der Staatsadel. UVK. Konstanz 2004.

[Bourdieu, 2004b] Bourdieu, Pierre: Praktische Vernunft. Zur Theorie des Handelns. Suhrkamp. Frankfurt am Main 2004.

[Bourdieu, 2005a] Bourdieu, Pierre: Die männliche Herrschaft. Aus dem Französischen von Jürgen Bolder. Suhrkamp. Frankfurt am Main 2005.

[Bourdieu, 2005b] Bourdieu, Pierre: Die verborgenen Mechanismen der Macht. VSA. Hamburg 2005.

[Bourdieu, 2005c] Bourdieu, Pierre: From the King`s House to the Reason of State: A Model of the Genesis of the Bureaucratic Field.
IN: Wacquant, Loic (Hrsg.): Pierre Bourdieu and Democratic Politics – The Mystery of Ministry. Polity Press. Cambridge 2005.

[Bourdieu, 2005d] Bourdieu, Pierre: The Mystery of Ministry – From Particular Wills to the General Will.
IN: Wacquant, Loic (Hrsg.): Pierre Bourdieu and Democratic Politics – The Mystery of Ministry. Polity Press. Cambridge 2005.

[Bourdieu, 2005e] Bourdieu, Pierre: Aufruf gegen die Politik der Entpolitisierung. 28. November 2005.
URL http://www.sozialismus-von-unten.de/archiv/text/bourdieu.htm

[Brezinka, 1972] Brezinka, Wolfgang: Von der Pädagogik zur Erziehungswissenschaft – Eine Einführung in die Metatheorie der Erziehung. 2. verbesserte Auflage. Beltz. Weinheim und Basel 1972.

[Brodkin, 2000] Brodkin, Evelyn Z.: Reorganisation des Wohlfahrtsstaates: Neue Steuerungsmodelle – alte Bürokratieprobleme.
IN: Otto, Hans-Uwe/Schnurr, Stefan (Hrsg.): Privatisierung und Wettbewerb in der Jugendhilfe: Marktorientierte Modernisierungsstrategien in internationaler Perspektive. Luchterhand. Neuwied 2000. S. 43-64.

[Bröckling, 2000] Bröckling, Ulrich: Totale Mobilmachung. Menschenführung im Qualitäts- und Selbstmanagement.
IN: Bröckling, Ulrich/Krasmann, Susanne/Lemke, Thomas (Hrsg.): Gouvernementalität der Gegenwart. Studien zur Ökonomisierung des Sozialen. Suhrkamp. Frankfurt am Main 2000. S. 131-167.

[Bröckling, 2004a] Bröckling, Ulrich: Empowerment.
  IN: Bröckling, Ulrich/Krasmann, Susanne/Lemke, Thomas (Hrsg.): Glossar der
  Gegenwart. Suhrkamp. Frankfurt am Main 2004. S. 55-62.
[Bröckling, 2004b] Bröckling, Ulrich: Kontrakt.
  IN: Bröckling, Ulrich/Krasmann, Susanne/Lemke, Thomas (Hrsg.): Glossar der
  Gegenwart. Suhrkamp. Frankfurt am Main 2004. S. 132-138.
[Brumlik, 2006] Brumlik, Micha: Charakter, Habitus und Emotion oder die Möglichkeit von
  Erziehung? Zu einer Leerstelle im Werk Pierre Bourdieus.
  IN: Friebertshäuser, Barbara/Rieger-Ladich, Markus/Wigger, Lothar: Reflexive
  Erziehungswissenschaft – Forschungsperspektiven im Anschluss an Pierre Bourdieu. VS
  Verlag für Sozialwissenschaften.
  Wiesbaden 2006. S. 143-156.
[Bsasff, 2003] Bayerisches Staatsministerium für Arbeit, Sozialordnung, Familie und Frauen:
  Formen der mobilen geriatrischen Rehabilitation. Konzeptionen im Vergleich. Eine
  Studien von social invest consult gGmbH. Januar 2003.
[Bünder, 2002] Bünder, Peter: Geld oder Liebe? Verheißungen und Täuschungen der
  Ressourcenorientierung in der Sozialen Arbeit. LIT. Münster 2002.
[Buestrich/Wohlfahrt, 2005] Buestrich, M./Wohlfahrt, N.: Case Management in der
  Beschäftigungsförderung? Zur sozialpolitischen Logik und Modernität einer Methode der
  Sozialen Arbeit.
  IN: neue praxis 35. Jg. Heft 4. 2005. S. 307-323.
[Bundesregierung, 1999] Die Bundesregierung: Moderner Staat – Moderne Verwaltung. Das
  Programm der Bundesregierung. Kabinettsbeschluss vom 01. Dezember 1999. 06.
  Dezember 2006.
  URL http://www.bmi-bund.de
[Butterwegge, 2001] Butterwegge, Christoph: Wohlfahrtsstaat im Wandel – Probleme und
  Perspektiven der Sozialpolitik. 3., überarbeitete Auflage. Leske + Budrich. Opladen 2001.

[Clarke/Newman, 1997] Clarke, John/Newman, Janet: The Managerial State: Power, Politics and
  Ideology in the Remaking of Social Welfare. Sage. London 1997.
[Cremer-Schäfer, 2006] Cremer-Schäfer, Helga: Neoliberale Produktionsweise und der Umbau des
  Sozialstaats. Welche Bewandtnis hat Hartz für die Soziale Arbeit?
  IN: Schweppe, Cornelia/Sting, Stephan (Hrsg.): Sozialpädagogik im Übergang. Neue
  Herausforderungen für Disziplin, Profession und Ausbildung. Juventa Verlag. Weinheim
  und München 2006. S. 157-173.
[Cullen/Gendreau, 2001] Cullen, F./Gendreau, P.: From Nothing Works to What Works: Changing
  Professional Ideology in the 21st Century.
  IN: The Prison Journal. Jahrgang 81. Heft 3. 2001. S. 313-338.
[Czada, 2004] Czada, Roland: Die neue deutsche Wohlfahrtswelt. Sozialpolitik und Arbeitsmarkt
  im Wandel.
  IN: Lütz, Susanne/Czada Roland (Hrsg.): Wohlfahrtsstaat – Transformationen und
  Perspektiven. VS Verlag für Sozialwissenschaften. Wiesbaden 2004. S. 127-154.

[Dahme u.a., 2003] Dahme, Heinz-Jürgen/Otto, Hans-Uwe/Trube, Achim/Wohlfahrt, Norbert
  (Hrsg.): Soziale Arbeit für den aktivierenden Staat. Leske + Budrich. Opladen 2003.
[Dahme/Wohlfahrt, 2003] Dahme, Heinz-Jürgen/Wohlfahrt, Norbert: Aktivierungspolitik und der
  Umbau des Sozialstaates. Gesellschaftliche Modernisierung durch angebotsorientierte
  Sozialpolitik.
  IN: Dahme, Heinz-Jürgen/Otto, Hans-Uwe/Trube, Achim/Wohlfahrt, Norbert (Hrsg.):
  Soziale Arbeit für den aktivierenden Staat. Leske + Budrich. Opladen 2003. S. 75-100.
[Dahme/Wohlfahrt, 2005] Dahme, Heinz-Jürgen/Wohlfahrt, Norbert: Sozialinvestitionen – Zur
  Selektivität der neuen Sozialpolitik und den Folgen für die Soziale Arbeit.
  IN: Dahme, Heinz-Jürgen/Wohlfahrt, Norbert (Hrsg.): Aktivierende Soziale Arbeit.
  Theorie – Handlungsfelder – Praxis. Schneider Verlag. Baltmannsweiler 2005. S. 6-20.
[Danner, 2006] Danner, Helmut: Methoden geisteswissenschaftlicher Pädagogik. Einführung in
  Hermeneutik, Phänomenologie und Dialektik. 5., überarbeitete und erweiterte Auflage.
  Reinhardt. München 2006.
[Deleuze, 1993] Deleuze, Gille: Postskriptum über die Kontrollgesellschaften.
  IN: Ders.: Unterhandlungen 1972-1990. Frankfurt am Main. S. 254-262.

[Dewe/Otto, 2002] Dewe, Bernd/Otto, Hans-Uwe: Reflexive Sozialpädagogik. Grundstrukturen eines neuen Typs dienstleistungsorientierten Professionshandelns.
IN: Thole, Werner (Hrsg.): Grundriss Soziale Arbeit. Ein einführendes Handbuch. Leske + Budrich. Opladen 2002. S. 179-198.

[DGS, 2004] Deutsche Gesellschaft für Sozialarbeit/Deutscher Berufsverband für Soziale Arbeit/Deutscher Berufsverband für Pflegeberufe: Standards und Richtlinien für die Weiterbildung: Case Management im Sozial- und Gesundheitswesen und in der Beschäftigungsförderung vom 29.01.2003, geändert am: 22.12.2004.
URL http://www.case-manager.de/cm-richtlinien.htm

[Dilthey, 1922] Dilthey, Wilhelm: Wilhelm Diltheys gesammelte Schriften. Herausgegeben von Groethuysen, Bernhard/Johach, Helmut/Redeker, Martin. Teubner-Verlag. Leipzig u.a. 1922.

[Dörpinghaus, 2002] Dörpinghaus, Andreas: Logik der Rhetorik. Grundriss einer Theorie der argumentativen Verständigung in der Pädagogik. Königshausen & Neumann. Würzburg 2002.

[Dörpinghaus, 2004] Dörpinghaus, Andreas: Sprache und Sozialität. Über gemeinsame Welten und geteilte Auffassungen.
IN: Koch, Lutz (Hrsg.): Rhetorik – Pädagogik – Didaktik. Würzburg 2004. S. 71-85.

[Dörpinghaus, 2005a] Dörpinghaus, Andreas: Erneuerte Frage: Was ist Aufklärung?
IN: Koch, Lutz/Schönherr, Christian: Kant – Pädagogik und Politik. Ergon. Würzburg 2005. S. 117-132.

[Dörpinghaus, 2005b] Dörpinghaus, Andreas: Gut beraten sein. Erwachsenenbildung als Praktik pädagogischer Beratung.
IN: Erwachsenenbildung. 51. Jg. Heft 2. 2005. S. 79-83.

[Dörpinghaus u.a., 2006] Dörpinghaus, Andreas/Poenitsch, Andreas/Wigger, Lothar: Einführung in die Theorie der Bildung. Wissenschaftliche Buchgesellschaft. Darmstadt 2006.

[Donzelot, 2004] Donzelot, Jacques: Die Förderung des Sozialen.
IN: Donzelot, Jacques/Meuret, Denis/Miller, Peter/Rose, Nikolas: Zur Genealogie der Regulation – Anschlüsse an Michel Foucault. Decaton Verlag. Mainz 1994. S. 109-160.

[Duden, 2001] Duden: Herkunftswörterbuch – Etymologie der deutschen Sprache. 3., völlig neu bearbeitete und erweiterte Auflage. Duden Band 7. Dudenverlag. Mannheim et alii 2001.

[Duttweiler, 2004] Duttweiler, Stefanie: Beratung.
IN: Bröckling, Ulrich/Krasmann, Susanne/Lemke, Thomas (Hrsg.): Glossar der Gegenwart. Suhrkamp. Frankfurt am Main 2004. S. 23-29.

[Dzierzbicka, 2006] Dzierzbicka, Agnieszka: Vereinbarungskultur.
IN: Dzierzbicka, Agnieszka/Schirlbauer, Alfred (Hrsg.): Pädagogisches Glossar der Gegenwart. Von Autonomie bis Wissensmanagement. Löcker. Wien 2006. S. 279-287.

[Esping-Andersen, 1998] Esping-Andersen, Gøsta: The three worlds of welfare capitalism. Princeton University Press. Princeton 1998.

[Esping-Andersen, 2003] Esping-Andersen, Gøsta: Why we need a new welfare state. Oxford University Press. Oxford u.a. 2003.

[Ertelt/Schulz, 2002] Ertelt, Bernd-Joachim/Schulz, William E.: Handbuch Beratungskompetenz. Rosenberger Fachverlag. Leonberg 2002.

[Ewers, 1996] Ewers, Michael: Case Managment: Anglo-amerikanische Konzepte und ihre Anwendbarkeit im Rahmen der bundesdeutschen Krankenversorgung. Veröffentlichungsreihe der Arbeitsgruppe Public Health. Wissenschaftszentrum Berlin für Sozialforschung. Berlin, September 1996. 23. November 2006.
URL http://cms.uk-koeln.de/live/case-management/content/e59/e77/Anglo-AmerikanischeCM-KonzepteEwers97(PublicHealth).pdf

[Ewers, 2000a] Ewers, Michael: Case Management im Schatten von Managed Care: Sozial- und gesundheitspolitische Grundlagen.
IN: Ewers, Michael/Schaeffer, Doris: Case Management in Theorie und Praxis. Huber Verlag. Bern u.a. 2000. S. 29-52.

[Ewers, 2000b] Ewers, Michael: Das anglo-amerikanische Case Management: Konzeptionelle und methodische Grundlagen.
IN: Ewers, Michael/Schaeffer, Doris: Case Management in Theorie und Praxis. Huber Verlag. Bern u.a. 2000. S. 53-90.

[Ewers/Schaeffer, 2000] Ewers, Michael/Schaeffer, Doris: Einleitung: Case Management als Innovation im deutschen Sozial- und Gesundheitswesen.
IN: Ewers, Michael/Schaeffer, Doris: Case Management in Theorie und Praxis. Huber Verlag. Bern u.a. 2000. S. 7-28.

[Fehren, 2006] Fehren, Oliver: Gemeinwesenarbeit als intermediäre Instanz: emanzipatorisch oder herrschaftsstabilisierende? IN: Neue Praxis. Zeitschrift für Sozialarbeit, Sozialpädagogik und Sozialpolitik. 36. Jahrgang. Heft 6. 2006. S. 575-595.

[Ferry/Renaut, 1987] Ferry, Luc/Renaut, Alain: Antihumanistisches Denken – gegen die französischen Meisterphilosophen. Hanser. München u.a. 1987.

[FG-CM-DGS, 2005] Fachgruppe Case Management der Deutschen Gesellschaft für Sozialarbeit (Hrsg.): Leitprinzipien Case Management im Sozial- und Gesundheitswesen. Positionspapier. 15. November 2006. URL http://www.case-manager.de/themes/Leitprinzipien%20CM.pdf

[Fischer, 2005] Fischer, Joachim: Bourdieu und Luhmann als Theoretiker der bürgerlichen Gesellschaft. IN: Vorgänge – Zeitschrift für Bürgerrechte und Gesellschaftspolitik. Heft 2. Juni 2005. S. 53-60.

[Fittkau, 2003] Fittkau, Bernd: Ressourcenaktivierende Kurzzeit-Beratung. IN: Krause, Christina (Hrsg.): Pädagogische Beratung. Grundlagen und Praxisanwendung. Schöningh. Paderborn ; München (u.a.) 2003. S. 143-150.

[Flösser, 1994] Flösser, Gaby: Soziale Arbeit jenseits der Bürokratie – über das Management des Sozialen. Luchterhand. Neuwied u.a. 1994.

[Foucault, 1982] Foucault, Michel: Hermeneutik des Subjekts. Vorlesung am College de France 1982. IN: Foucault, Michel: Freiheit und Selbstsorge. 2. Auflage. Materialis. Frankfurt am Main. 1993. S. 32-60.

[Foucault, 1987] Foucault, Michel: Warum ich Macht untersuche: Die Frage des Subjekts. IN: Dreyfus, H.L./Rabinow, P.: Michel Foucault. Jenseits von Strukturalismus und Hermeneutik. Frankfurt am Main 1987.

[Foucault, 1990] Foucault, Michel: Was ist Aufklärung? IN: Erdmann, Eva/Forst, Rainer/Honneth, Axel (Hrsg.): Ethos der Moderne – Foucaults Kritik der Aufklärung. Campus. Frankfurt am Main 1990.

[Foucault, 1993] Foucault, Michel: Freiheit und Selbstsorge. Gespräch mit Michel Foucault am 20. Januar 1984. IN: Foucault, Michel: Freiheit und Selbstsorge. 2. Auflage. Materialis. Frankfurt am Main. 1993. S. 7-28.

[Foucault, 1994] Foucault, Michel: Omnes et singulatim – Zu einer Kritik der politischen Vernunft. IN: Vogl, Joseph (Hrsg.): Gemeinschaften – Positionen zu einer Philosophie des Politischen. Suhrkamp. Frankfurt am Main 1994. S. 65-93.

[Foucault, 2000a] Foucault, Michel: Die Gouvernementalität. IN: Bröckling, Ulrich u.a. (Hrsg.): Gouvernementalität der Gegenwart. Suhrkamp. Frankfurt am Main 2000. S. 41-67.

[Foucault, 2000b] Foucault, Michel: Staatsphobie. IN: Bröckling, Ulrich u.a. (Hrsg.): Gouvernementalität der Gegenwart. Suhrkamp. Frankfurt am Main 2000. S. 68-71.

[Foucault, 2003] Foucault, Michel: Die Wahrheit und die juristischen Formen. Mit einem Nachwort von Martin Saar. Suhrkamp. Frankfurt am Main 2003.

[Foucault, 2004a] Foucault, Michel: Geschichte der Gouvernementalität 1: Sicherheit, Territorium, Bevölkerung. Vorlesung am College de France 1977/1978. Suhrkamp. Frankfurt am Main 2004.

[Foucault, 2004b] Foucault, Michel: Geschichte der Gouvernementalität 2: Die Geburt der Biopolitik. Vorlesung am College de France 1978/1979. Suhrkamp. Frankfurt am Main 2004.

[Fretschner u.a., 2003] Fretschner, Rainer/Hilbert, Josef/Stöbe-Blossey, Sybille: Der aktivierende Staat und seine Implikationen für die soziale Arbeit. IN: Dahme, Heinz-Jürgen/Otto, Hans-Uwe/Trube, Achim/Wohlfahrt, Norbert (Hrsg.): Soziale Arbeit für den aktivierenden Staat. Leske + Budrich. Opladen 2003. S. 37-56.

[Freyberg, 2003] Freyberg, Thomas von: Fördern und Fordern. Case Management in der integrierten Hilfe zur Arbeit. IN: Widersprüche. Heft 90. 2003. S. 57-76.

[Friebertshäuser, 2006] Friebertshäuser, Barbara: Verstehen als methodische Herausforderung für eine reflexive empirische Forschung.
IN: Friebertshäuser, Barbara/Rieger-Ladich, Markus/Wigger, Lothar: Reflexive Erziehungswissenschaft – Forschungsperspektiven im Anschluss an Pierre Bourdieu. VS Verlag für Sozialwissenschaften. Wiesbaden 2006. S. 231-251.

[Friebertshäuser u.a., 2006] Friebertshäuser, Barbara/Rieger-Ladich, Markus/Wigger, Lothar: Reflexive Erziehungswissenschaft – Forschungsperspektiven im Anschluss an Pierre Bourdieu. VS Verlag für Sozialwissenschaften. Wiesbaden 2006.

[Friedrichs, 1990] Friedrichs, Jürgen: Methoden empirischer Sozialforschung. 14. Auflage. Westdeutscher Verlag. Opladen 1990

[Galiläer, 2005] Galiläer, Lutz: Pädagogische Qualität. Perspektiven der Qualitätsdiskurse über Schule, Soziale Arbeit und Erwachsenenbildung. Juventa. Weinheim und München 2005.

[Galuske, 2005] Galuske, Michael: Methoden der Sozialen Arbeit – eine Einführung. 6. Auflage. Juventa Verlag. Weinheim und München 2005.

[Galuske/Thole, 2006] Galuske, Michael/Thole, Werner: Zum Stand der Methodendiskussion in der Sozialen Arbeit – Einleitung.
IN: Galuske, Michael/Thole, Werner (Hrsg.): Vom Fall zum Management – Neue Methoden der Sozialen Arbeit. VS Verlag für Sozialwissenschaften. Wiesbaden 2006. S. 9-14.

[Göring-Eckart/Dückert, 2003] Göring-Eckart, Kathrin/Dückert, Thea: Solidarität in Bewegung: Chancen für alle. Bündnis 90/Die Grünen-Bundestagsfraktion. Berlin. Mai 2003.

[Gross/Badura, 1977] Gross, Peter/Badura, Bernhard: Sozialpolitik und soziale Dienste: Entwurf einer Theorie personenbezogener Dienstleistungen.
IN: Ferber, Christian von/Kaufmann, Franz-Xaver: Soziologie und Sozialpolitik. Westdeutscher Verlag. Opladen 1977. S. 361-385.

[Großmaß, 2000] Großmaß, Ruth: Psychische Krisen und sozialer Raum. Eine Sozialphänomenologie psychosozialer Beratung. dgvt. Tübingen 2000.

[Habermas, 1969] Habermas, Jürgen: Technik und Wissenschaft als ‚Ideologie'. Suhrkamp. Frankfurt am Main 1969.

[Habermas, 1985] Habermas, Jürgen: Die Neue Unübersichtlichkeit – Die Krise des Wohlfahrtsstaates und die Erschöpfung utopischer Energien.
IN: Habermas, Jürgen: Die Neue Unübersichtlichkeit – Kleine Politische Schriften V. Suhrkamp. Frankfurt am Main 1985. S. 141-163.

[Habermas, 1988] Habermas, Jürgen: Der philosophische Diskurs der Moderne. Zwölf Vorlesungen. Suhrkamp. Frankfurt am Main 1988.

[Habermas, 1995] Habermas, Jürgen: Die Theorie des kommunikativen Handelns. Band 1 und 2. Suhrkamp Taschenbuch Wissenschaft. Frankfurt am Main 1995.

[Hansen, 2005] Hansen, Eckhard: Das Case/Care Management. Anmerkungen zu einer importierten Methode.
In: Neue Praxis. 35. Jg. Heft 2. 2005. S. 107-125.

[Hansen, 2006] Hansen, Eckhard: Das Case/Care Management – Anmerkungen zu einer importierten Methode: Qualitätssicherung und –management in der Sozialen Arbeit.
IN: Galuske, Michael/Thole, Werner (Hrsg.): Vom Fall zum Management – Neue Methoden der Sozialen Arbeit. VS Verlag für Sozialwissenschaften. Wiesbaden 2006. S. 17-36.

[Hayek, 1971] Hayek, Friedrich August von: Die Verfassung der Freiheit. J.C.B. Mohr. Tübingen 1971.

[Heinelt, 2005] Heinelt, Hubert: Vom Verwaltungsstaat zum Verhandlungsstaat.
IN: Blanke, Bernhard/Bandemer, Stephan von/Nullmeier, Frank/Wewer, Göttrik (Hrsg.): Handbuch zur Verwaltungsreform. 3., völlig überarbeitete und erweiterte Auflage. VS Verlag für Sozialwissenschaften. Wiesbaden 2005. S. 10-17.

[Heite, 2006] Heite, Catrin: Professionalisierungsstrategien der Sozialen Arbeit. Der Fall Case Management.
IN: neue praxis. 36. Jg. Heft 2. 2006. S. 201-207.

[Hepp, 2006] Hepp, Rolf-Dieter: Das Feld der Bildung in der Soziologie Pierre Bourdieus: Systematische Vorüberlegungen.
IN: Friebertshäuser, Barbara/Rieger-Ladich, Markus/Wigger, Lothar: Reflexive Erziehungswissenschaft – Forschungsperspektiven im Anschluss an Pierre Bourdieu. VS Verlag für Sozialwissenschaften.
Wiesbaden 2006. S. 21-39.

[Hermsen u.a., 2006] Hermsen, Thomas/Löcherbach, Peter/Mennemann, Hugo/Schmid, Martin: Case Management in der Kinder- und Jugendhilfe.
IN: neue praxis. 36. Jg. Heft 3. 2006. S. 346-356.

[Herz, 1996] Herz, Martin: Disposition und Kapital: ein Beitrag zur Bourdieu-Debatte. Braumüller. Wien 1996.

[Hilgendorf, 1997] Hilgendorf, Eric: Hans Albert zur Einführung. Junius. Hamburg 1997.

[Höhne, 2002] Höhne, Thomas: Pädagogisierung sozialer Machtverhältnisse.
IN: Dörfler, Thomas/Globisch, Claudia (Hrsg.): Postmodern practices – Beiträge zu einer vergehenden Epoche. LIT. Münster, Hamburg, London 2002. S. 115-129.

[Höhne, 2006] Höhne, Thomas: Wissensgesellschaft.
IN: Dzierzbicka, Agnieszka/Schirlbauer, Alfred (Hrsg.): Pädagogisches Glossar der Gegenwart. Von Autonomie bis Wissensmanagement. Löcker. Wien 2006. S. 297-305.

[Holtzwart/Bohrke-Petrovic, 2006] Holtzwart, Ralf/Bohrke-Petrovic, Siglinde: Fallmanagement in der Beschäftigungsförderung.
IN: Wendt, Wolf Rainer/Löcherbach Peter (Hrsg.): Case Management in der Entwicklung - Stand und Perspektiven in der Praxis. Economica Verlag. Heidelberg 2006. S. 71-91.

[Horkheimer/Adorno, 2004] Horkheimer, Max/Adorno, Theodor W.: Die Dialektik der Aufklärung – philosophische Fragmente. Ungekürzte Ausgabe. 15. Auflage. Fischer. Frankfurt am Main 2004.

[Horkheimer, 1970] Horkheimer, Max: Traditionelle und kritische Theorie. Vier Aufsätze. Fischer. Frankfurt am Main 1970.

[Jann, 2005] Jann, Werner: Neues Steuerungsmodell.
IN: Blanke, Bernhard/Bandemer, Stephan von/Nullmeier, Frank/Wewer, Göttrik (Hrsg.): Handbuch zur Verwaltungsreform. 3., völlig überarbeitete und erweiterte Auflage. VS Verlag für Sozialwissenschaften. Wiesbaden2005. S. 74-84.

[Jurt, 2003] Jurt, Joseph (Hrsg.): absolute Pierre Bourdieu. Herausgegeben und mit einem biografischen Essay von Joseph Jurt. orange press. Freiburg im Breisgau 2003.

[Kaufmann, 2003] Kaufmann, Franz-Xaver: Sozialpolitisches Denken – die deutsche Tradition. Suhrkamp. Frankfurt am Main 2003.

[Kaufmann, 2005] Kaufmann, Franz-Xaver: Zur historischen und aktuellen Entwicklung des europäischen Staates.
IN: Blanke, Bernhard/Bandemer, Stephan von/Nullmeier, Frank/Wewer, Göttrik (Hrsg.): Handbuch zur Verwaltungsreform. 3., völlig überarbeitete und erweiterte Auflage. VS Verlag für Sozialwissenschaften. Wiesbaden 2005. S. 3-10.

[Kant, 1977] Kant, Immanuel: Beantwortung der Frage: Was ist Aufklärung? (5. Dezember 1783)
IN: Kant, Immanuel: Schriften zur Anthropologie, Geschichtsphilosophie, Politik und Pädagogik 1. Werkausgabe Band XI. Herausgegeben von Wilhelm Wischedel. Surkamp. Frankfurt am Main 1977. S. 53-61.

[Kessl/Otto, 2003] Kessl, Fabian/Otto, Hans-Uwe: Aktivierende Soziale Arbeit. Anmerkungen zur neosozialen Programmierung Sozialer Arbeit.
IN: Dahme, Heinz-Jürgen/Otto, Hans-Uwe/Trube, Achim/Wohlfahrt, Norbert (Hrsg.): Soziale Arbeit für den aktivierenden Staat. Leske + Budrich. Opladen 2003. S. 57-73.

[Kessl/Otto, 2004] Kessl, Fabian/Otto, Hans-Uwe: Soziale Arbeit und die Neugestaltung des Sozialen.
IN: Kessl, Fabian/Otto, Hans-Uwe (Hrsg.): Soziale Arbeit und Soziales Kapital. Zur Kritik lokaler Gemeinschaftlichkeit. VS Verlag für Sozialwissenschaften. Wiesbaden 2004. S. 7-20.

[Kessl, 2005a] Kessl, Fabian: Soziale Arbeit als aktivierungspädagogischer Transformationsriemen.
IN: Dahme, Heinz-Jürgen/Wohlfahrt, Norbert (Hrsg.): Aktivierende Soziale Arbeit. Theorie – Handlungsfelder – Praxis. Schneider Verlag. Baltmannsweiler 2005. S. 30-43.

[Kessl, 2005b] Kessl, Fabian: Wer regiert den Sozialraum? Zur Kritik der pädagogischen Illusionen nahräumlicher Selbstbestimmung.
IN: Projekt „Netzwerke im Stadtteil" (Hrsg.): Grenzen des Sozialraums. Kritik eines Konzepts – Perspektiven für Soziale Arbeit. VS Verlag für Sozialwissenschaften. Wiesbaden 2005. S. 125-144.

[Kessl, 2006a] Kessl, Fabian: Lebenslanges Lernen oder ununterbrochene Bildung? Eine symptomale Lektüre aktueller Bildungsprogrammatiken.
IN: neue praxis. 36. Jg. Heft 3. 2006.

[Kessl, 2006b] Kessl, Fabian: Sozialer Raum als Fall?
IN: Galuske, Michael/Thole, Werner (Hrsg.): Vom Fall zum Management – Neue Methoden der Sozialen Arbeit. VS Verlag für Sozialwissenschaften. Wiesbaden 2006. S. 37-54.

[Keupp, 2004] Keupp, Heiner: Beratung als Förderung von Identitätsarbeit in der Spätmodern
IN: Nestmann, Frank et alii (Hrsg.): Das Handbuch der Beratung. Band 2. dgvt-verlag. Tübingen 2004. S. 469-483.

[KGSt, 1993] Kommunale Gemeinschaftsstelle für Verwaltungsmanagement: Das Neue Steuerungsmodell. Bericht Nr. 5. Köln 1993.

[KGSt, 1994] Kommunale Gemeinschaftsstelle für Verwaltungsmanagement: Outputorientierte Steuerung der Jugendhilfe. Bericht Nr. 9. Köln 1994.

[Klug, 2003] Klug, Wolfgang: Mit Konzept planen – effektiv helfen. Ökosoziales Case Management in der Gefährdetenhilfe. Lambertus-Verlag. Freiburg im Breisgau 2003.

[Klug, 2004] Klug, Wolfgang: Fallmanagement: Effizienz durch Lernen.
IN: Sozialwirtschaft – Zeitschrift für Sozialmanagement. 14. Jg. Heft 2. S. 25-26.

[Klug, 2005] Klug, Wolfgang: Case Management im US-amerikanischen Kontext – Anmerkungen zur Bilanz und Folgerungen für die deutsche Sozialarbeit.
IN: Löcherbach, Peter et alii (Hrsg.): Case Management – Fall- und Systemsteuerung in der Sozialen Arbeit. 3., aktualisierte Auflage. Ernst Reinhardt Verlag. München 2005. S. 40-66.

[Kluge, 2002] Kluge: Etymologisches Wörterbuch der deutschen Sprache. Bearbeitet von Elmar Seebold. 24., durchgesehene und erweiterte Auflage. Walter de Gruyter. Berlin/New York 2002.

[Knape, 2001] Knape, J. (et alii): Managementrhetorik.
IN: Ueding, Gert: Historisches Wörterbuch der Rhetorik. Band 5: L-Musi. Wissenschaftliche Buchgesellschaft. Darmstadt 2001. S. 843-872.

[Kneer, 2004] Kneer, Georg: Differenzierung bei Luhmann und Bourdieu – Ein Theorienvergleich.
IN: Nassehi, Armin/Nollmann, Gerd (Hrsg.): Bourdieu und Luhmann. Ein Theorienvergleich. Suhrkamp. Frankfurt am Main 2004. S. 25-56.

[König/Zedler, 2002] König, Eckard/Zedler, Peter: Theorien der Erziehungswissenschaft. 2. Aufl. Beltz. Weinheim und Basel. 2002.

[Koller, 1999a] Koller, Hans-Christoph: Bildung und Widerstreit – zur Struktur biographischer Bildungsprozesse in der (Post-)Moderne. Fink. München 1999.

[Koller, 1999b] Koller, Hans-Christoph: Ungewissheit zur Sprache bringen. Zur Bedeutung der Rhetorik für eine ‚postmoderne' Theorie der Argumentation.
IN: Dörpinghaus, Andreas/Helmer, Karl (Hrsg.): Zur Theorie der Argumentation in der Pädagogik. Königshausen & Neumann. Würzburg 1999. S. 170-185.

[Krais, 1983] Krais, Beate: Bildung als Kapital: Neue Perspektiven für die Analyse der Sozialstruktur?
IN: Kreckel, Reinhard (Hrsg.): Soziale Ungleichheiten. Schwartz. Göttingen 1983. S. 199-220.

[Krause u.a., 2003] Krause, Christina u.a. (Hrsg.): Pädagogische Beratung. Grundlagen und Praxisanwendung. Schöningh. Paderborn ; München (u.a.) 2003.

[Krauss, 2005] Krauss, Hartmut: Zwischen Subjektivismus und Objektivismus. Zum Erkenntnisgehalt der theoretischen Konzeption Pierre Bourdieus. 20. Juli 2005.
URL http://www.glasnost.de/autoren/krauss/bourd.html.

[Krauß, 2006] Krauß, E. Jürgen: Methoden in der Sozialen Arbeit – Stellenwert, Überblick und Entwicklungstendenzen.
IN: Galuske, Michael/Thole, Werner (Hrsg.): Vom Fall zum Management – Neue Methoden der Sozialen Arbeit. VS Verlag für Sozialwissenschaften. Wiesbaden 2006. S. 119-132.

[Kreft/Mielenz, 2005] Kreft, Dieter/Mielenz, Ingrid: Soziale Arbeit.
    IN: Kreft, Dieter/Mielenz, Ingrid (Hrsg.): Wörterbuch Soziale Arbeit. Aufgaben, Praxisfelder, Begriffe und Methoden der Sozialarbeit und Sozialpädagogik. 5., vollständig überarbeitete und ergänzte Auflage. Juventa Verlag. Weinheim und München 2005. S. 767-769.

[Krölls, 2000] Krölls, Albert: Die Ökonomisierung der Sozialarbeit. Die Reform des Sozialstaates und der Zeitgeist der Standortpflege in Wissenschaft und Berufspraxis.
    IN: Lindenberg, Michael (Hrsg.): Von der Sorge zur Härte – Kritische Beiträge zur Ökonomisierung Sozialer Arbeit. Kleine Verlag. Bielefeld 2000. S. 55-87.

[Kunstreich, 1997] Kunstreich, Timm: Grundkurs Soziale Arbeit. Sieben Blicke auf Geschichte und Gegenwart Sozialer Arbeit. 2 Bände. Agentur des Rauhen Hauses. Hamburg 1997.

[Kunz, 2004] Kunz, Volker: Rational Choice. Campus. Frankfurt am Main 2004.

[Kutscher, 2003] Kutscher, Nadia: Moralische Begründungsstrukturen professionellen Handelns in der Sozialen Arbeit: eine empirische Untersuchung zu normativen Deutungs- und Orientierungsmustern in der Jugendhilfe. 09. Januar 2007.
    URL: http://bieson.ub.uni-bielefeld.de/volltexte/2003/406/

[Lampert, 1997] Lampert, Heinz: Krise und Reform des Sozialstaates. Verlag Peter Lang. Frankfurt am Main u.a. 1997.

[Lampert/Althammer, 2004] Lampert, Heinz/Althammer, Jörg: Lehrbuch der Sozialpolitik. Siebte, überarbeitete und vollständig aktualisierte Auflage. Springer Verlag. Berlin u.a. 2004.

[Lamping/Schridde, 2004] Lamping, Wolfram/Schridde, Henning: Der „Aktivierende Sozialstaat" – ordnungs- und steuerungstheoretische Aspekte.
    IN: Lütz, Susanne/Czada Roland (Hrsg.): Wohlfahrtsstaat – Transformationen und Perspektiven. VS Verlag für Sozialwissenschaften. Wiesbaden 2004. S. 39-65.

[Lange-Vester, 2006] Lange-Vester, Andrea: Bildungsaußenseiter. Sozialdiagnosen in der „Gesellschaft mit begrenzter Haftung".
    IN: Friebertshäuser, Barbara/Rieger-Ladich, Markus/Wigger, Lothar: Reflexive Erziehungswissenschaft – Forschungsperspektiven im Anschluss an Pierre Bourdieu. VS Verlag für Sozialwissenschaften. Wiesbaden 2006. S. 269-287.

[Langhanky, 2005] Langhanky, Michael: Diagnostik – eine Kunst des Regierens.
    IN: Widersprüche. Heft 96. 2005. S. 7-21.

[Lemke, 1997] Lemke, Thomas: Eine Kritik der politischen Vernunft – Foucaults Analyse der modernen Gouvernementalität. Argument-Verlag. Berlin 1997.

[Lemke u.a., 2000a] Lemke, Thomas/Krasmann, Susanne/Bröckling, Ulrich: Gouvernementalität, Neoliberalismus und Selbsttechnologien. Eine Einleitung.
    IN: Bröckling, Ulrich u.a. (Hrsg.): Gouvernementalität der Gegenwart. Suhrkamp. Frankfurt am Main 2000. S. 7-40.

[Lemke, 2000b] Lemke, Ulrich: Neoliberalismus, Staat und Selbsttechnologien. Ein kritischer Überblick über die governmentality studies.
    IN: Politische Vierteljahrsschrift. 41. 2000. S. 31-47.

[Lenz, 2003] Lenz, Albert: Ressourcenorientierte Beratung – Konzeptionelle und methodische Überlegungen.
    IN: Praxis der Kinderpsychologie und Kinderpsychiatrie, 52 (4). 2003. S. 234-249.

[Lessenich, 2003] Lessenich, Stephan: Soziale Subjektivität. Die neue Regierung der Gesellschaft.
    IN: Mittelweg 36. Zeitschrift des Hamburger Instituts für Sozialforschung. Heft 4. 2003. Seite 80-93.

[Liebau, 1987] Liebau, Eckart: Gesellschaftliches Subjekt und Erziehung: zur pädagogischen Bedeutung der Sozialisationstheorien von Pierre Bourdieu und Ulrich Oevermann. Juventa. München 1987.

[Liebau, 1993] Liebau, Eckart: Vermittlung und Vermitteltheit. Überlegungen zu einer praxeologischen Pädagogik.
    IN: Gebauer, Gunter/Wulf, Christoph (Hrsg.): Praxis und Ästhetik. Neue Perspektiven im Denken Pierre Bourdieus. Suhrkamp. Frankfurt am Main 1993. S. 251-269.

[Liebau, 2006] Liebau, Eckart: Der Störenfried. Warum Pädagogen Bourdieu nicht mögen.
    IN: Friebertshäuser, Barbara/Rieger-Ladich, Markus/Wigger, Lothar: Reflexive Erziehungswissenschaft – Forschungsperspektiven im Anschluss an Pierre Bourdieu. VS Verlag für Sozialwissenschaften. Wiesbaden 2006. S. 41-58.

[Lindenberg, 2000] Lindenberg, Michael: Kommerzielles Denken und Soziale Arbeit.
    IN: Lindenberg, Michael (Hrsg.): Von der Sorge zur Härte – Kritische Beiträge zur Ökonomisierung Sozialer Arbeit. Kleine Verlag. Bielefeld 2000. S. 33-53.

[Lischewski, 1996] Lischewski, Andreas: „Tod des Subjekts"!? Zum Selbstverständnis Pädagogischer Anthropologie zwischen „Subjekt" und „Postmoderne". Erziehung, Schule, Gesellschaft. Bd. 12. Ergon. Würzburg 1996.

[Löcherbach, 2002] Löcherbach, Peter: Case-Management. Fall- und Systemsteuerung in Theorie und Praxis. Luchterhand. Neuwied 2002.

[Löcherbach, 2003] Löcherbach, Peter: Einsatz der Methode Case Management in Deutschland: Übersicht zur Praxis im Sozial- und Gesundheitswesen. Vortrag: Augsburger Nachsorgesymposium am 24.05.2003. 16. November 2006.
URL http://www.case-manager.de/Info.htm

[Löcherbach u.a., 2005] Löcherbach, Peter et alii (Hrsg.): Case Management – Fall- und Systemsteuerung in der Sozialen Arbeit. 3., aktualisierte Auflage. Ernst Reinhardt Verlag. München 2005.

[Löcherbach, 2006] Löcherbach, Peter: Standards gesucht, Qualität gefragt.
IN: Wendt, Wolf Rainer/Löcherbach Peter (Hrsg.): Case Management in der Entwicklung - Stand und Perspektiven in der Praxis. Economica Verlag. Heidelberg 2006. S. 299-318.

[Lütz, 2004] Lütz, Susanne: Der Wohlfahrtsstaat im Umbruch – Neue Herausforderungen, wissenschaftliche Kontroversen und Umbauprozesse.
IN: Lütz, Susanne/Czada Roland (Hrsg.): Wohlfahrtsstaat – Transformationen und Perspektiven. VS Verlag für Sozialwissenschaften. Wiesbaden 2004. S. 11-35.

[Luhmann, 1990] Luhmann, Niklas: Die Wissenschaft der Gesellschaft. Suhrkamp. Frankfurt am Main 1990.

[Luhmann, 2002] Luhmann, Niklas: Die Politik der Gesellschaft. Herausgegeben von André Kieserling. Suhrkamp. Frankfurt am Main 2002.

[Luhmann, 2003] Luhmann, Niklas: Soziale Systeme. Grundriss einer allgemeinen Theorie. 11. Auflage. Suhrkamp. Frankfurt am Main 2003.

[Luhmann/Schorr, 1979] Luhmann, Niklas/Schorr, Karl-Eberhard: Reflexionsprobleme im Erziehungssystem. Klett-Cotta. Stuttgart 1979.

[Maaser, 2003] Maaser, Wolfgang: Normative Diskurse der neuen Wohlfahrtspolitik.
IN: Dahme, Heinz-Jürgen/Otto, Hans-Uwe/Trube, Achim/Wohlfahrt, Norbert (Hrsg.): Soziale Arbeit für den aktivierenden Staat. Leske + Budrich. Opladen 2003. S. 17-36.

[Mackensen, 1985] Mackensen, Lutz: Ursprung der Wörter – Etymologisches Wörterbuch der deutschen Sprache. Südwest Verlag. München 1985.

[May, 1997] May, Michael: Kritik der Dienstleistungsorientierung in der sozialen Arbeit.
In: Neue Praxis. Jahrgang 27. Heft 4. 1997. S. 371-378.

[May, 2004] May, Michael: Versuch einer Entmystifizierung sozialen Kapitals. Zur unterschiedlichen begrifflichen Fassung sozialen Kapitals.
IN: Kessl, Fabian/Otto, Hans-Uwe (Hrsg.): Soziale Arbeit und Soziales Kapital. Zur Kritik lokaler Gemeinschaftlichkeit. VS Verlag für Sozialwissenschaften. Wiesbaden 2004. S. 79-93.

[May, 2005] May, Michael: Was ist Soziale Arbeit? Ansatz einer alternativen Begriffsbestimmung.
IN: Widersprüche. 25. Jahrgang. Heft 96. Juni 2005. S. 35-48.

[Meinhold, 1994] Meinhold, Marianne: Was heißt ‚Qualitätssicherung' bei sozialen Diensten?
IN: Widersprüche. Band 53. Heft 4. 1994. S. 41-49.

[Meinhold, 2002] Meinhold, Marianne: Über Einzelfallhilfe und Case Management.
IN: Thole, Werner (Hrsg.): Grundriss Soziale Arbeit. Ein einführendes Handbuch. Leske + Budrich. Opladen 2002. S. 509-522.

[Meinhold, 2006] Meinhold, Marianne: Biografisches Fallverstehen – Beratung und Management als Elemente methodischen Handelns.
IN: Galuske, Michael/Thole, Werner (Hrsg.): Vom Fall zum Management – Neue Methoden der Sozialen Arbeit. VS Verlag für Sozialwissenschaften. Wiesbaden 2006. S. 55-69.

[Mennemann, 2006a] Mennemann, Hugo: Case Management auf der Systemebene – Aufbau von Netzwerken.
IN: Case Management. Verlag Economica. 2. Jahrgang. Heft 1. 2006. S. 12-17.

[Mennemann, 2006b] Mennemann, Hugo: Case Management in der Altenarbeit – Einblicke in Bewährtes und Ausblicke auf Neues.
IN: Wendt, Wolf Rainer/Löcherbach Peter (Hrsg.): Case Management in der Entwicklung - Stand und Perspektiven in der Praxis. Economica Verlag. Heidelberg 2006. S. 249-263.

[Merchel, 2005] Merchel, Joachim: Sozialmanagement.
  IN: Kreft, Dieter/Mielenz, Ingrid (Hrsg.): Wörterbuch Soziale Arbeit. Aufgaben, Praxisfelder, Begriffe und Methoden der Sozialarbeit und Sozialpädagogik. 5. vollständig überarbeitete und ergänzte Auflage. Juventa. Weinheim und München 2005. S. 840-846.
[Meyer-Drawe, 1998] Meyer-Drawe, Käthe: Streitfall „Autonomie". Aktualität, Geschichte und Systematik einer modernen Selbstbeschreibung von Menschen.
  IN: Bauer, W. (et alii) (Hrsg.): Jahrbuch für Bildungs- und Erziehungsphilosophie. Fragen nach dem Menschen in der umstrittenen Moderne. Schneider-Verl. Hohengehren. Baltmannsweiler 1998.
[Meyer-Drawe, 2000] Meyer-Drawe, Käthe: Illusionen von Autonomie : diesseits von Ohnmacht und Allmacht des Ich . 2. Auflage. München 2000.
[Mfwalnw, 2003] Ministerium für Wirtschaft und Arbeit des Landes Nordrhein-Westfalen: initiativ in NRW. Case Management. Theorie und Praxis. 2003.
[Miller/Rose, 1994] Miller, Peter/Rose, Nikolas: Das ökonomische Leben regieren.
  IN: Donzelot, Jacques/Meuret, Denis/Miller, Peter/Rose, Nikolas: Zur Genealogie der Regulation – Anschlüsse an Michel Foucault. Decaton Verlag. Mainz 1994. S. 54-108.
[Mittelstrass, 1998] Mittelstrass, Jürgen: Forschung und Lehre – das Ideal Humboldts heute.
  IN: Aus Politik und Zeitgeschichte. Heft 15. 1998. S. 3-11.
[Mollenhauer, 1965] Mollenhauer, Klaus: Das pädagogische Phänomen „Beratung".
  IN: Mollenhauer, Klaus/Müller, C. Wolfgang: „Führung" und „Beratung" in pädagogischer Sicht. Quelle & Meyer. Heidelberg 1965. S. 25-50.
[Mollenhauer, 1998] Mollenhauer, Klaus: Vergessene Zusammenhänge. Über Kultur und Erziehung. 5. Auflage. Juventa. Weinheim und München 1998.
[Moxley, 1989] Moxley, David P.: Case Management by Design. Nelson-Hall. New York 1989.
[Münkler, 2002] Münkler, Herfried (Hrsg.): Politisches Denken im 20. Jahrhundert. Ein Lesebuch. 5. Auflage. Piper. München u.a. 2002.

[Nassehi/Nollmann, 2004a] Nassehi, Armin/Nollmann, Gerd: Einleitung – Wozu ein Theorienvergleich?
  IN: Nassehi, Armin/Nollmann, Gerd (Hrsg.): Bourdieu und Luhmann. Ein Theorienvergleich. Suhrkamp. Frankfurt am Main 2004. S. 7-24.
[Nassehi, 2004b] Nassehi, Armin: Sozialer Sinn.
  IN: Nassehi, Armin/Nollmann, Gerd (Hrsg.): Bourdieu und Luhmann. Ein Theorienvergleich. Suhrkamp. Frankfurt am Main 2004. S. 155-190.
[Nassehi, 2006] Nassehi, Armin: Der soziologische Diskurs der Moderne. Suhrkamp. Frankfurt am Main 2006.
[Nestmann, 1996] Nestmann, Frank: Psychosoziale Beratung – ein ressourcentheoretischer Entwurf.
  IN: Verhaltenstherapie und psychosoziale Praxis, 28 (3). 1996. S. 359-376.
[Nestmann, 1997] Nestmann, Frank: Beratung als Ressourcenförderung.
  IN: Nestmann, Frank (Hrsg.): Beratung. Tübingen 1997. S. 15-38.
[Nestmann, 1998] Nestmann, Frank: Beratung als Ressource.
  IN: PÄDForum (5). Oktober 1998. S. 419-424.
[Nestmann, 2002] Nestmann, Frank: Beratung an der Hochschule – Konzepte zur Förderung von Ressourcen, Empowerment und Gesundheit.
  IN: Nestmann, Frank und Projektgruppe DNS: Beratung als Ressourcenförderung. Juventa. München 2002. S. 9-53.
[Nestmann, 2004] Nestmann, Frank: Ressourcenorientierte Beratung.
  IN: Nestmann, Frank et alii (Hrsg.): Das Handbuch der Beratung. Band 2. dgvt-verlag. Tübingen 2004. S. 725-734.
[Neuffer, 1998] Neuffer, Manfred: Fallarbeit in einer Hand. Case Management in Sozialen Diensten. Sozialmagazin. Heft 7-8. 1998. S. 16-27.
[Neuffer, 2005] Neuffer, Manfred: Case Management. Soziale Arbeit mit Einzelnen und Familien. 2. Auflage. Juventa. Weinheim 2005.
[Neuffer, 2006] Neuffer, Manfred: Case Management in der Sozialen Arbeit.
  IN: Wendt, Wolf Rainer/Löcherbach Peter (Hrsg.): Case Management in der Entwicklung - Stand und Perspektiven in der Praxis. Economica Verlag. Heidelberg 2006. S. 43-53.
[Neumann/Honig, 2006] Neumann, Sascha/Honig, Michael-Sebastian: Das Maß der Dinge. Qualitätsforschung im pädagogischen Feld.
  IN: Friebertshäuser, Barbara/Rieger-Ladich, Markus/Wigger, Lothar: Reflexive Erziehungswissenschaft – Forschungsperspektiven im Anschluss an Pierre Bourdieu. VS Verlag für Sozialwissenschaften. Wiesbaden 2006. S. 193-212.

[Nowak, 2005] Nowak, Jürgen: Netzwerke, soziale.

IN: Kreft, Dieter/Mielenz, Ingrid (Hrsg.): Wörterbuch Soziale Arbeit. Aufgaben, Praxisfelder, Begriffe und Methoden der Sozialarbeit und Sozialpädagogik. 5. vollständig überarbeitete und ergänzte Auflage. Juventa. Weinheim und München 2005. S. 606-609.

[Nullmeier, 2005] Nullmeier, Frank: Output-Steuerung und Performance Measurment.

IN: Blanke, Bernhard/Bandemer, Stephan von/Nullmeier, Frank/Wewer, Göttrik (Hrsg.): Handbuch zur Verwaltungsreform. 3., völlig überarbeitete und erweiterte Auflage. VS Verlag für Sozialwissenschaften. Wiesbaden 2005. S. 431-444.

[Olev, 2006] Beitrag im Online-Verwaltungslexikon olev.de, Version 1.1: Case Management / Fallmanagement. 16. August 2006

URL http://www.olev.de/c/case-management.htm.

[Olk u.a., 2003] Olk, Thomas/Otto, Hans-Uwe/Backhaus-Maul, Holger: Soziale Arbeit als Dienstleistung – Zur analytischen und empirischen Leistungsfähigkeit eines theoretischen Konzepts.

IN: Olk, Thomas/Otto, Hans-Uwe (Hrsg.): Soziale Arbeit als Dienstleistung. Grundlegungen, Entwürfe und Modelle. Luchterhand. München 2003. S. IX-LXXII.

[Orthey, 2006] Orthey, Frank Michael: Dienstleistung.

IN: Dzierzbicka, Agnieszka/Schirlbauer, Alfred (Hrsg.): Pädagogisches Glossar der Gegenwart. Von Autonomie bis Wissensmanagement. Löcker.Wien 2006. S. 68-78.

[Otto/Schnurr, 2000a] Otto, Hans-Uwe/Schnurr, Stefan: „Playing the Market Game?" – Zur Kritik markt- und wettbewerbsorientierter Strategien einer Modernisierung der Jugendhilfe in internationaler Perspektive.

IN: Otto, Hans-Uwe/Schnurr, Stefan (Hrsg.): Privatisierung und Wettbewerb in der Jugendhilfe. Marktorientierte Modernisierungsstrategien in internationaler Perspektive. Luchterhand Verlag. Neuwied 2000. S. 3-20.

[Otto/Schnurr, 2000b] Otto, Hans-Uwe/Schnurr, Stefan (Hrsg.): Privatisierung und Wettbewerb in der Jugendhilfe. Marktorientierte Modernisierungsstrategien in internationaler Perspektive. Luchterhand Verlag. Neuwied 2000.

[Papilloud, 2003] Papilloud, Christian: Bourdieu lesen – Einführung in eine Soziologie des Unterschieds. Mit einem Nachwort von Loïc Wacquant. Transcript Verlag. Bielefeld 2003.

[Parker, 2002] Parker, Martin: Against Management. Organization in the age of managerialism. Polity Press. Cambridge 2002.

[Pfeffer, 1985] Pfeffer, Gottfried: Das fehlende Positive. Sozialdeterministische Aspekte bei Bourdieu und ihr möglicher Aufklärungswert.

IN: Neue Sammlung 25 (1985), S. 279-297.

[Pfeifer, 1989] Pfeifer, Wolfgang (Hrsg.): Etymologisches Wörterbuch des Deutschen. H – P. Akademie-Verlag. Berlin 1989.

[Pfeiffle, 2006] Pfeiffle, Horst: Entrepreneurship.

IN: Dzierzbicka, Agnieszka/Schirlbauer, Alfred (Hrsg.): Pädagogisches Glossar der Gegenwart. Von Autonomie bis Wissensmanagement. Löcker. Wien 2006. S. 97-104.

[Pilz, 2004] Pilz, Frank: Der Sozialstaat. Ausbau – Kontroversen – Umbau. Bundeszentrale für politische Bildung. Bonn 2004.

[Priddat, 2004] Priddat, Birger P.: New governance: Sozialpolitik als human capital investment.

IN: Lütz, Susanne/Czada Roland (Hrsg.): Wohlfahrtsstaat – Transformationen und Perspektiven. VS Verlag für Sozialwissenschaften. Wiesbaden 2004. S. 91-106.

[Raiff/Shore, 1997] Raiff, N.R./Shore, B.K.: Fortschritte im Case Management. Lambertus. Freiburg im Breisgau 1997.

[Redaktion Forum Sozial, 2005] Redaktion Forum Sozial: Casemanagement: Und jetzt?

IN: Forum Sozial. Heft 4. 2005. S. 8-9.

[Rehbein, 2006] Rehbein, Boike: Die Soziologie Pierre Bourdieus. UVK Verlagsgesellschaft. Konstanz 2006.

[Reichard, 1998] Reichard, Christoph: Managementreformen in der deutschen Kommunalverwaltung – eine Skizze ihrer Kernelemente und ihres Entwicklungsstandes.

In: Olk, Thomas/Otto, Hans-Uwe (Hrsg.): Soziale Arbeit als Dienstleistung. Luchterhand. Neuwied 1998. S. 3-16.

[Remmel-Faßbender, 2005] Remmel-Faßbender, Ruth: Case Management als Methodenkonzept der Sozialen Arbeit – Erfahrungen und Perspektiven.
IN: Löcherbach, Peter et alii (Hrsg.): Case Management – Fall- und Systemsteuerung in der Sozialen Arbeit. 3., aktualisierte Auflage. Ernst Reinhardt Verlag. München 2005. S. 67-86.

[Remmel-Faßbender, 2006] Remmel-Faßbender, Ruth: Handlungskompetenzen in der Fallsteuerung – Anforderung an Weiterbildungsinhalte.
IN: Case Management. Verlag Economica. 2. Jahrgang. Heft 1. 2006. S. 5-11.

[Resch, 2005] Resch, Christine: Berater-Kapitalismus oder Wissensgesellschaft? Zur Kritik der neoliberalen Produktionsweise. Westfälisches Dampfboot. Münster 2005.

[Ricken, 1999] Ricken, Norbert: Subjektivität und Kontingenz.
IN: Vierteljahrsschrift für wissenschaftliche Pädagogik 75 (1999). S. 208-237.

[Rieger-Ladich, 2002a] Rieger-Ladich, Markus: Mündigkeit als Pathosformel – Beobachtungen zur pädagogischen Semantik. UVK. Konstanz 2002.

[Rieger-Ladich, 2002b] Rieger-Ladich, Markus: Pathosformel Mündigkeit – Beobachtungen zur Form erziehungswissenschaftlicher Reflexion.
IN: Vierteljahrsschrift für wissenschaftliche Pädagogik. 78. Heft 2. 2002. S. 153-182.

[Rieger-Ladich, 2004a] Rieger-Ladich, Markus: Böse Blicke – Streifzüge durch das Feld der Erziehungswissenschaft mit Pierre Bourdieu.
IN: Kritik der Pädagogik - Pädagogik als Kritik. Leske u. Budrich. Opladen 2004. S. 134-155.

[Rieger-Ladich, 2004b] Rieger-Ladich, Markus: Unterwerfung und Überschreitung: Michel Foucaults Theorie der Subjektivierung.
IN: Ricken, Norbert/Rieger-Ladich, Markus (Hrsg.): Michel Foucault: Pädagogische Lektüren. VS Verlag für Sozialwissenschaften. Wiesbaden 2004. S. 203-223.

[Rieger-Ladich, 2005] Rieger-Ladich, Markus: Weder Determinismus, noch Fatalismus: Pierre Bourdieus Habitustheorie im Licht neuerer Arbeiten.
IN: Zeitschrift für Sozialisationsforschung und Erziehungssoziologie (ZSE). 25. Jahrgang. Heft 3. 2005. S. 281-296.

[Rieger-Ladich, 2006] Rieger-Ladich, Markus: Pierre Bourdieus Theorie des wissenschaftlichen Feldes: Ein Reflexionsangebot an die Erziehungswissenschaft.
IN: Friebertshäuser, Barbara/Rieger-Ladich, Markus/Wigger, Lothar: Reflexive Erziehungswissenschaft – Forschungsperspektiven im Anschluss an Pierre Bourdieu. VS Verlag für Sozialwissenschaften. Wiesbaden 2006. S. 157-176.

[Rieger-Ladich/Friebertshäuser/Wigger, 2006] Rieger-Ladich, Markus/Friebertshäuser, Barbara/Wigger, Lothar: Reflexive Erziehungswissenschaft: Stichworte zu einem Programm.
IN: Friebertshäuser, Barbara/Rieger-Ladich, Markus/Wigger, Lothar: Reflexive Erziehungswissenschaft – Forschungsperspektiven im Anschluss an Pierre Bourdieu. VS Verlag für Sozialwissenschaften. Wiesbaden 2006. S. 9-19.

[Riet/Wouters, 2002] Riet, Nora van/Wouters, Harry: Case-Management. Ein Lehr- und Arbeitsbuch über die Organisation und Koordinierung von Leistungen im Sozial- und Gesundheitswesen. Luzern 2002.

[Rose, 2000] Rose, Nikolas: Tod des Sozialen? Eine Neubestimmung der Grenzen des Regierens.
IN: Bröckling, Ulrich u.a. (Hrsg.): Gouvernementalität der Gegenwart. Suhrkamp. Frankfurt am Main 2000. S. 72-109.

[Rüb, 2003] Rüb, Friedbert: Vom Wohlfahrtsstaat zum ‚manageriellen Staat'? Zum Wandel des Verhältnisses von Markt und Staat in der deutschen Sozialpolitik.
IN: Czada, Roland/Zintl, Reinhard (Hg.): Politik und Markt, PVS – Politische Vierteljahresschrift. Sonderheft 34. Wiesbaden 2003. S. 256-299.

[Sambale, 2005] Sambale, Manuela: Empowerment statt Krankenversorgung. Stärkung der Prävention und des Case Management im Strukturwandel des Gesundheitswesens. Schlütersche Verlagsgesellschaft. Hannover 2005.

[Sarasin, 2005] Sarasin, Philipp: Michel Foucault zur Einführung. Junius. Hamburg 2005.

[Sartre, 1952] Sartre, Jean-Paul: Das Sein und das Nichts. Rowohlt. Hamburg 1952

[Schaarschuch, 1996] Schaarschuch, Andreas: Dienst-Leistung und Soziale Arbeit - Theoretische Überlegungen zur Rekonstruktion Sozialer Arbeit als Dienstleistung.
IN: Widersprüche. Heft 59. 1996.

[Schaarschuch, 2000] Schaarschuch, Andreas: Kunden, Kontrakte, Karrieren – Die
    Kommerzialisierung der Sozialen Arbeit und die Konsequenzen für die Profession.
    IN: Lindenberg, Michael (Hrsg.): Von der Sorge zur Härte – Kritische Beiträge zur
    Ökonomisierung Sozialer Arbeit. Kleine Verlag. Bielefeld 2000. S. 153-163.
[Schaarschuch/Flösser/Otto, 2001] Schaarschuch, Andreas/Flösser, Gaby/Otto, Hans-Uwe:
    Dienstleistung.
    IN: Otto, Hans-Uwe/Thiersch, Hans (Hrsg.): Handbuch Sozialarbeit/Sozialpädagogik.
    Kriftel. Neuwied 2001. S. 266-274.
[Schedler/Proeller, 2003] Schedler, Kuno/Proeller, Isabella: New Public Management. 2.,
    überarbeitete Auflage. Verlag Paul Haupt. Bern/Stuttgart/Wien 2003.
[Schneider, 2004] Schneider, Rolf: Casemanagement im Kontext von kommunaler Sozial- und
    Gesundheitspolitik.
    IN: Forum Sozial. Heft 4. 2005. S. 19-20.
[Schröter/Wollmann, 2005] Schröter, Eckhard/Wollmann, Hellmut: New Public Management.
    IN: Blanke, Bernhard/Bandemer, Stephan von/Nullmeier, Frank/Wewer, Göttrik (Hrsg.):
    Handbuch zur Verwaltungsreform. 3., völlig überarbeitete und erweiterte Auflage. VS
    Verlag für Sozialwissenschaften. Wiesbaden 2005. S. 63-74.
[Schütter, 2006] Schütter, Silke: Die Regulierung von Kindheit im Sozialstaat. Kinder und
    Kindheit in New Labours Gesellschaftsentwurf.
    IN: Neue Praxis. Heft 5. 2006. S. 467-482.
[Schultheis, 2006] Schultheis, Franz: Reproduktion in der Krise: Fallstudien zur symbolischen
    Gewalt.
    IN: Friebertshäuser, Barbara/Rieger-Ladich, Markus/Wigger, Lothar: Reflexive
    Erziehungswissenschaft – Forschungsperspektiven im Anschluss an Pierre Bourdieu. VS
    Verlag für Sozialwissenschaften. Wiesbaden 2006. S. 253-268.
[Schultheis/Schulz, 2005] Schultheis, Franz/Schulz, Katharina (Hrsg.): Gesellschaft mit begrenzter
    Haftung. Zumutungen und Leiden im deutschen Alltag. UVK. Konstanz 2005.
[Schwingel, 1993] Schwingel, Markus: Analytik der Kämpfe – Macht und Herrschaft in der
    Soziologie Bourdieus. Argument-Verlag. Hamburg 1993.
[Schwingel, 2003] Schwingel, Markus: Pierre Bourdieu zur Einführung. 4. Auflage. Junius.
    Hamburg 2003.
[Sommerfeld/Haller, 2003] Sommerfeld, Peter/Haller, Dieter: Professionelles Handeln und
    Management, oder: Ist der Ritt auf dem Tiger möglich?
    IN: neue praxis. 33. Jg. Heft 1. 2003. S. 61-89.
[Spiegel, 2005] Spiegel, Hiltrud von: Evaluation.
    IN: Kreft, Dieter/Mielenz, Ingrid (Hrsg.): Wörterbuch Soziale Arbeit. Aufgaben,
    Praxisfelder, Begriffe und Methoden der Sozialarbeit und Sozialpädagogik. 5. vollständig
    überarbeitete und ergänzte Auflage. Juventa. Weinheim und München 2005. S. 265-269.
[Spiegel, 2006] Spiegel, Hiltrud von: Methodisches Handeln in der Sozialen Arbeit. Grundlagen
    und Arbeitshilfen für die Praxis. 2. Auflage. Ernst Reinhardt Verlag. München 2006.
[Spindler, 2003] Spindler, Helga: Überfordern und überwachen – der restriktive
    Paradigmenwechsel in der Sozialpolitik.
    IN: Sozial extra. Band 8/9. 2003. S. 11-14.
[Staub-Bernasconi, 1991] Staub-Beransconi, Silvia: Stellen Sie sich vor: Markt, Ökologie und
    Management wären Konzepte einer Theorie und Wissenschaft Sozialer Arbeit.
    IN: Lewkowicz, Marina (Hrsg.): Neues Denken in der Sozialen Arbeit. Mehr Ökologie –
    mehr Markt – mehr Management. Lambertus. Freiburg im Breisgau 1991.
[Steinbrück, 2003] Steinbrück, Peer: Etwas mehr Dynamik, bitte.
    IN: Die Zeit. Nr. 47. 2003. S. 18.
[Sternberger, 1989] Sternberger, Dolf: Drei Wurzeln der Politik. 6. Auflage. Suhrkamp. Frankfurt
    am Main 1989.
[Suárez Müller, 2004] Suárez Müller, Fernando: Skepsis und Geschichte – das Werk Michel
    Foucaults im Lichte des absoluten Idealismus. Königshausen & Neumann. Würzburg
    2004.

[Tenorth, 1998] Tenorth, Heinz-Elmar: Bildungsbegriff und Erziehungswissenschaft.
    IN: Böhm, Winfried: Erziehungswissenschaft oder Pädagogik? Festschrift für Marian
    Heitger. Ergon Verlag. Würzburg 1998. S. 33-46
[Thiersch, 1990] Thiersch, Hans: Zur geheimen Moral der Beratung.
    IN: Brunner, Ewald Johannes/Schöning, Wolfgang (Hrsg.): Theorie und Praxis von
    Beratung. Pädagogische und psychologische Konzepte. Lambertus. Freiburg 1990. S.
    129-151.

[Timmermann/Strikker, 2004] Timmermann, Dieter/Strikker, Frank: Organisation, Management, Planung.
IN: Krüger, Heinz-Hermann/Helsper, Werner: Einführung in Grundbegriffe und Grundfragen der Erziehungswissenschaft. 6. überarbeitete und aktualisierte Auflage. Verlag für Sozialwissenschaften. Wiesbaden 2004. S. 151-170.

[Treibel, 2004] Treibel, Annette: Einführung in soziologische Theorien der Gegenwart. 6., überarbeitete und aktualisierte Auflage. VS Verlag für Sozialwissenschaften. Wiesbaden 2004.

[Trube, 2005] Trube, Achim: Casemanagement als Changemanagement? Zur ambivalenten Professionalisierung Sozialer Arbeit im aktivierenden Sozialstaat.
IN: Dahme, Heinz-Jürgen/Wohlfahrt, Norbert (Hrsg.): Aktivierende Soziale Arbeit. Theorie – Handlungsfelder – Praxis. Schneider Verlag. Baltmannsweiler 2005. S. 88-99.

[Ullrich, 2005] Ullrich, Carsten G.: Soziologie des Wohlfahrtsstaates. Eine Einführung. Campus. Frankfurt am Main 2005.

[Voswinkel, 2004] Voswinkel, Stephan: Kundenorientierung.
IN: Bröckling, Ulrich/Krasmann, Susanne/Lemke, Thomas (Hrsg.): Glossar der Gegenwart. Suhrkamp. Frankfurt am Main 2004. S. 145-151.

[Wacquant, 1996] Wacquant, Loïc J. D.: Auf dem Weg zu einer Sozialpraxeologie – Struktur und Logik der Soziologie Pierre Bourdieus.
IN: Bourdieu, Pierre/Wacquant, Loïc J. D.: Reflexive Anthropologie. Übersetzt von Hella Beister. Suhrkamp. Frankfurt am Main 1996. S. 17-94.

[Wacquant, 2003a] Wacquant, Loïc: Der ‚totale Anthropologe' – Über die Werke und das Vermächtnis Pierre Bourdieus.
IN: Rehbein, Boike/Saalmann, Gernot/Schwengel, Hermann (Hrsg.): Pierre Bourdieus Theorie des Sozialen. Probleme und Perspektiven. UVK. Konstanz 2003. S. 17-24.

[Wacquant, 2003b] Wacquant, Loïc: Zwischen Soziologie und Philosophie – Bourdieus Wurzeln.
IN: Rehbein, Boike/Saalmann, Gernot/Schwengel, Hermann (Hrsg.): Pierre Bourdieus Theorie des Sozialen. Probleme und Perspektiven. UVK. Konstanz 2003. S. 59-66.

[Weber, 1991] Weber, Max: Schriften zur Wissenschaftslehre. Herausgegeben und eingeleitet von Michael Sukale. Reclam. Stuttgart 1991.

[Weber, 1994] Weber, Max: Politik als Beruf. Mit einem Vorwort von Klaus H. Fischer. Wissenschaftlicher Verlag. Schutterwald/Baden 1994.

[Weber u.a., 1997] Weber, Ursula: Modellprojekt Gerontopsychiatrisches Verbundnetz in der Altenhilfe in Würzburg: Integration und ambulante Versorgung älterer Menschen mit psychischen Störungen. Abschlussbericht über die gesamte Modellphase. Nomos Verlagsgesellschaft. Baden-Baden 1997.

[Weber, 2006] Weber, Susanne Maria: Netzwerk.
IN: Dzierzbicka, Agnieszka/Schirlbauer, Alfred (Hrsg.): Pädagogisches Glossar der Gegenwart. Von Autonomie bis Wissensmanagement. Löcker. Wien 2006. S. 191-198.

[Welsch, 1988] Welsch, Wolfgang (Hrsg.): Wege aus der Moderne. Schlüsseltexte der Postmoderne-Diskussion. Acta humaiora. Weinheim 1988.

[Wendt, 1991] Wendt, Wolf Rainer: Die Handhabung der sozialen Unterstützung. Eine Einführung in das Case Management.
IN: Wendt, Wolf Rainer (Hrsg.): Unterstützung fallweise. Case Management in der Sozialarbeit. Lambertus. Freiburg im Breisgau 1991. S. 11-55.

[Wendt, 1999] Wendt, Wolf Rainer: Case-Management im Sozial- und Gesundheitswesen. Eine Einführung. 2. Auflage. Lambertus. Freiburg im Breisgau 1999.

[Wendt, 2004] Wendt, Wolf Rainer: Sozial arbeiten und sozial wirtschaften. Lambertus. Freiburg im Breisgau 2004.

[Wendt, 2005a] Wendt, Wolf Rainer: Case Management. Stand und Positionen in der Bundesrepublik.
IN: Löcherbach, Peter et alii (Hrsg.): Case Management – Fall- und Systemsteuerung in der Sozialen Arbeit. 3., aktualisierte Auflage. Ernst Reinhardt Verlag. München 2005. S. 14-39.

[Wendt, 2005b] Wendt, Wolf Rainer: Einzelfallhilfe.

IN: Kreft, Dieter/Mielenz, Ingrid (Hrsg.): Wörterbuch Soziale Arbeit. Aufgaben, Praxisfelder, Begriffe und Methoden der Sozialarbeit und Sozialpädagogik. 5. vollständig überarbeitete und ergänzte Auflage. Juventa. Weinheim und München 2005. S. 215-218.

[Wendt/Löcherbach, 2006a] Wendt, Wolf Rainer/Löcherbach Peter (Hrsg.): Case Management in der Entwicklung - Stand und Perspektiven in der Praxis. Economica Verlag. Heidelberg 2006.

[Wendt, 2006b] Wendt, Wolf Rainer: State of the art: Das entwickelte Case Management.

IN: Wendt, Wolf Rainer/Löcherbach Peter (Hrsg.): Case Management in der Entwicklung - Stand und Perspektiven in der Praxis. Economica Verlag. Heidelberg 2006. S. 3-42.

[Westerwelle, 2005] Westerwelle, Guido: „Wir sind die Neosozialen" – Ein Gespräch mit Guido Westerwelle über das zögernde Deutschland, Koalitionen und einen liberalen Begriff der Bürgerlichkeit.

IN: Die Zeit. Nummer 40. Vom 29.09.2005.

[Wigger, 2006] Wigger, Lothar: Habitus und Bildung. Einige Überlegungen zum Zusammenhang von Habitustransformationen und Bildungsprozessen.

IN: Friebertshäuser, Barbara/Rieger-Ladich, Markus/Wigger, Lothar: Reflexive Erziehungswissenschaft – Forschungsperspektiven im Anschluss an Pierre Bourdieu. VS Verlag für Sozialwissenschaften. Wiesbaden 2006. S. 101-118.

[Willke, 2003] Willke, Gerhard: Neoliberalismus. Campus Verlag. Frankfurt am Main 2003.

[Wittpoth, 1994] Wittpoth, Jürgen: Rahmungen und Spielräume des Selbst – Ein Beitrag zur Theorie der Erwachsenensozialisation im Anschluss an George H. Mead und Pierre Bourdieu. Diesterweg. Frankfurt am Main 1994.

[Wittpoth, 2003] Wittpoth, Jürgen: Einführung in die Erwachsenenbildung. Leske + Budrich. Opladen 2003.

[White, 2000] White, Vicky: Profession und Management. Über Zwecke, Ziele und Mittel der Sozialen Arbeit.

IN: Widersprüche. Heft 77. 2000. S. 9-27.

[Ziegler, 2003] Ziegler, Holger: Diagnose, Macht, Wissen und What Works?' – Die Kunst dermaßen zu regieren.

IN: Widersprüche. Heft 88. 2003. S. 101-115.

[Ziegler, 2004] Ziegler, Holger: Jugendhilfe als Prävention : die Refiguration sozialer Hilfe und Herrschaft in fortgeschritten liberalen Gesellschaftsformationen. Dissertation Universität Bielefeld. Fakultät für Pädagogik 2004. 09. November 2006.

URL http: //bieson.ub.uni-bielefeld.de/volltexte/2004/533/

[Ziegler, 2006] Ziegler, Holger: Evidenzbasierte Soziale Arbeit. Über managerielle PraktikerInnen in neo-bürokratischen Organisationen.

IN: Schweppe, Cornelia/Sting, Stephan (Hrsg.): Sozialpädagogik im Übergang. Neue Herausforderungen für Disziplin, Profession und Ausbildung. Juventa Verlag. Weinheim und München 2006. S. 139-155.

[Zimmermann, 2004] Zimmermann, Christian: Kulturphilosophie und Öffentlichkeit – eine kulturphilosophische Untersuchung der Öffentlichkeit der Politischen Philosophie. Königshausen & Neumann. Würzburg 2004.

WEITERFÜHRENDE LINKS ZUM THEMA CASE MANAGEMENT

URL http://www.bar-frankfurt.de/arbeit/arbeit2.htm
> Case Management zur Erhaltung von Ausbildungs- und Beschäftigungsverhältnissen behinderter Menschen. Ein Modellprojekt der Bundesarbeitsgemeinschaft Rehabilitation.

URL http://www.beta-institut.de
> Case Management für Frauen mit Brustkrebs, Case Management in Apotheken, Case Management-Forschungsprojekte.

URL http://www.bunter-kreis.de
> Case Management in der Pädiatrie.

URL http://www.casemanager.de
> Die offizielle Homepage der Deutschen Gesellschaft für Care und Case Management.

URL http://www.cmsa.org
> Die offizielle Homepage der Case Management Society of America.

URL http://www.fogs-gmbh.de/arbeitsfelder/sucht.html
> Case Management in der aufsuchenden Sozialarbeit. Heroinstudie. Modellprojekte im Bereich Sucht und Drogen.

URL http://www.homecare-nuernberg.de
> Praxisnetz.

URL http://www.isg-institut.de/3Casemanagement.htm
> Case Management in verschiedenen nationalen Altenhilfesystemen.

URL http://www.kaa-ahlen.de
> Modellprojekt zur Pflege- und Wohnberatung. Bekannt geworden als Ahlener Modell.

URL http://www.kwb.de/projekte/casemanagement.htm
> Projekt zur Förderung Jugendlicher mit schlechten Startchancen auf dem Ausbildungs- und Arbeitsmarkt.

URL http://www.lv-nrw-km.de/ur.htm
> Modellprojekt ‚Unterstützter Ruhestand'. Case Management für Menschen mit Behinderung im Übergang zum Ruhestand.

URL http://www.rund-ums-alter.org
> Case Management in der Altenhilfe. Koordinierungsstellen für soziale Rehabilitation älterer Menschen in Berlin.

URL http://www.sozialagenturen.nrw.de
> Case Management und Sozialhilfe.

URL http://www.social-invest-consult.de/Projekte/Verbund/verbund.html
> Case Management in der Gerontopsychiatrie.

Michael Schrauth, Jahrgang 1980, lebt und arbeitet derzeit in München. Nach seinem Studium der Pädagogik, Soziologie und Philosophie an der Julius-Maximilians-Universität in Würzburg sammelte der Autor umfassende praktische Erfahrungen im Bereich der Beratung von hilfs- und/oder pflegebedürftigen Menschen. Mit dem Themenfeld `Case und Care-Management im Gesundheitswesen' beschäftigt sich der Autor bereits seit einigen Jahren sehr intensiv, sowohl auf theoretischer als auch auf praktischer Ebene.